经典教学理论
在小学语文课堂中的应用

主　编　夏芳芳

副主编　刘芳芳　蒋明儿

上海交通大学出版社
SHANGHAI JIAO TONG UNIVERSITY PRESS

内容提要

本书从小学语文学科教学实际出发，精选图式理论、组块理论、最近发展区理论、阅读理解五过程模式理论、迁移学习理论等20多个经典教学理论，分别从经典识写字教学应用、阅读教学应用、习作教学应用和小学语文综合教学应用等四部分，系统阐述了经典教学理论在小学语文课堂教学中应用的内涵、应用过程、应用策略方法和实践成效。全书体现了广大教师对经典教学理论的群体性再造和创新精神。

本书适用于小学语文教师和师范相关专业学生。

图书在版编目（CIP）数据

经典教学理论在小学语文课堂中的应用 / 夏芳芳主编 . -- 上海 : 上海交通大学出版社 , 2020

ISBN 978-7-313-24506-9

Ⅰ . ①经… Ⅱ . ①夏… Ⅲ . ①小学语文课—课堂教学—教学研究 Ⅳ . ① G623.202

中国版本图书馆 CIP 数据核字 (2021) 第 011549 号

经典教学理论在小学语文课堂中的应用

JINGDIAN JIAOXUE LILUN ZAI XIAOXUE YUWEN KETANG ZHONG DE YINGYONG

主　　编：夏芳芳

出版发行：上海交通大学出版社　　地　　址：上海市番禺路951号

邮政编码：200030　　电　　话：021-64071208

印　　刷：广东虎彩云印刷有限公司　　经　　销：全国新华书店

开　　本：710mm×1000mm　1/16　　印　　张：19.5

字　　数：215千字

版　　次：2021年4月第1版　　印　　次：2021年4月第1次印刷

书　　号：ISBN 978-7-313-24506-9

定　　价：156.00元

编委会

主　编　夏芳芳

副主编　刘芳芳　蒋明儿

编　委　(以姓氏英文字母为序)

丁乐天　董蒙蒙　傅碧波　顾燕芳

何芳婷　胡王达　娄安娜　马丽萍

唐舟燕　王婷婷　辛奕萱　叶　娜

袁焕君　袁叶丰　张　琴　张玉峥

郑　雯

前　言

经典教学理论是教学理论的精华，是历代中外教育家探求教学规律的宝贵思想成果。学习和运用经典教学理论是教师改进教学、提高教学技艺、促进专业成长的重要路径。

然而，现实情况却是经典教学理论并没有像人们期待的那样，发挥其应有的价值。之所以出现这种情况，主要与以下两个问题相关：

一是教师经典教学理论修养的缺失。近年来，经过新课程改革的教育实践和教师专业发展培训，广大教师的教学理论修养和理论水平有了较大提高，但是，教师经典教学理论修养的缺失仍是一个非常突出的问题。据我们调查，不知道“图式理论”“先行组织者策略”“最近发展区理论”“结构—定向化教学”“诱思探究教学”的中小学教师分别占93%、89%、82%、98%和95%。这说明，经典教学理论并没有被广大教师所熟知和掌握，更毋庸说被自觉地运用于每日的教学实践和改革之中了。

二是经典教学理论的课堂应用缺乏有效的组织和促进机制。经典教学理论对课堂教学实践具有重要的指导价值，现实中许多教学问题都可以在经典教学理论中找到解决的办法和创新思路。但在现实课堂中，经典教学理论的运用缺乏有效的组织和领导，处于“放任自流”的状态，难以形成群体性、组织化、系统而持续的教学实践活动态势，从而使经典教学理论难以发挥指导教学实践的应有价值，造成教学理论的“闲置”和

“浪费”。

针对上述问题，近年来，舟山市定海区夏芳芳等小学语文名师与浙江海洋大学师范学院紧密合作，以浙江省教育科学规划项目“经典教学理论的县域课堂应用”课题研究为抓手，在对课题研究的基本思路、主要方法和价值追求进行严密认证的基础上，组织工作室成员及相关教师创造性地运用经典教学理论积极推进区域小学语文课堂教学的创新发展和变革实践，在理论探索和实践育人上均取得了显著的成效。

“经典教学理论的县域课堂应用”的基本思路是：以舟山市定海区为区域单位，高校与地方教育部门紧密协作，成立“校地经典教学理论课堂应用领导与促进小组”“县区学科经典教学理论应用核心团队”和“学校经典教学理论课堂应用核心团队”，在对定海区基础教育课堂教学现状和问题充分调查研究的基础上，结合学段和学科的具体情况，分阶段、有计划、针对性地选取系列经典教学理论，以行动研究为基本方法，辅以教育实验法、文献研究法等研究方法，创造性地开展经典教学理论的课堂应用实践，定期开展教学理论应用经验交流会、公开示范课等，边应用研究，边总结经验，引领和组织经典教学理论应用实践的深入开展。

本课题的基本研究方法是行动研究法和教育实验法。

(1) 行动研究法。本课题实践特性凸显，行动研究是其最基本的研究方法。本课题的研究问题源自当前教师教育实践，研究力量主要由一线教师组成，并以实际工作的改进为主要目的，研究过程大体由问题筛查、理论澄清与借鉴、方案建构、实践改进、经验提升等环节组成。整个研究过程既体现了教育行动研究的基本特性，又具有一定的理论建构功能。

(2) 教育实验法。经典教学理论的课堂应用并非简单地“拿来”即可，而是需要结合教师自己的课堂实际进行创新运用。在这个过程中，以经典教学理论为自变量，开展不同层次和水平的教育实验是教学理论应用的高级形态。例如，运用图式理论，开展“小学生作文构思障碍与图式矫治策略”的课堂调查与实验研究，不仅可以有效促进图式理论的课堂应用，也进一步丰富了图式理论的科学内涵。

需要指出的是，经典教学理论的课堂应用并非是机械和固定的，也并非是直接和现成的，而是需要教师结合小学语文学科和学生实际进行经典理论的内容选取、价值评判、理论开发和创新应用。这方面，为了在较高层次上开展教学经典的课堂应用，本研究重点引导教师结合小学语文学科教学实际开展经典教学理论应用的行动研究和实验研究，尤其是开展基于教学问题解决的小型教学实验设计和研究，形成经典应用的系列教学研究成果，以此高水平推进经典教学理论课堂应用的深入开展。

本课题研究的价值追求主要有以下三个方面。第一，通过经典教学理论的课堂应用，充分发挥教学理论的实践指导价值，提高教师运用教学理论诊断和矫治教学问题的能力，提高教师教学实践水平和课堂教学质量。第二，形成区域教学改革的品牌特色。一定的区域，由于教学基础、教师理念、文化传统、历史沿革与领导心向等因素不同，其教学改革和研究成果常常存在较大差异。本研究旨在通过经典教学理论的县域课堂应用，培育县域小学语文教学改革特色品牌，促进课堂教学转型发展。第三，有效促进教师专业成长。研究表明，理论学习与实践应用是促进教师专业成长的重要途径。本研究旨在通过教师对经典教学理论的创新运用，促进县域小学语文教师理论水平、教学行为、研究能力等方面的显著进步和提高。

本书共四编。第一编为“经典理论在识（写）字教学中的再运用”，由《组块理论在小学识字教学中的实践与探索》等6篇文章组成；第二编为“经典理论在阅读教学中的再运用”，由《学习迁移理论在阅读教学中的整合应用研究》等6篇文章组成；第三编为“经典理论在写作教学中的再运用”，由《小学第二学段支架式习作教学的实践与研究》等7篇文章组成；第四编为“经典理论在语文综合性学习中的再运用”，由《同化认知结构提升综合性学习有效性的策略研究》等5篇文章组成。全书由夏芳芳负责整体结构设计、组织实施和统稿工作，课题组成员刘芳芳老师对书稿内容做了大量的编辑和修改工作。

本书是浙江省教育科学规划项目“经典教学理论的县域课堂应用”和浙江省“十三五”师范教育创新工程“层式联动·协同创新·特色发展——卓越教师培养模式研究与实践探索”项目研究的部分成果，在研究和出版过程中，得到了定海区教育局领导的大力支持和帮助，在此，向他们表示衷心的感谢。

在本书编写过程中，参阅和引用了大量教学经典理论和相关研究成果，在此谨向有关作者表示诚挚的谢意。

宋秋前

2020年9月10日

CONTENTS 

第一编
经典理论在识（写）字教学中的再运用

第二编
经典理论在阅读教学中的再运用

第三编
经典理论在写作教学中的再运用

第四编
经典理论在语文综合性学习中的再运用

第一编

经典理论在识（写）字教学中的再运用

识字教学的有效策略和方法

教学评价是以教学目标为依据，制定科学的评估标准，运用科学的技术和手段，对教学活动的过程及其结果进行测定、衡量、分析、比较，并给予价值判断的过程。教学评价工作的好坏直接影响着教学质量的高低。布鲁姆的教育评价理论体系因观念新颖、策略实用，对全世界的教育产生了极为重要的作用，对我国的教育实践也同样产生了深远的影响。

一、诊断性教学评价理论概述

美国芝加哥大学教授布鲁姆是倡导教学革新的世界著名学者。他认为教学活动是有意识的活动，是力图使学生掌握教师传授给他的知识。为了促使学生达到“掌握学习”的水平，1971 年，他提出了“以目标达成为中心，注重适应并发展每个人能力”的教学评价理论。他认为，任何一门学科的教学都应具有一种教学结构，这种教学结构主要由三部分构成，即学情诊断、教学过程和教学目标。为确保教学能够成功地从一个阶段过渡到另一个阶段，在教学的三个部分分别实施三种评价，即诊断性评价、形成性评价和终结性评价。

诊断性评价是指教师在教学前对学生进行的评价。这种评价一般是在某项教学活动开始之前，教师对学生的知识、技能以及情感等状况进行的预先检测，因此也称为教学前评价或前置评价。通过这种预先检测，教师可以比较清楚地了解到学生原有的知识基础和准备状况，发现学生在学习中存在的问题，剖析这些问题产生的原因，以此来判断他们是否已具备了实现当前教学目标所要求的条件，为接下来实施因材施教，改进和调整教学方法、教学策略提供可靠的依据。简单地说，就是通过诊断性评价，帮助教师发现学生的学情，了解学生在学习过程中遇到的困难，从而促使教师调整教学策略，采用恰当的教学方法。

布鲁姆强调指出：学生之所以在学习功课上存在差异，基本是由于学生在各方面不同的“履历”造成的。因此，教师必须在教学之前，把这些不同的“履历”诊断出来，摸清情况，继而设计出一种可以排除学生学习过程中存在障碍的教学方案，妥当地实施教学计划。

如今，教学评价作为一种提高教学质量的辅助模式，已经成为现代教学理论领域的热门研究课题。基于课前诊断的教学研究是将教学评价理论中的诊断性评价运用到实际操作过程中，通过诊断性评价，为教师提供改进教学的客观、真实、有效的信息和依据，从而改善和优化教学过程，提高教学质量。

本文主要从诊断性教学评价理论的角度，谈一谈诊断性教学评价理论在识字教学中的应用和实践。

二、诊断性教学评价理论在识字教学中的实践

小学低年级语文学科的教学重点是字词，即“识字与写字”，识字教学为重中之重，是阅读和写作的基础。《义务教育语文课程标准（2011 年版）》指出，小学语文识字教学要求包括认清字形、读准字音、理解常用汉字的常用义，初步感受汉字的魅力。

诊断性教学评价的目的在于，运用工具诊断学生课前对于

生字新词的音、形、义的理解程度。通过诊断，教师可以全面了解学生对生字新词的掌握情况：哪些生字新词学生已熟悉，哪些还不够理解，哪些需要强调字音，哪些需要侧重字形，还有哪些需要帮助学生用相应的方法理解字义、词义。在搜集第一手资料，了解了学生的这些情况之后，教师则将其加以分析、整理，有的放矢地寻找解决问题的方法，制定出有效的教学方案。

（一）诊断性教学评价理论在识字教学目标设计中的应用

教学目标是一堂课的方向，是整堂课的风向标，对课堂教学起着指导性作用。在新课教学之前，教师必须要明确教学目标，充分了解学生具体的学习情况，找到新旧知识的契合点，使教学在可预见的前提下，向学生易于理解、易于掌握的方向发展。

基于诊断性评价的教学目标设计是从学生的学情出发，使教学更具有针对性，能使每一篇课文的教学目标更加清晰、明确、科学，能够有效促进和保障全体学生的发展。具体操作中，我们可以从目标制定是否符合课标、是否适合学生、是否可以明确师生角色、是否能够有效呈现等方面来思考，从而合理地制定教学目标。为了更好地了解学生的学习认知，我们在设计目标时，可以按以下流程来操作：初定目标—课前诊断—知晓学情—调整目标。以人教版一年级下册《柳树醒了》一文为例。

1. 初定目标

在解读领会低年级课标要求的基础上，结合文本，初步制定教学目标。《柳树醒了》是一年级下册识字单元的第一篇课文。识字是一年级的教学重点，要求学生不仅能根据拼音认读生字，还要做到借助笔画、笔顺和部首，主动识记生字，在此基础上，把课文读正确、读流利。识字即让学生在朗读中识字，在朗读中巩固生字。

《柳树醒了》这一课共有八个生字，其中，“说、话、朋、友、春、高”六个生字是“我会写”的字。通过解读教材和识字教学的目标，笔者将《柳树醒了》的课时目标设定如下：

《柳树醒了》教学目标设计

教学目标：

(1) 认识“醒、澡、软”等八个生字，会写“说、话、朋”等六个字。

(2) 能借助拼音，正确、流利地朗读课文，并在朗读中发现柳树的变化，感受春天的美好。

(3) 联系生活，发现春天里事物的变化。

2. 课前诊断

基于诊断性评价的教学目标的设计不仅仅要关注学生学习的内容，还要了解学生在学习之前对知识点的掌握情况，如学生原有的知识积累有多少，对本课生字认识多少。这就需要教师对学生进行课前诊断，根据学生的具体情况编制“预习单”。通过设计预习单，使教师在第一时间掌握学生已有的知识积累与学习情况，以便更好地开展下一步教学。

《柳树醒了》预习单

(1) 请用笔圈出你认识的字。

醒　雷　澡　枝　软　梳　梢　耍

(2) 给字分类。

醒　雷　澡　枝　软　梳　梢　耍

平舌音的字：________　翘舌音的字：________

前鼻音的字：________　后鼻音的字：________

(3) 在你会写的字后面打“√”。

说（　）话（　）朋（　）友（　）春（　）高（　）

（4）你认为最难读的字有：________________

（5）你认为最难写的字有：________________

3. 知晓学情

通过预习单，对学生进行诊断性评价发现，在生字认读上，学生认为最难读的是“醒、软、澡、耍”这四个字；在书写生字上，大概80%以上的学生会写“说、话、春”这三个字，没有最难写的字。从诊断结果可以看出，通过预习，学生对《柳树醒了》一课字词的认知情况总体良好，但还是存在差异的，即不同的学生在字词方面的认知水平有高有低。

4. 调整目标

根据诊断性评价的结果，在知晓学情的基础上，笔者将本课的教学目标调整为：

《柳树醒了》教学目标再设计

教学目标：

（1）认识“醒、雷、梢”等八个生字，读准“醒、澡、软、耍”的字音，会写“说、话、朋”等六个字。

（2）能借助拼音，正确、流利、有感情地朗读课文。

（3）在朗读中发现柳树的变化，感受春天的美好。

（4）联系生活，发现春天里事物的变化。

教学重难点：

（1）读准“醒、澡、耍、软”的字音，会写“友、春、高”三个字。

（2）借助拼音，正确、流利、有感情地朗读课文。

以上教学目标是在知晓学生学情后调整的完整的教学目标。在调整的教学目标中，将教学重难点设计为：读准“醒、澡、耍、软”这四个学生认为最难读的生字，书写“友、春、高”这三个学生认为最难写的生字。这样的调整使教学目标有所侧重，主次明晰。调整后的教学目标是基于学生的学情，更针对学生原有知识的掌握情况，从学生的角度出发，让课堂教学不再是眉毛胡子一把抓，从而促进课堂教学的有效性，达到预期的教学效果。

（二）诊断性教学评价理论在识字教学方法设计中的应用

教学设计是教师依据教育教学理论、教学艺术原理等理论知识，根据学生的认知结构，对教学内容、教学组织形式、教学方法和需要使用的教学手段进行策划的过程。

诊断性评价的教学方法强调：在教学活动设计之前，教师必须全面把握在诊断过程中出现的各种问题，必须对学生现有的学习状况进行全面系统的分析，充分明确教学各要素、各环节的基本状况及影响因素，从而设计出有针对性、实效性的课堂教学过程，并根据既有的教学规律、丰富的教学经验，对即将展开的教学活动中可能出现的各种情况做出预测，并形成相应的教学设计。

根据课堂实践操作，可以按以下流程去进行：课前诊断—知晓学情—调整目标—设计教法—检测巩固。以人教版二年级下册《恐龙的灭绝》一文为例。

1. 课前诊断

本单元的主要训练目标是读短文、理解词句，重在引导学生通过联系上下文、看字形想字义以及结合生活实际等方法，理解词语在文中的意思。在教学本课时，教学重点是引导学生认真读课文，学习边读边思，随文理解词语的意思，通过与文本的对话，从而理解一些关键词、句，增强对文章的理解。

《恐龙的灭绝》预习单

(1) 请用笔圈出你认识的字。

恐　类　庞　避　耐　萎　亡　哺　乳　偷　孵　谜

或　者　籍

(2) 给字分类。

恐　类　庞　避　耐　萎　亡　哺　乳　偷　孵　谜

或　者　籍

平舌音的字：＿＿＿＿＿＿翘舌音的字：＿＿＿＿＿＿

前鼻音的字：＿＿＿＿＿＿后鼻音的字：＿＿＿＿＿＿

(3) 在你会写的字后面打"√"。

亡（　）肉（　）耐（　）谜（　）

类（　）　严寒（　）传染（　）

(4) 你认为最难读的字有：＿＿＿＿＿＿＿＿＿＿＿＿

(5) 你认为最难写的字有：＿＿＿＿＿＿＿＿＿＿＿＿

(6) 请在你能理解的词语后面打"√"。

庞大（　）严寒（　）传染（　）

尘埃（　）枯萎（　）灭绝（　）

2. 知晓学情

运用预习单，对学生进行《恐龙的灭绝》一课的诊断性评价，发现学生对这一课的生字新词在读音上遇到了比较大的困难，有90%以上的学生认为"哺、谜、乳"这三个字是最难读的；学生在识记字形上也比较生疏，"孵、或、籍、耐"等字是学生比较难记的生字，只能死记硬背；在书写上，除了"谜"有困难、"寒"容易写错外，其他都没问题；在理解词语意思上，根据学生的预习单分析，学生对"灭绝、传染、庞大"这几个词语的理解比较模糊，其他掌握得较好。

3. 调整目标

根据诊断性评价结果，笔者熟知了学生对于《恐龙的灭绝》已有的知识结构，在此基础上，将教学目标调整为：

《恐龙的灭绝》教学目标再设计

(1) 能正确认读“恐、类、庞”等十五个生字，尤其读准“谜、哺、乳”这三个字音，会写“谜、严寒”等字词，能用联系上下文、看字形猜字义等方法理解“传染、灭绝、庞大”等词语。

(2) 能正确、流利地朗读课文。

(3) 激发学生对恐龙灭绝等自然界现象进行科学探究的兴趣和愿望。

4. 设计教法

通过诊断性评价，笔者将原教学设计进行修改与调整，用“开火车”、同桌互相读等方式，使学生将难读的生字加以巩固；在字形方面，重点指导了“孵、或、籍、耐”等比较难记易错的字词，让学生通过描一描、写一写、记一记，加深对这些字词的印象；在理解词语的意思上，着重指导学生理解“灭绝、庞大、传染”的意思，同时还教学生理解词语的不同方法，如看字形猜字义、联系上下文等。这样的教学设计从学生的学情出发，针对性更强，教学过程更具有实效性，教学效果也明显提高。如下：

《恐龙的灭绝》第一课时教学过程设计

一、认识恐龙，揭示课题

(1) 认识恐龙，理解“庞大”的意思。总结理解词语的学法：在理解两个近义字组成的词语时，可以由一个字的意思来猜想整个词语的意思。

(2) 刚才大家介绍了恐龙的知识，书本里面也有一段恐龙的信息。（出示第一段的前两句）请你们读一读这段话，从这段话中，你知道了哪些有关恐龙的信息呢？

出示：我们人类只有三四百万年的历史，而恐龙却在地球上生活了大约两亿年。人类的历史与恐龙的历史相比，可就短多了。

（3）读好“庞大的恐龙为什么会消失了呢？”，学习“谜”。

二、初读课文，整体感知

想一想：课文中介绍了哪几种恐龙灭绝的说法？

三、学习第一种说法

出示：一种说法是，有一段时间，地球上突然变得十分寒冷，恐龙没有冬眠的习惯，它们不能像蛇和乌龟那样，借冬眠来躲避寒冷。加上恐龙身上没有皮毛来保暖，它们耐不住严寒，就慢慢地消失了。

（1）想一想：庞大的恐龙怎么会消失了呢？

（2）学习：耐不住。

四、学习另一种说法

（1）另一种说法课文是怎么写的？（出示第三段）

（2）用同样的方法理解“尘埃、枯萎”。

（3）试着讲述恐龙是怎么灭绝的。

五、写字

恐龙的灭绝是一个（　　），可能是恐龙（　　）不住（　　）（　　），可能是恐龙找不到食物，也可能是……

（1）重点指导“严”和“寒”。

（2）范写、临写。

5. 检测巩固

调整后的教学设计在课堂教学中取得了一定的效果。在字词教学中，做到有的放矢，课堂气氛相当活跃，学生对教学目标中的字词的读音、字形、词义的掌握、理解及巩固都达到了预期的效果。“谜”的第二声读音正确率为100%；在词语意思的理解上，学生基本掌握了看字形猜字义、通过近义字猜词语意思等方法，在课后的练习中，学生基本能写出四五个由近义字组成的词语，而且能迅速理解词语的意思。

通过课堂教学实践可以看出，教学方法的设计本身就是对于学情的诊断性评价，合理、准确的评价可以促成高效的教学设计，可见诊断性评价在教学方法设计中的效果不容小觑。

诊断性教学评价能够让教师深入了解学生的识字情况，对课堂教学的训练目标了然于心，制定出符合学生实际需求的、行之有效的识字教学目标，真正将识字写字教学落到实处，夯实学生的识字能力。基于学生学情调整的教学设计和教学方法大大提高了识字教学的针对性，有效地提高了课堂教学过程中的识字效率和效果。

参考文献

[1] 张辉蓉 . 诊断式教学设计的意蕴、表征与范畴 [J]. 中国教育学刊，2013(6)：54–58.

[2] 胡强宁 . 布鲁姆的教学评价 [J]. 青岛科技大学学报（社会科学版），1995(2)：10–12.

[3]B.S. 布鲁姆，等 . 教育评价 [M]. 邱渊，王钢，夏孝川，等译 . 上海：华东师范大学出版社，1987.

[4] 李华 . 基于课前诊断的小学语文识字教学设计的实践研究 [D]. 上海：上海师范大学，2017.

（作者单位：舟山小学　顾燕芳）

第一学段支架式识字教学的实践与运用

识字是阅读和写作的基础，是儿童获取知识的第一步，识字的效果不仅会影响儿童对汉字的掌握，而且会影响其阅读和写作能力的发展。因而，认真研究儿童识字过程的心理特征，努力提高识字教学的效果，是我们儿童教育工作者的重要任务。同时，《义务教育语文课程标准（2011年版）》中明确规定，小学阶段，学生的识字量要达到3500字。而当下，虽然教师所采用的集中识字和随文识字这两种教学方法取得了一定的成效，但是面对如此庞大的识字量，学生的识字压力大、回生率不断增加、错别字与日俱增的现象仍不容忽视。因此，笔者认为，采用什么样的教学模式进行识字教学和课堂上如何有效操作该种教学模式是一个值得探讨的问题。

一、理论简介

支架式教学理论是1976年由美国著名教育家、心理学家布鲁纳及其同事在研究母亲如何影响幼儿语言发展的过程中提出的。“支架”一词借用自建筑行业，原意是“脚手架”，指用来建造或修正建筑物时使用的临时性结构。在学习过程中，喻指为学习者提供的暂时性支持，这种支持可帮助他们完成他们自己所不能完成的任务。根据欧共体“远距离教育与训练项目”的有关文件定义“支架式教学”：“支架式教学应当为学习者建构对知识的理解提供一种概念框架（conceptual framework），这种框架的概念是为发展学习者对问题的进一步理解所需要的，为此，教师要先把复杂的学习任务加以分解，以便于把学习者的理解逐步引向深入。”由此可见，支架式教学理论的核心思想就是教师不能把知识全盘灌输给学生，而是要在学生的学习过程中为其提供一种概念框架，启发学生自主探索、主动学习，从而帮助学生运用已有的认知建构新的认知和理解。它的理论基础源于苏联维果茨基的社会主义建构理论，其中最直接关联的有两个观点：建构主义学说和最近发展区。前者认为任何高级的心智功能，从其起源上而言，都是社会性的。这一观点强调学习并不是单纯的信息输入的过程，而是学生已具备的知识和经验与新的信息之间相互作用，从而构建新的理解的过程。在此过程中，学生是学习活动的主体，而教师的引导、同伴的互助或外在的因素均为“支架”，对学习活动起到促进、辅助的功效。而主张后者的维果茨基认为，在学生智力活动中，所要解决的问题和原有能力之间可能存在差异，因而通过教学，在教师的帮助下，可以消除学生的这种差异。这个差异就是最近发展区。因此，在教学过程中，教师绝不能满足学生现有的智力水平，而是要准确把握学生的最近发展区，并充分发挥“脚手架”的作用，努力引导学生由现有的智力水平往更高的智力水平发展。

随着支架式教学理论的影响不断扩大，国内的教师纷纷采用问题引导的方式来搭建支架，因此它又被称为基于问题的教学。该模式强调学生学习的积极性和主动性，但是学生只是教学中的一个方面；另一方面，教师应该起积极引导作用，引领并支持学生跨越最近发展区。支架式教学模式由五个要素构成，包括创设情境、引导探索、独立探索、协作学习和效果评价。

1. 创设情境

创设情境即教师通过引导，将学生带入一定的问题情境中，让学生已有的知识和经验与新的知识产生冲突和矛盾，从而激发学生自主探索、学习的愿望。最佳的情境是处在学生最近发展区范围内的情境，学生通过教师引导或者同伴互助进行自主学习，从而实现新的知识建构，也就是通常所说的让学生“跳一跳，摘到桃子”。

2. 引导探索

教师基于学生的最近发展区，分解学习任务，并向学生提供概念框架，启发学生自主探索、主动学习，从而帮助学生运用已有的认知建构新的认知和理解。

3. 独立探索

独立探索即学生的独学活动。在进入问题情境后，教师等支架逐渐淡出，学生的主体作用得到强化。基于教师的引导、同伴的互助，在这些支架的帮助下，学生进行自主探索、自主学习，在概念框架中不断攀登。

4. 协作学习

联合国教科文组织提交的报告《教育：财富蕴藏其中》指出：“学会认知、学会做事、学会共同生活、学会生存，这也是现代教育的四个支柱。”在学生充分“独学”的同时，支架式教学还特别强调“群学”的作用，这里的“群学”既包括同伴之间的互助学习，也包括教师对学生的引导和支持，使学生在动态的学习过程中完成新知识的建构。

5. 效果评价

效果评价是对学习活动的检测，既能够反映学生学习活动的效果，又能帮助教师实时了解、准确把握好学生的最近发展区，为之后的支架搭建提供精确的信息。

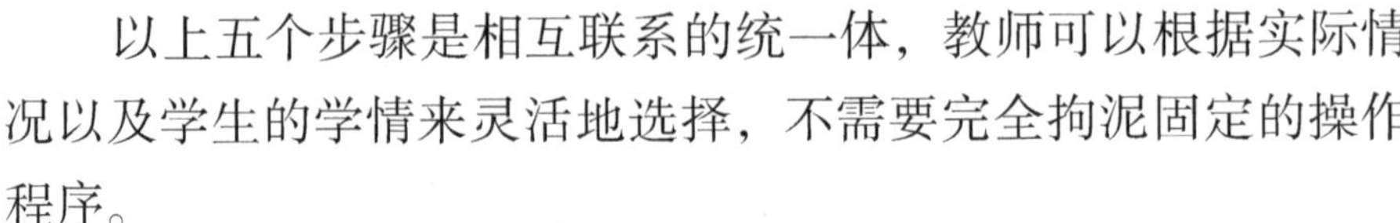

以上五个步骤是相互联系的统一体，教师可以根据实际情况以及学生的学情来灵活地选择，不需要完全拘泥固定的操作程序。

二、理论的运用

1. 基于支架式教学理论的笔画教学

笔画是汉字的基本单位。刚入学阶段，学生的汉字基础比较薄弱，需要把汉字笔画的教学作为他们学习汉字的首要目标。在我们的日常教学中，不难发现，汉字的基本笔画有限，但复合笔画较多，加上有些笔画非常相似，需要学生对汉字的笔画进行细致的辨析，以此来发现汉字笔画的走向和形态。因此，很多学生对于简单的笔画掌握尚可，但是对于复合笔画就容易混淆，书写错误率较高，掌握情况不容乐观。支架式教学理论的教学模式能为复合笔画的学习创设情境，并且引导学生自主探索来构建笔画系统，较好地帮助起始阶段的学生进行学习。

以《横折弯钩和横斜钩》这一课为例，将支架式教学法运用到实际的课堂教学之中。在本课的汉字学习中有“九、几、飞、风、壳、气”，所要学习的复合笔画有“横折弯钩和横斜钩”。在起始阶段，只要求学生学习“横、竖、点、撇、捺、横折钩、竖弯钩”等基本笔画以及简单的独体字的写法。采用支架式教学法可以让学生尝试着自己去探索和构建汉字的笔画系统，从而为今后汉字的书写奠定基础。

(1) 联系旧知，寻找搭建支架的教学情境。上课伊始，教师通过展示“气”的汉字演变，让学生感受中国汉字的奥秘和趣味，迅速吸引学生们的注意力；之后创设情境，让学生在动手的过程中，明白“横折弯钩”和“横斜钩”这两个笔画的演变过程。那么，这时候就需要教师为学生搭建“脚手架”。

师：孩子们，快看！魔法棒开始变了！（边说边折魔法棒）向下折，向右弯，下边平，往上钩。你们瞧，变成什么了？（生：横折弯钩）它有几画？（将魔法棒拉直）是啊，横折弯钩是由一根魔法棒变成的，所以它是一画。

师：魔法棒继续变！（边说边折魔法棒）向下折，斜出去，向上钩。变成什么了？叫一叫它的名字。（生：横斜钩）它又是几画呢？（将魔法棒拉直）对啦，它也是由一根魔法棒变来的，所以也是一画。

师：这两个笔画就像一位神奇的魔法师。瞧，它藏到了小天鹅的身上。你们能在小天鹅身上找到它们吗？

（2）问题引导，进入情境。在教师提出问题后，学生肯定会认真地看图片，并通过白板，在小天鹅身上演示这两个笔画，随后教师通过 Flash 的演示，让全班学生初步感受“横折弯钩”和“横斜钩”的写法。教师可以这样操作：

师：你们的小眼睛真会观察。看一看“横折弯钩”像什么小动物？

生：（预设：天鹅。）

师：我们在天鹅身上找一找这个笔画。

生：（白板展示。）

师：（边指边说）头伸直，脖子长，肚子弯，尾巴翘。多像啊！

师：天鹅飞起来啦！（出示天鹅起飞图）你能找到“横斜钩”这个笔画吗？

生：“横斜钩”（边说边画）头一伸，身子一斜，天鹅起飞啦！

（3）协作学习，渐撤支架。在初步感知“横折弯钩”和“横斜钩”之后，教师向学生抛出一个问题：孩子们，这两个笔画有什么相同点和不同点呢？先自己思考，然后和同桌相互交流。

例如，教师可以这样执教：

师：仔细观察，你发现它们哪里一样，哪里不一样？（指名说）

生：①相同点：都先写横，向右弯，最后向上钩。②不同点："横折弯钩"弯下来的时候，有个圆圆的转角，下面是平的；"横斜钩"没有转角，下面是斜的。

师：（教师对学生的回答进行小结并表示肯定）你们的小眼睛真会观察。

这样的练习相较之前增加了难度，同时在学生独学之后和学生相互交流，教师渐撤支架，淡化支架的作用，让同学间的讨论成为他们自主学习的支架，在整个过程中，培养学生积极探究的精神。

（4）效果评价，形成知识体系。在完成前三个教学步骤之后，进入最后的书写环节，让学生根据微课进行学习，并通过教师的范写加深书写的印象，最后通过自己的书写、师生的评价，来检测本次汉字的学习效果。教师可以这样执教：

师：想不想跟着美美老师写一写这两个有趣的笔画啊？（播放微课）

师：（投影范写）伸出手跟我写，轻点头，向上走，向下弯，平平底，停笔尖，向上钩。同学们，老师圈起来的这几处地方要特别注意。我们再来写横斜钩。轻点头，向上走，下右转，不平走，停笔尖，向上钩。这两处我们要特别关注。

师：请同学们拿出书法本，身坐正，头抬高，握好笔。哇，这位同学坐得真端正，请你上来当小老师，坐在这里写。一直坐得很端正的同学也有机会上来哟！开始端端正正地描一个、写一个（巡视，随机提醒学生写字的姿势）。

师：停笔，来欣赏这位同学写的笔画。哇，你们的小眼睛齐刷刷地看向大屏幕，非常棒，我们不仅要会写，还要懂得欣赏。

师：哪位小评委来夸一夸他哪里写得好。你真棒！会用欣赏的眼光来进行评价。

师：下面请对照自己写的笔画进行修改，如果写得很不错了，可以在旁边空白处练一练。

2. 基于支架式教学理论的“基本字”教学

汉字是音、形、义的统一体，汉字学习的根本任务就是让学生在大脑中架构汉字音、形、义之间的桥梁。常规的字理识字是指根据汉字的造字规律，充分整合汉字音、形、义之间的关系进行识字。而支架式教学理论则是通过创设情境，让学生关注汉字的字理，追寻汉字原本的含义。从当下着眼，可以提高学生识字的效率和质量；从历史的角度着眼，有助于对中华民族汉字文化的理解和传承。以《日月水火》这一课为例，来展示基本字的教学步骤。

（1）利用支架，进入情境。首先，出示一个甲骨文的“日”，让学生猜这是什么字，然后给学生演示“日”字的汉字演变过程，一直到现在书写的楷体“日”，并引导学生发现现在的楷书特点。教师引导学生用字理的方式学习汉字，不仅能够帮助学生认识汉字，而且可以使学生在识字的基础上，挖掘汉字背后的文化内涵，在大脑中架构汉字音、形、义之间的桥梁。例如，教师可以这样执教：

师：（课件出示“日”的甲骨文  ）同学们，猜猜这幅图画代表的是什么字呀？

生：太阳。

师：是的，这是古人刻在龟壳上的字，叫甲骨文。外面的圆圈表示太阳的轮廓，中间的点表示太阳的光芒。你们瞧，汉字多有趣啊，好像一位神奇的魔术师。随着社会的进步，它慢慢地发生了变化，变成了这样(演示“日”的金文、篆书、隶书、楷书)。

师:(Flash 演示“日”的书写过程) 同学们，我们一起来看一看“日”的书写顺序吧。

师：那么，其他几个汉字又是怎么演变过来的呢？又该如何书写呢？

(2) 协作学习，渐撤支架。以四人小组为单位，给每个小组分发“月、水、火”这三个字各个演变阶段的卡片，让学生合作把每个汉字的演变过程归类，并按照甲骨文、金文、篆书、隶书、楷书这样的顺序进行排序。在这个过程中，首先，小组成员间需要发挥合作互助的作用，共同完成学习任务；其次，教师对每一小组的成果进行检查核对；再次，教师通过课件展示正确的答案，将每个汉字的演变过程和汉字对应展示，并说出理由，让学生清楚地了解汉字是如何演变成现在的楷书的；最后，教师组织学生进行不同形式的认读、复现来巩固汉字，加深记忆。

(3) 效果评价——撤掉支架，架构认知。在完成了前两步教学活动之后，学生对于这些汉字有了一定的记忆，这时候，教师可以撤掉支架，即把汉字演变过程的图片撤掉，只留下汉字本身，然后通过汉字的认读、书写等方式来检测学生汉字学习的情况，检验支架对于学生本课汉字学习的认知体系架构效果。

3. 基于支架式教学理论的“合体字”教学

起始阶段的识字学习任务很重，每一篇课文需要会认、会写的生字基本达到十个以上，识字教学任务非常重。如果教师逐字教学，一节课结束，生字教学的任务肯定是完不成的，而且效率会大打折扣。将零散的语文识字整合成组块识字，不仅能够提高课堂效率，还能提升识字效果。如何删繁就简，就需要教师运用智慧，把相似的汉字整合化、组块教学，达到课堂的高效。以《画家和牧童》一课为例，这一课的生字包括“戴、嵩、价、购、墨、抹、幅、瞄、蔼、批、翘、驱、蝇、惭、愧、拱”，共十六个字。

(1) 寻找搭建支架的教学情境。首先，教师出示带有这些生字的句子让学生认读；然后保留带有生字的词语进行认读，体现从句到词、由词到字的梯度性；接着，把学生识记有难度的生字单独出示出来，这就是本节课的教学重点，也是教师搭建支架让学生掌握的重点和难点。

(2) 搭建支架。根据汉字的结构特点，教师可以把需要重点突破的生字进行分类。教师利用课件出示这些汉字的结构图，让学生根据结构图，对汉字进行分类，初步明确每个汉字的结构特点，进行组块记忆。

(上下结构)　(左右结构)　(右上半包围)　(左下半包围)

教师可以让学生把上述汉字按照这样的结构图进行分类，这样，生字就会被分成四部分，这时教师可以引导学生从这些生字中找出自己认识的部分。例如，从“嵩”字中找到“山”和“高”，从“墨”字中找到“黑”和“土”等。这样的操作步骤就是教师为学生搭建了支架，让学生把以往认识的生字当作学习新字的支架，同时也能为汉字的书写打下扎实的基础。

(3) 协作学习。教师将学生分成若干小组，以小组为单位进行上述的分类活动，待所有小组完成这项活动之后，教师可以展示每小组的学习成果，并予以点评和指导。

当然，在明晰了汉字的结构特点之后，学生对于生字只是有了初步的掌握，一些简单的生字可以通过这样的方式来引导学生识记，但是更多的生字需要多元化的方法来帮助学生记忆。那么，为了加深学生对汉字的记忆，可以引入一些汉字的字理知识或者富有趣味性的小故事，也可以同学之间交流识字方法，发挥同伴互助的作用。例如，教学“戴”字的时候，我们可以编顺口溜：

师：今天我们还要来认识一位大画家，这位画家的名字叫戴嵩。

师：(指生读“戴”)“戴”字是半包围结构，这种结构的字我们还学过“栽、裁、载”。它们的部首都是“戈”字部。

师：我们的体育老师——（生：戴老师）对了，“戴”不仅可以表示姓氏，还能表示动作呢。

师：我们的头上戴（？）——头上帽子戴，脖子领巾戴，手上表环戴，身上佩戴，用此“戴”。

师：今天我们就一起读一个关于戴嵩的故事。整齐、响亮地读一遍课题——21.《画家和牧童》。

通过师生之间的协作学习，再加上朗朗上口的顺口溜，学生对于生字的掌握肯定不在话下。

(4) 效果评价——撤掉支架，架构认知。汉字的学习不能囿于会读、会认、会写，更重要的是会运用，这是学生语文素养的综合体现。教师可以让学生尝试着运用这些生字，比如组词、造句，也可以是选词填空等，让学生在识记的基础上学以致用，这样就能更加牢固地掌握生字。教师根据学生对生字的运用情况进行检测和评价，从而了解学生对生字的掌握情况。这也能够为教师准确把握好学生的最近发展区提供依据，为教师之后的支架搭建提供精确的信息，从而促进学生往更高的水平发展。

卢梭曾言：好的教学必须能唤起儿童的思维。教育的目的就是使人具有活跃的思维。在支架式教学中，在教师精确把握了学生的最近发展区之后，通过不同形式的支架搭建，让学生具有活跃的思维，从而实现学生自主学习、自主探究，完成知识的重新建构，并努力引导学生由现有的智力水平往更高的智力水平发展。此时此刻，教师的作用就在于：于无向处指向，于无法处教法，于无疑处生疑，于无力处给力。换言之，教师的作用就在于给学生以力量，为学生提供信息，从而让学生习得自主解决问题的能力。这也正是我们在支架式教学理念的指引下努力的方向。

参考文献

[1] 戴汝潜 . 识字教育：一个值得重视的研究课题 [J]. 人民教育，1997(6)：45–46.

[2] 盛艳 .“支架式”课堂教学：特征、挑战和建议 [J]. 教学研究，2015(5)：117–119.

[4] 赵南 . 幼儿教师应如何理解和实施支架教学 [J]. 学前教育研究，2003(12)：8–10.

[5] 维果茨基教育论著选 [M]. 余震球，选译 . 北京：人民教育出版社，1994.

[6] 李攀 . 支架式汉字教学模式 [D]. 上海：上海外国语大学，2010.

[7] 雅克・德洛尔 . 教育：财富蕴藏其中 [M]. 北京：教育科学出版社，1996.

（作者单位：舟山市定海区白泉中心小学　张玉峥）

组块理论在小学识字教学中的实践与探索

《义务教育语文课程标准》中提出了各学段既相辅相成又富有梯度的识字要求，在学习动机上更强调多认少写、主动识字、独立识字。如果教师能从汉字本身的规律入手，通过组块开展识字教学，就能帮助学生认识汉字的总体特征和构形规律，从而完成由学习一个字到几个字，再到一类字的由点及面的过渡，以达到省时高效，激发兴趣，学生主动、独立识字的目的。

一、组块理论与组块理论教学概述

(一) 组块理论

“组块”是一个来源于心理学的概念，它本是指记忆单位、信息单位，具体来说，就是能够迅速将长时记忆中的信息链接起来的索引项，亦指我们所熟悉的信息量的一个单元。在相似论里，组块就是“相似块”。组块思想认为，善于把学习材料分成适当的组块，不仅可以缩小记忆材料的绝对数量，加大信息浓度，减轻大脑负担，提高储存量，而且能记得牢，便于提取。心理学家福多提出了“心理模块理论”。

在认知心理学中，有意识地将许多零散的信息单元整合成一个具有更大意义的信息单位并贮存在大脑中的心理活动，称为组块。可见，组块是一种心理活动，也就是一个包括认知、情绪和情感以及意志三个不同方面的人的心理活动的动态过程。

对于学习者而言，组块是其在学习过程中把零散的学习内容有意识地组合成一个有意义的“块”状单位并记忆下来的过程。也就是说，组块是一个把一堆散乱的知识拼合成一个有意义的知识体来学习掌握的过程，是一种认知过程中的组织、整合策略和行为方式。

其实，“组块”这个概念在阅读心理学中的运用是比较广泛的，而我们将它移植到小学语文教学中就有了更加丰富的内涵。在语文学科研究中，组块已经超出了其本身的含义，具有更为广阔深远的教学理论价值。

（二）组块理论教学

关于“组块教学”，薛法根在《呼唤智慧的语文教育》一文中将其定义为：“语文组块教学是建立在语文学习的心理学原理基础上的一种教学方法，即以培养学生的语文运用能力为主线，将零散的语文训练项目整合成综合的语文实践板块，使学生在生动活泼的语文实践活动中获得充分和谐的整体发展。”而后，其又在《基于“组块”的阅读教学策略》中这样写道：“‘组块教学’从教学形式上看，是将线形的教学转变成块状的教学，即在同一个教学活动中，实现多个教学目标，以提高语文教学的高效率。从教学内容上看，是将零散的教学内容整合成具有内在联系的内容板块，有利于学生的语文学习。”

从上述定义来看，薛老师的“组块教学”理论更多的是针对小学语文阅读教学，这让笔者敏感地想到了贯穿整个小学语文学习过程的识字教学。

《义务教育语文课程标准（2011年版）》在总目标中对识字教学提出了更新、更高、更科学的教学目标：“学会汉语拼音；能说普通话；认识3500个左右常用汉字；能正确工整地书写汉字，并有一定的速度。”在总目标的引领下，每个学段又各有侧重。第一学段强调，“喜欢学习汉字，有主动识字的愿望”；第二学段提出，“对学习汉字有浓厚的兴趣，养成主动识字的习惯”；第三学段进一步提出，“有较强的独立识字能力”。这样的目标要求重视“主动”识字、“独立”识字，有利于学生尽可能多地认识汉字，及早进入汉字阅读阶段，享受汉字阅读所带来的愉悦，给学生打下扎实的、可持续发展的识字基础。

因此，要做到费时较少、效率较高，就必须大力培养学生的识字能力，而这种能力正是在识字过程中形成的。于是一种想法就此产生——倘若我们能从汉字本身的规律入手开展识字教学，就可以帮助学生认识汉字的总体特征和构形规律，从而完成由学习一个字到几个字，再到一类字的由点及面的过渡，激发学生的学习兴趣，教给学生借助已有的知识去获取新知识的方法。

所谓组块识字，指的是从汉字自身的规律入手，尝试从汉字的结构、意义和读音等方面寻找其相似点，把零散的、相互之间没有联系的汉字（或笔画、偏旁）有意识地整合成便于记忆的“块”状单位进行教学，由点及面，化繁为简，进而提高识字教学的效果。

二、践行组块识字教学

（一）发现语文教材中的组块识字因素

汉字是我们几千年传承下来的中华文化的组成部分，源远流长，体现了中华民族的智慧。培养学生热爱汉字也就是培养他们热爱中华传统文化。如果教师能从汉字本身的规律入手，通过组块开展识字教学，就能帮助学生认识汉字的总体特征和构形规律。因此，我们要立足教材编写体系，从整体上把握各个识字材料的教学要素，发现组块识字因素，以达到“牵一发而动全身”的效果。

1. 识写分流，多认少写

统编教材在识字与写字的内容编排上遵循《义务教育语文课程标准》“多认少写”的原则，要求识记的生字并非都要求书写。

教材中识字的编排主要有三种形式：一是随课文识字，二是在《语文园地》中识字，三是编排了单独的识字课。其中，单独的识字课编排得新颖独特，呈现在课本中的位置别出心裁；识字课的形式翻陈出新，分别运用了对对子、三字经、谚语、儿歌、词组串、谜语等，使古老的语言形式焕发出新的活力；识字课的内容意蕴深远，一组词就是一幅图，一句话就是一首诗。这种新的富含张力和活力的识字编排方式隐藏着一种新的识字教学方式，预示着一种识字教学的新趋势。

2. 合理安排识字写字序列

教材中要求会认的字大多是构词能力强的字、日常生活中的常用字，以及阅读中出现频率高的字。这样的编排意在加强识字与生活、阅读之间的联系，在生活和阅读中增加生字复现的机会，巩固生字的识记，而在生活和阅读中运用识记的生字可以让学生体会到收获学习成果的愉悦。

3. 集中识字与分散识字相结合

要求会认的生字，按照集中与分散相结合的方式编排。集中识字安排在识字单元和《语文园地》的“识字加油站”专栏中；分散识字大多安排在课文单元，其中，一年级上册还有部分识字安排在“汉语拼音”板块。

4. 重视揭示规律，循规而学

统编教材与人教版教材相比较有个显著的变化，就是更加重视揭示方法和规律，使学生能够遵循规律而学，引导学生发现汉字的构字规律，有助于学生自主学习。

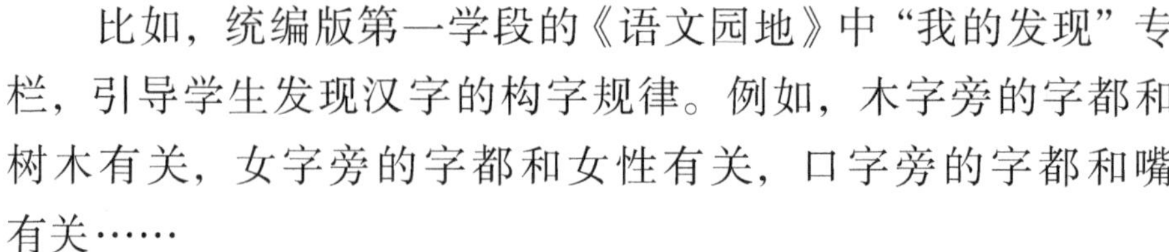

比如，统编版第一学段的《语文园地》中“我的发现”专栏，引导学生发现汉字的构字规律。例如，木字旁的字都和树木有关，女字旁的字都和女性有关，口字旁的字都和嘴有关……

（二）开展组块识字教学

学生在学习实践活动中积累了丰富的信息单位、知识单元（相似块），这些“相似块”有各种不同的类别，如语言相似块、情感相似块和形象相似块等。而组块则是认知过程中的一种组织策略和整合行为，它可以提高记忆的容量和效率。从汉字的结构上、意义上和读音上看，也都存在着其“相似块”，我们可以根据汉字的这一特性来进行组块教学的设计。

1. 巧用字族规律进行组块教学

尝试组块识字，可以从汉字的规律入手，从汉字的音、形、义等方面寻找相似点，把零散的、相互间没有联系的汉字有意识地整合成便于记忆的“块”，从而进行识字教学。

字族，顾名思义，就是由“字”衍生出“族”，以“母体字”带出由其派生繁衍的一系列“子体字”，把一个字的学习演变成一串字的学习，举一反三，学以致用。如教学以“青”为母体字的一族字“青、清、晴、睛、情、请”，编出生动有趣、简洁易记的“字族文”。

例如：

河水清，天气晴。小青蛙，大眼睛。

吃害虫，事情多。请保护，好朋友。

这样边读儿歌边识记生字，学生兴趣盎然，有助于提高识记速度，增加识字量。

再如，教学“逃”字的时候，可以引导学生回忆包含“兆”

的其他字族，将其组成一个可以作对比、辨别的“块”，或是请学生组词，或是编成儿歌。

例如：

小猴上山摘桃子，看见桃树往上跳。

挑了好多大红桃，见了主人赶快逃。

如此一来，不仅可以使识字变得更加有趣生动，而且扩大了学生识字的面；不仅加深了学生对生字的印象，还能巩固熟字。

又如，同一个声旁在不同的字中，有的只起表音作用，有的不仅表音，还兼表意。表音兼表意的归纳在一起，称为字族。如：①工、功、攻（有攻治义）；②空、腔、控、埪（有中空义）；③绯、翡、痱（有红色义）。我们教到“准”字的时候，可以引导学生回忆包含“隹”的其他字族，将其组成一个可以作对比、辨别的“块”，或是请学生组词，或是编成儿歌。

例如：

有个小土堆，用手来推推。

两点来准备，又遇困难来！

2. 集中相同部首进行组块教学

在《新华字典》中，我们可以发现，为方便读者检索，编者将同部首的字集中在了一起。找到了一个部首，就可以找到包含这个部首的其他字。在语文教材中同样有这样的现象。

比如，《树之歌》一课就有很多木字旁的生字，在教学中可以集中识字，发现规律。

例如：

师：看，生字宝宝从词语里跳出来了，你还认识它们吗？

出示：榕、梧、桐、枫、桦、桂、柏。

师：读着读着，你发现了什么？（预设：左右结构、木字旁、

形声字)

小结：你们瞧，一般带有木字旁的字都与树木有关。

师：你除了发现它们和树有关之外，还发现了什么？

生："榕"的右边是"容"，它就读"榕"；"桐"的右边是"同"，它就读"桐"……

师：木字旁表示它们是树木，右边部分提示字的读音，看着右边的字，就能猜出整个字的读音。这可真是一个好办法，赶紧和同桌读一读吧！

……

师：像这样，偏旁表示意思，另一半表示读音的，我们叫它形声字。像这样的字还有很多！你来猜猜它们是什么树？（多媒体出示图片和文字：榆树、橡树、楠树、棕树）

再如，我们还可以把相同种类的部首组合成"块"设计教学。

例如：

表示人的整体、外形、部位的字：单人旁——他、们、你、休、做。

表示手及有关手的动作的字：提手旁——把、报、打、排、捉、找。

……

如此利用组块系统识字，以达到教学过程简化、识字量扩大、识字能力和读写能力提高的目的。

又如，《称赞》这一课的"我会写"中有"板、椅、但、傍、清、消"这些生字。教学时，我们可以把同是"木"字旁的"板、椅"，同是单人旁的"但、傍"，以及同是三点水旁的"清、消"各当成一个"块"呈现出来，请学生找出它们共同的外形特点和书写特点，然后同时教学，这样使教学的时间省去了不少。

3. 对比音近（音同）进行组块教学

异体同音是汉字的一个特点，即音近字、同音字在汉字中出现的频率极高。著名语文学家吕叔湘曾统计过，汉字同音率高达80%。这就造成学生在识字过程中存在易混淆、难区分、出错率高等现象。

例如，在“做—作”“座—坐”“那—哪”等字的教学中，教师可把它们放在一起整“块”呈现，再辅之以适当的记忆法和教学法，如图文对照、歌谣、故事、想象、表演等，让学生在比较中增强记忆，轻松识字。通过比较、寻找异同，可以简化识记组块，提高识字效率。

又如，“辨—辩—辫—瓣”，这几个字字形繁杂，区别细微，要是独立识记，学生常常分不清楚。运用组块识字教学，当教学其中一个字时，我们可把这四个字一起罗列出来，组合成块，编成歌谣，比较异同，化繁为简，以方便学生区别、识记。

例如：

小嘴说说，辩一辩；小眼看看，仔细辨；

小辫扎扎，辫子长；小瓜结了，瓣瓣瓣。

再如，在教学《我们成功了》一课中的“洋、扬”时，我们可以同时出示这两个字，将其作为一个教学的“块”，对比其字形上的异同，再通过组词或者选字填空的形式来加深学生对两个字意义的理解。这样既避免了机械记忆，又提高了识记效果。

4. 分析结构特点进行组块教学

汉字中的合体字占大多数，具有各种不同的结构。在教学中，我们也可以根据汉字的结构不同而进行组块教学。

比如，《雷雨》一课中要求学生会写的生字有“垂、乱、沉、压、逃、越、阵、彩虹、蝉、蜘蛛”等，如果我们孤立地进行教学，按部就班地指导学生读准读音、分析字形、背诵笔顺、练习书写，势必会耗时多、效率低。而从字的结构特点入手进行组块教学，效果则会有所不同。将所有生字分两个课时来教，我们可以在第一课时先重点指导学生独体结构的字“垂”，然后教“压、逃、越”三个半包围的字，最后请学生说说“乱、沉”这两个字怎么写。第二课时则教四个虫字旁的字和两个半包围的字。这样教学，有利于分散难点与培养学生的自主识字能力。

5. 根据功能不同进行组块教学

反义词、近义词的出现频率在语文教材中还是比较高的，把它们集中教学，让学生以对对子的方法学习、吟唱，不仅可以提高学生的学习兴趣，加深对字义的理解，还可以缩短记忆所需的时间，增大识字量。同样，我们还可以将表示颜色、方位、数量的生字加以组块进行教学，一样可以起到事半功倍的效果。

比如，在教学《难忘的泼水节》一文时，让学生先用横线画出表示颜色的“词语块”——“火红火红的、鲜红的、咖啡色、水红色”，再出示课件进行词语填空，突出重点，使学生在“词语块”教学中习得生字，辨别颜色，积累词语。

6. 词句紧密结合进行组块教学

词句组块教学的灵感最早来自斯霞“字不离词，词不离句，句不离文”的教学思想，指的是在进行识字教学的时候，并不是将生字逐一出示，而是将含有生字的词或句直接出示，然后再进行教学。

以《北京亮起来了》这一课为例，要认的字包括“幕、临、烁、辉、煌、夺、幢、伟、犹、焕、府、绚、繁、扮、宫”这十五个字，取其中一个字“繁”，将这个字放在“繁华”一词中，学生更容易记住这个字的读音。

总之，组块识字教学是识字教学的一种手段，它实用而高效，但还有待更深入地发现和实践。这种以分类识记取代孤立识记的教学，意在改变机械单调的教学模式，启发学生创造性地识记生字，从而提高学生识记生字的能力。这样的教学要求教师必须事先认真钻研教材，这样在课堂上才能做到游刃有余。不过，笔者并不认为它是一种万能的识字教学方法，可以适用于任何识字的教学环节，也不认为它可以取代任何一种识字方法而成为独一无二的识字方法。它和其他识字方法如形象记忆法、猜谜识字法和顺口溜识字法等一样，同属语文课堂，在需要的时候，在合适的环节、适当的课例中用它，才能达到事半功倍的效果。

参考文献

[1] 陈秀英．“组块”识字教学的探索 [J]. 新教师，2015(8)：28-29.

[2] 沈玉芬，薛法根．组块教学　言意兼得《鹬蚌相争》教学实录及评析 [J]. 小学语文教学，2013(8)：28-30.

（作者单位：舟山市定海区白泉中心小学　娄安娜）

识字教学中汉字构造理论的课堂实践研究综述

识字教学是教师以课本为依托，教给学生认识和书写汉字的基本方法，也是语文教学中最基础的部分。《义务教育语文课程标准（2011年版）》中将“识字与写字”教学作为第一要求，同时贯穿在整个义务教育阶段，可见其重要性。在新课改全面实施的今天，小学语文“识字与写字”教学是最容易被忽略的部分，也是学生最缺乏兴趣的学习环节，自然有着非常大的教学探索空间。

基于这样的现状，笔者尝试从改变识字教学方式来提升学生的学习兴趣。众所周知，汉字在世界文字史上是极其特别的存在。它是迄今为止连续使用时间最长的文字，更是目前世界上唯一仍被广泛使用的高度发达的表意文字。作为表意文字，汉字是形、音、义的结合体。王宁在《汉字构形学导论》一书中写道：“汉字属于表意文字体系。汉字构形的最大特点是它要根据汉语中与之相应的某一个词的意义来构形，因此，汉字的形体总是携带着可供分析的意义信息。”针对汉字的这一特殊性，笔者认为，将汉字构造理论运用到识字教学中不失为一种值得尝试的教学实践。

一、汉字构造理论简介

汉字构造理论历来就是研究汉字的重点，而“六书”是汉字构字的基本原理。“六书”最早出现于《周礼》，只作为“六艺”

教学内容的一部分被提出，没有具体解说。班固在《汉书·艺文志》中谈到对“六书”排序的认识：象形、指事、会意、形声、转注、假借。东汉许慎历经二十多年，耗毕生心血著《说文解字》，他在前人的基础上发展“六书”理论，明确地为“六书”下定义，并运用“六书”体系，即象形、指事、会意、形声、转注、假借，来逐一分析《说文解字》所收录的 9353 个汉字结构关系。因此，《说文解字》成为我国第一部以“六书”理论系统分析字形、解说字义、辨识声读的字典。

许慎《说文解字序》记载：“周礼：八岁入小学，保氏教国子，先以六书。一曰指事，指事者，视而可识，察而见意，‘上’‘下’是也；二曰象形，象形者，画成其物，随体诘诎，‘日’‘月’是也；三曰形声，形声者，以事为名，取譬相成，‘江’‘河’是也；四曰会意，会意者，比类合谊，以见指㧑，‘武’‘信’是也；五曰转注，转注者，建类一首，同意相受，‘考’‘老’是也；六曰假借，假借者，本无其字，依声托事，‘令’‘长’是也。”

现代有关汉字构造理论也有很多研究，如庄义友在《汉字的造字理据与字形构造模式》一文中表示：汉字形体中可分析的意义信息源自初造字时造字者的一种主观造字意图，我们称作构意，也称造意。一旦造意为使用的群众所公认，便成为一种可分析的客体，我们称作造字理据。由于社会的约定俗成，造字理据与字形比较稳定地结合在一起，越是早期汉字的造字理据，就越是直接、具体。早期的甲骨文就是以描绘物体的样子来构形的。但有一些物象因结构复杂而导致描绘其本来面貌时既耗时，又费力，为了书写快速方便，汉字在发展过程中逐渐简化。早期古文字象物性逐渐淡化，曲折的线条变成了可以量化的笔画。虽然简化的汉字本身很难直观反映其本来字义，但是一批具有意义的基本字符已经形成，它们可以直接把意义信息带到字形里。例如，“日”已不像太阳，但它在构字时仍然把“太阳”和与它有关的信息诸如“时间、明暗”等带入字形；“时、晚”中的“日”有“时”的意义；“旦、莫”中的“日”仍具“太阳”的意义。

字理就是汉字的构形理据。字理识字教学是依据汉字的构字规律，以汉字音、形、义之间的关系为抓手开展的识字教学。字理识字以“六书”为汉字构形的方法来分析汉字的组成部分，从而总结汉字的构形规律。贾国钧先生认为：“字理识字教学法通过对汉字的象形、指事、会意、形声、转注、假借等构形理据的分析来突破字形这一难关，达到提高识字教学效率的目的。”

二、汉字构造理论在识字教学中的运用

众所周知，儿童的认知能力尚处于发展阶段，对事物的接受能力远远低于成年人，所以我们一贯坚持教学应该遵循儿童的认知发展规律，将知识循序渐进地教给学生。汉字的教学也不例外，教师所采用的教学方法和教授材料必须符合儿童的认知特点。

本文所述的依据汉字构造理论的识字教学遵循儿童的认知发展规律，按照由简单到复杂的顺序，从象形字、指事字两类独体字入手，再逐步延伸教学会意字和形声字两类合体字。

（一）汉字构造理论在象形字教学中的运用

“象形”属于“独体造字法”，是用文字的线条或笔画把要表达物体的外形特征具体地勾画出来。如图 1 所示。

图1

图中的1和2分别抓住牛和羊最显著的部位，用简单的线条勾画出一个牛头和羊头，代表“牛”和“羊”这两个字。图中的3～8用类似的方法画出动物的轮廓，分别表示“鸡、马、象、鹿、鸟、虎”这六个字。象形字来源于图画文字，但是图画性质减弱，象征性质增强，是一种最原始的造字方法。它的局限性很大，因为有些事物很难画出来，甚至画不出来。

象形是汉字的构造基础，虽然这一类汉字在汉字总数中所占比例较小，只有几百字，但在此基础上加入汉字的其他构字元素而组成的汉字则有千万个，因此，象形字的教学是所有类型汉字教学的基础和重点。比如，一系列与手相关的汉字，“手”字最初的含义是手五指张开的样子，经过汉字的简化，中间变成了一撇两横，动态表示手的动作的字，用“又”的类似形态来表示，也就是用手的侧面表示手与手相关的动作。经过简化与手相关的字，有些简化成了“提手旁”，但是一还原，手在做动作的瞬间画面依然清晰。又如，一系列与自然事物相关的字，追溯它的构字渊源也十分有趣。“水”字的古字由向左倾斜的一条曲线加上左右两段断开的短曲线构成，表示中间水流平顺绵长，四周配合水流的断断续续，如此有长有短的水流特点形象生动地表示出了水流动的形态。“火”的古字则描绘了火燃烧时火苗跳动、不断燃烧的情态。“山”字代表着山峰高低起伏，绵延不绝。“川”字将河流平缓流过两岸的瞬间记录了下来。“木”字用横、竖、撇、捺勾勒出了一棵树最基本的组成要素——树干、树根、树枝。“米”字用“木”来表示水稻的稻穗，上面的一点一撇代表着沉甸甸的谷粒。再如，一系列与动物相关的汉字，它们的形态生动恰切。“兔”字的形态好像一只兔子蹲下的侧面，包括高高竖起的耳朵、侧脸、有力的大腿和短短的尾巴。“羊”字显而易见的是头上的长角。在“鱼”字上，我们可以看到鱼头、鱼鳞和鱼尾。从“象”字我们可以看出大象像大蒲扇一样的耳朵、长长的象牙、粗壮的四条腿和厚实庞大的身躯。看到这些和动物相关的汉字，仿佛这些动物活灵活现地出现在学生的眼前，由此，象形字生动形象的特点便深入人心。以上面例字为例，每个汉字都如一幅图画跃然纸上，所以教师在教授象形字时，可以用画画的方式将象形字的古文字形画出来，让学生结合生活体验去理解猜测造字本义，教师适时点拨正确的历史渊源，与现今的简化字字形进行对比，加深学生对今字的理解和记忆。

经过多年的演变，许多汉字的面貌、形体发生了巨大变化，失去了造字时的形态，已不象形，所以在教学这类字的时候，尤为重要的是调动学生的想象，来让学生辨形认字。学生可以通过追溯字源，结合自己脑中联想的画面来获得汉字的读音和字义。以人教版一年级上册第 3 课《口耳目》为例：

师：（PPT 展示嘴巴、耳朵、眼睛、手的图片）孩子们，你们看老师给你们展示了人身上的四个器官，谁能说一说都是什么呢？

生 1：嘴巴、耳朵！

生 2：还有眼睛。

生 3：还有手。

师：你们说得都对！现在老师要变一个魔法，让这些图片

都变成字！（学生充满好奇）

师：（PPT 出示“口、耳、目、手”从象形字到楷体字的演变）睁大你们的双眼，看看“口”字像什么？

生 1：像嘴巴！

师：什么样子的嘴巴呢？

生 1：张开的嘴巴。

师：你悟性真好！“口”字就像是张开的嘴巴。那么“手”字呢？

师：（PPT 仅出示“口、耳、目、手”的楷体字）如果现在老师只给出这四个字，你们还认识吗？

生齐：认识……

由于象形字的直观性效果，刚入学的学生能很快理解字的意思，并能准确说出该字产生的缘由，字形也记得尤为准确。这样的教学案例也有很多。比如，人教版一年级上册第 4 课《日月水火》就可以运用汉字构造理论，分别出示“日、月、水、火、山、石、田、禾”八个字的图片和甲骨文字形对应的楷体字，让学生直观地去感受并记忆。

再如，在教学生字“人”（ ）时，教师可先请学生上台侧面站立，双手垂于胸前，让其他学生仔细观察，再结合“人”字的古代形体，使学生认识到“人”字像人弯腰站立之形，这样的教学生动形象、趣味盎然。人体既识，再推而广之，教师可多教学生一些有关自然界、动植物等方面的象形字。“雨”（ ）字像天空中落下很多雨点；“牛”（ ）字像牛头的形状，有两只长长的牛角；“羊”( ) 字就像羊头上两只向下弯的羊角；“瓜”( ) 字像瓜藤上悬挂着一个瓜果；“果”( ) 字就像树上结了一个大而圆的果实……

又如，“三撇儿”是“用羽毛来装饰”的意思，用来表示带有花纹、斑点的东西，以及具备这个特征的声音和性质，比如，带“三撇儿”的汉字通常与斑点、胡子、金属声音、事物的影子等相关。所以教师可以结合学生的生活经历，通过图画的方式展示，一边说明事物的轮廓形态，一边用绘画的语言和技巧来说明今文与古文相同的含义，从而将汉字的形、义紧密联系起来，让学生扎实地记住汉字义与形之间的联系。

经过课堂实践验证，基于汉字构造理论，通过“追溯字源—古今比照—看图辨形—联想析义”的方法进行象形字的教学是切实可行的，学生表现出了探索的兴趣，同时理解了象形字的构造规律。

此种方法帮助学生准确具体地理解记忆汉字的形态，并将其正确运用到实际中，同时能够做到举一反三，将汉字穿成串儿来学习，更有利于思维的序列化发展，直观而高效。

(二) 汉字构造理论在指事字教学中的运用

“指事”属于“独体造字法”，它与象形的主要区别在于指事字含有绘画中比较抽象的部分。因而，大多数指事字是在象形的基础上增添或减少笔画或符号。如图 2 所示。

图2

“上、下”两个字是用弧线“一”为界线，在弧线上用短横指出“上”的位置，在弧线下用短横指出“下”的位置。“亦”这个字通过在一个正面张开双臂的人的腋下各点一点，表示“腋”这个字。后来，“亦”的本义消失，假借为“也”的意思。“曰”字通过“口”上加短横，表示用嘴巴说话，叫“曰”。“本、朱、末”三个字都与“木”有关，这三个字分别在“木”的下面、中间、上面加上“一”，表示不同的含义；“本”的“一”指在“木”的根部，表示“根本”；“朱”的“一”指在“木”的中间，表示树木的中间用刀划开，会出现红色，因而用“朱”表示红色；“末”字的“一”指在“木”的上部，表示树梢，也就是末梢。“刃”字在“刀”的锋刃处加上“丶”，用来表示刀最锋利的地方叫刃。

指事字主要分为两种。一种是由纯粹象征符号构成，比如，“一、二、上、下”等。以“上、下”为例，这两个字都是用“—”作为界线，在“—”上多一条短线就指出上方的位置，就是“上”，在“—”下面用符号表示下方的位置，就是“下”。所以在教学时，我们可以让学生通过观察和自己动手画一画的办法来学习生字。以人教版一年级上册第2课《金木水火土》为例：

师：（黑板上写 ◡）孩子们，老师在黑板上画了一条线，现在我要加一点（在黑板上写出 ◡̇），谁能告诉我这一点和这条线有什么位置关系？

生 1：点在线的上面，里面一点。

师：你很会观察，请坐。现在我告诉你们，这是一个字，古时候，我们的祖先们就是这样写的。谁能猜一猜这是什么字？

生 2：土。

生 3：水。

师：刚刚观察出来的位置关系别忘了呀！

生 4、5、6：上！

师：真棒！古时候先画一条线，再在线的上面画一点，就表示“上”这个字，意思就是“上面”。你们学会了吗？

生齐：学会了（热情高涨）。

师：那谁知道古时候的“下”字该怎么写呢？拿出纸笔写一写，我下来看看。

师：真棒！现在你们也会造字了！（说的同时，在黑板上写 ⌒̣）

第二种是在象形的基础上增加提示性符号构成，比如：“刃”在“刀”上加一点，表示刀刃所在；“旦”在“日”的象形字下面加一提示性符号“一”，表示太阳离开地平线，向上升起；“甘”在“口”中加一横，表示嘴里有美味的食物。针对这一类指事字，我们在教学时，可以通过将同一指事符号的字总结在一起，整体感知该指事符号的指事含义，如：在“木”的树干末端加入指事符号“一”，则代表提示树干末端也就是树根部分，所以“本”就指树的根本，也就是树根；将指事符号放在“木”的上端，代表了树木的树梢部分，所以“末”指的就是树梢部分。以人教版一年级上册第8课《小书包》为例：

师：（在黑板上写木）同学们，这是什么字啊？

生齐：木！

师：真棒，你们学得真好！现在我要加一点（在黑板上写出本）。谁能猜一猜这是什么字？

（学生安静思考，遇到了困难，需要教师引导）

师：咱们把这个字写出来吧！自己写写看！

（教师下去观察，大部分学生都写出了“本”字）

师：大多数同学都写对了（同时黑板板书），咱们一起来观察一下，木的上面是枝丫，下面是树根，为什么老师把一横加在下面呢？

生1：树根很重要！

师：你真聪明！树最重要的东西就是根了，那你们知道“本”是什么意思了吗？

生2：树根。

师：对于树木，树根最重要。那么“本”就不能用在别的事物上了吗？

生3：“本”就是“重要的东西”的意思。

师：你总结得很准确。“本”最初表示“树根”的意思，后来慢慢表示“重要、根本”的意思了。现在我写末，这是什么意思？

生4（抢答）：不重要，不根本。

（生笑）

师：你答对了，同学们都用笑声来表扬你呢！末是树梢，是“不重要、不根本”的意思，慢慢也有了“排在最后、末尾”的意思。现在，我教你们一个成语——本末倒置，做事情千万不能把重要的和不重要的搞颠倒了……

通过汉字构造理论一分析，一个个看似没有意义的枯燥的汉字便有了鲜活的生命，化身为一幅幅画呈现在学生眼前。指事字的数量不多，所以在小学识字阶段出现一个，教师就教给学生一个，特别注意要将汉字的音、形、义讲清楚，联系明白，再经过一段时间的积累，将同一类别的字归纳总结在一起，观察指事部件的含义。

（三）汉字构造理论在会意字教学中的运用

“会意”属于“合体造字法”。会意由两个或多个独体字组成，组成的字形或字义合并起来表达这个字的意思。如图3所示。

图3

图中 的1由上下两部分组成，古时候，果农们用手采摘树木上的果实，因而这个字为“采”。图中的2由三部分组成，在一间屋子里，一个人在凉席上睡觉，这个字就是“宿”。图中的3由上下两部分组成，用一只鸟代表许多鸟儿，它们停在树枝上休息，也就是“集”字。图中的4与5都由左右两部分组成，它们都包含相同的部分——食器。图中的4表示一个人看着食器准备吃饭，就是“即”字；图中的5表示一个人已经吃完饭了，转过身去打饱嗝，就是“既”字。这两个字比较相近，对学生来说容易混淆，如果理解了两个字的本义，相信学生就能正确区分。图中的6由左右两部分组成，古时候打仗胜利后，士兵用兵器割下俘虏的左耳来计数报功，这就是“取”字。

简单来说，会意字是用两个以上的独体象形字或指事字，根据各自的含义所组合成的一个新汉字。在《说文解字》中，指把表示同类事物的字符拿到一起，合并组合表示一个新字。会意字是为了弥补象形字和指事字表达的不完全性而产生的造字方法，它扩大了独体象形、独体指事字的用法，能够用来表达更为复杂、抽象的概念和含义，因此会意字可以通过不同的组合方式合并，形成数目庞大的字群。

我们常用的会意字教学方法有动作演示法，如“看、灭、掰”；析形猜义法，如“俩、苗”；实物展示法，如“尖、尘”；口诀法，如“不正为歪，不好为孬；小土为尘，尘土飞扬；一人倚树，立足休息”。以人教版二年级上册第23课《假如》为例：

师：谁能给老师表演一下哭的模样？

（学生踊跃举手，跃跃欲试）

师：那就大家一起来吧！

（学生纷纷表演起哭来，气氛很活跃）

师：同学们，你们模仿得可真像！现在我们来看一看这个“哭”字由哪些部分组成？

生1：上面是两个“口”，下面是个“犬”字。

师：很好，坐下。真奇怪，这个“哭”字为什么这样写啊？

生2：一条狗张嘴咬人，把人咬哭了！

（全班笑）

师：你的想法很有意思，我们可以这么记，可是一条狗为什么有两个口呢？

（全班安静）

师：那就请出“哭”的甲骨文来帮一帮我们吧！（在黑板上写出，一边慢慢写，一边编故事）一个月黑风高的夜晚，屋外有一条大狗在嚎叫，这声音可真大呀，好像两张嘴同时发出的声音，这声音可真惨啊，就像哭声一样。

（说完正好画完，班级里响起掌声）

师：谢谢你们。还有谁不知道“哭”字的来历啊？

生齐：没有！

师：我来考一考你们。“哭”字下面是什么字啊？

生齐：犬！

会意字中蕴含着中国人最复杂的美育、人文意图。古人通过劳作和生活，不断积累经历，丰富经验，提炼出的智慧结晶凝结在这一个个会意字中。

（四）汉字构造理论在形声字教学中的运用

“形声”属于“合体造字法”。形声字由两部分组成：形旁（又称义符）和声旁（又称声符）。形旁用来表示字的意思或类属，声旁则用来表示字相同或相近的发音。如图 4 所示。

图 4

第 1 组的每一个字中都有相同的声旁“仑”，加上不同的形旁，分别组成了“论、伦、沦、纶、轮”。第 2 组的每一个字中也有相同的声旁“分”，加上不同的形旁，分别组成了“贫、颁、粉、扮、盼”。

形声字占汉字总数的80%以上，它是由分别表示意义和读音的两个部件组合而成的。作为汉字的重要组成部分，形声字的声旁和汉字的读音有着明显的相关性。由相同声旁组成的汉字的读音相同或者相似。形旁的表意作用主要体现在它的提示和区别两个方面：所谓提示，指形旁具有“见山之旁知山，见水之旁知水”的表意作用；所谓区别，则是指通过形旁，能够把声旁相同的同音字区别开来。形声字声旁的主要功能是提示语音。以人教版二年级“识字归纳”教学为例：

（进行“肖”作声旁的识字教学，先出示“肖”字）

师：我们已经学过这个字了，老师来抽查几个同学，看一看你们还记不记得。

（学生基本都答对是生肖的“肖”）

（教师出示“消、削、宵、霄”）

师：这几个字分别怎么读呢？一个一个来。回答问题时说完整的话，例如：

第一个读 yún 云，白云的“云”。

生1：第一个读 xiāo，消灭的“消”。

生2：第二个读 xiāo，削皮的“削”。

生3：第三个读 xiāo，夜宵的“宵”。

生4：第四个读 xiāo，云霄的“霄”。

师：他们读得对不对？

生齐：对！

师：为这四个厉害的同学鼓鼓掌！

师：现在仔细观察黑板上的字，你们发现了什么？

生5：这几个字不一样，但是读音一样。

师：哪里不一样？

生5：偏旁不一样。

师：除了偏旁呢？

生6：这些字里都有“肖”。

师：哦，你找对了，这些字的部首都不一样，但是都有相同的部分“肖”，并且读音也全是xiāo。现在“肖”还带来了它的兄弟姐妹呢！

(教师出示词语“捎带、树梢、口哨、悄悄、俊俏”，其中，“捎、梢、哨、悄、俏”标红)

师：谁会读这些词？

(教师点学生读，并进行纠正)

师：仔细观察红色的字，你又发现了什么？

生7：发现这几个字里面也都有“肖”！

师：你眼神真好！那么在读音上呢？

生8：它们的读音和“肖”的读音很像。

生9(抢答)：有的还一样！

师：它们的读音和“肖”的读音差不多，那么“肖”是表示读音，还是字义呢？

生齐：读音！

师：形声字的小秘密被你们发现了！刚刚这些字都是形声字，它们有一个声旁和一个形旁，声旁表示读音，形旁表示字义。例如，树梢的“梢”，“肖”表读音，而木字旁说明这个字是和树木有关的。明白了吗？

生齐：明白了！

师：我得再考考你们！

(出示词语“报销、硝烟弥漫、剑鞘、讥诮、悬崖峭壁”，其中，给“销、硝、鞘、诮、峭”加点让学生猜加点字的读音，

然后查字典验证）

师：你是怎么知道它的读音的？

生 10：带有“肖”的字，它们的读音大多相同或者相近。

师：以后遇到不认识的字怎么办？

生 10：先利用声旁猜一猜读音，再查字典确定。

语音是发展和变化的，有些形声字的声符已经不能准确地表音了，但还是有规律可循的。教师在教学中可以注意总结规律，如“暗”，《说文·日部》：“暗，日无光也。从日，音声。”在上古造字的时候，“音”与“暗”是完全同音的。由于语音的发展变化，这两个字才分别向不同的方向演变。因此，在汉语教学过程中，教师通过利用汉字构造理论对学生的读音进行指导，对于学生快速记忆汉字有着积极的意义。

随着时代的变迁，汉字发生了很大的变化，但它作为表意文字的特点并没有发生根本性的动摇，所以汉字构造理论应用到识字教学之中有其不可替代的作用。同时，我们要清楚地意识到将汉字构造理论运用到识字教学之中，它带给学生的不仅是学会这个字，更是作为一座桥梁，连接了学生和该文字所处的时代。通过这样的识字学习，学生可以接触到中国古代的文字源流、音韵之美、礼仪制度、风土人情等。笔者希望通过将汉字构造理论运用到识字教学之中，让汉字不仅作为一个文字符号，更是作为承载着中华民族几千年历史的瑰宝而出现在学生的脑海中。在这个提笔忘字的时代，让学生爱上汉字，爱上汉字背后的传统文化。

参考文献

[1] 王宁 . 汉字构形学导论 [M]. 北京：商务印书馆，2015.

[2] 许慎，徐铉 . 说文解字 [M]. 北京：中华书局，2013.

[3] 庄义友 . 汉字的造字理据与字形构造模式 [J]. 韶关学院

学报（社会科学版），2001（7）：71–75.

[4] 沈祥源 . 古代汉语 [M]. 武汉：武汉大学出版社，1998.

[5] 贾国均 . 字理识字教学法 [M]. 北京：中国轻工业出版社，1998.

[6] 崔玮奕 . 基于汉字造字理据的识字教学的策略研究 [D]. 上海：上海师范大学，2017.

[7] 张佳秀 . 汉字构造理论与小学语文识字教学 [D]. 大连：辽宁师范大学，2016.

[8] 章婷婷 ."六书"理论在小学低年级识字教学中的实践研究 [D]. 上海：上海师范大学，2017.

（作者单位：舟山市定海区白泉中心小学　袁叶丰）

异步教学法在识字教学中的应用

异步教学理论以学生为学习的主人，教师为学生学习的主导者，将教师的“五步指导”与学生的“六步学习”有机地统一在一个教学过程中，根据学生的学情组织课内外教学活动，通过培养学生的科学思维头脑，达到高效率、大面积提高教学质量的目的，使教学效果能及时反馈的一种教学方式。该理论对减轻学习负担、提高教学效率等方面具有积极的意义和重要的启示，对我国的教育实践有着重大贡献。

一、异步教学理论概述

异步教学是一种能体现学生的学习过程，学生在教师指导下进行自主学习的现代教学模式。该理论是由湖北大学黎世法教授创立的现代教学理论和方法，其本质是在班级教学的建制下，实行学生学习的个体化和教师指导的异步化。

经过30余年的研究和实践，黎世法教授将异步教学法的产生划分为三个阶段：

1981年1月，黎教授开始探索学习规律，并提出“学情理论”。这是理论产生的第一阶段。学情的本质是学生观察事物、理解知识、掌握技能、发展智能、培养良好的非智能因素的客观过程。“学情理论”是对上述客观过程的概括认识，是学生学习规律的一种反映。那么，怎样具体而有效地探索学生的学习规律呢？黎教授认为，学生的学习规律只能从学习效率高的学生的学习实践中去发现。因为他们的学习过程相对而言具有准确性，具有研究的意义和价值，符合学习规律。研究中，黎教授对数百名优秀学生的学习情况进行了系统调查。通过对大量调查材料的综合分析和抽象概括，黎教授从中找出了各种带有共性的、能促使学生获得学习成功的因素及其内在逻辑联系，并根据所发现的学习规律建立起了“学情理论”。

同年2月，在第一阶段的基础上，黎教授开始了教学规律的探索，建立起有效教学结构的研究活动。通过研究和实验，发现和总结出教师指导规律“五步指导法”：提出问题→指示方法→明了学情→研讨学习→强化效应。它的特点是教师的教不代替学生的学，而是通过指导来促进学生的学。总结出学生学习规律“六步学习法”：自学→启发→小结→作业→改错→总结。然后将教师的“五步指导”与学生的“六步学习”综合起来研究，建立了“六阶段”有效教学结构：提出问题→指示方法→学生学习（六步学习）→明了学情→研讨学习→强化效应。这样就使教师的“教”与学生的“学”得到了有效统一。

从1985年1月开始，黎教授开始探索最优化教学理论的性质。最优化教学理论是一种现代个性化教学理论，同时取名为“异步教学论”。异步教学指的是一种有明确教学目标的，有计划、有组织的，以学生为学习的主人、教师为学生学习的主导者，将教师的“五步指导”与学生的“六步学习”紧密结合，以学生的个体学习为基础，根据学情组织课内外教学活动，通过培养学生的自主学习能力，达到高效率、大面积提高教学质量的目的，教学效果能及时反馈的现代个性化教学。这种教学体现了学生学习个体性的本质特点，反映了教为学服务，教学一定要适合学情的教学活动的总规律。

三十余年来，异步教学法的发展经历了从一种构想、方法到一种思想、理论的过程。即从“异步教学法”发展到“异步教学论”，进而到“异步教育学”。异步教学理论在全国二十多个省市数以万计的中小学教师中开展了大量的尝试和运用。可以说，异步教学论在实践中优化了教学方法，将课堂还给了学生，取得了丰硕的成果。

同时，异步教学作为一种现代个性化教学，也对世界教育的发展产生了一定的影响。2001 年 8 月，黎世法教授还前往泰国讲学，受到泰国教育界的热烈欢迎，并在泰国布点实验。至今，异步教学思想已传播到日本、法国、美国以及东南亚。

二、异步教学在识字教学中的运用

异步教学能够使学生成为学习的主人，把教师从“授课者”变为“指导者”，把课堂从“讲堂”变为“学堂”，把原来的”老师讲，学生听”变成了“学生学，老师帮”，真正将课堂还给了学生，体现以生为本。这样的教学方式既符合了新课改的要求，同时在一定程度上能培养学生的自学能力和合作学习能力，使其学有所得。

通过资料的搜集和整理，笔者发现异步教学理论多用在学生更有自主性的中学阶段，小学阶段尤其小学语文教学中的识字教学方面涉猎较少。但笔者认为，异步教学理论也能够作用于小学阶段，能够更好地帮助学生学习，并以小学中低段的识字教学为例进行实践和尝试。

（一）异步教学在识字教学中的优化

每一个学段的学生都有其自有的特征，因此在进行识字教学理论尝试时，不能完全照搬照抄黎世法教授的异步教学论，而是要根据学生的学情、生理和心理特征等方面来进一步优化异步教学。小学中低段的学生具有基础知识薄弱、注意力集中时间短、自我控制能力较差等特点，此阶段的教学要体现浅显、简化的特征。在这个阶段，首先要让学生树立学习主体的概念，这就需要学生在教师的讲授中不断丰富自己的基础知识，树立信心，逐步建立知识和思想体系，才能进行初级异步的教学。据此，笔者根据实际做了如下优化：

(1) 简化教师“五步指导法”。经过不断的实践积累，笔者将“五步指导法”进行了重新设计，以便更适合中低段识字教学。具体操作为：讲授知识→提出问题→研讨学习并指示方法→强化效应。基于中低段学生的学情，教师先讲授基础知识，让学生消化以后，提出适当的、符合学情特征的问题让学生思考，再通过研讨学习，让学生交流彼此的想法，并在教师的指导下寻求解决问题的方法和策略，形成教师与学生、学生与学生共同研究的局面。在初级异步教学阶段，由于知识简易，将“明了学情”去掉，把“研讨学习”和“指示方法”放在第三个程序，这是因为在研讨学习的过程中，学生与学生、学生与教师之间已经形成了双向交流，而且在这个时候来指示方法，比在提出问题后就指示方法更有针对性。

(2) 优化学生“六步学习法”。优化后的学生“六步学习法”由原先的“自学→启发→小结→作业→改错→总结”转为课前自习→课上听讲→课后复习→独立作业→改正错误→加深印象。之所以将“小结”删除，是因为低年级学生还不具备系统归纳能力，这种能力有待在以后的学习中去逐步培养。这样的安排体现了学生学习的重点，既确保了学生基本、自主学习，又保障了学生与其他同学的交流、学生和教师的沟通，从浅显处出发，启发学生适应异步教学。这样将异步教学循序推进，能够让中低段学生更好地适应异步教学。

（3）贯穿式识字的整合教学。识字教学与其他教学内容相比更为分散。识字是依托在文本内容学习的，一节课上识字的内容可能贯穿整堂课，但不会是整堂课都在识字。针对这样的情况，在原先异步优化的基础上，可以针对识字教学的内容将教师“五步指导法”和学生“六步学习法”进行粗略整合，结果为：学生课前预习→教师讲授知识、学生专心听讲→教师提出问题或布置任务→教师引导学生进行研讨学习和指示方法→学生自主复习、独立作业→教师强化效应。

（二）运用异步改进识字教学

识字的意思是认识文字，指如何把具象化的事物在脑中与抽象化的文字联系起来。识字教学是低段语文教学的最重要部分。《语文课程标准》指出：评价识字要考查学生认清字形、读准字音、掌握汉字基本意义的情况，以及具体语言环境中运用汉字的能力。由此可见，识字教学分为四个部分：认清字形、读准字音、了解字义、实际运用。下面以字理识字方法为例，以异步教学理论为指导模式进行识字教学的实践尝试：

1. 借助异步，认清字形

汉字字数多，从字形上来讲，各具特征，有的形体繁复，有的差别细微，需要认真辨析，一笔不苟。认清字形就是要指导学生熟悉字的笔画、笔形、笔顺、笔数，熟悉合体字的各种结构和偏旁。以部编版一年级下册的《语文园地四》中的《识字加油站》这个片段为例，应用异步教学理论进行片段教学方案制定：

第一步，要求学生自主预习，认读词语“眉毛、鼻子、嘴巴、脖子、手臂、肚子、小腿、脚尖”。通过第一步使学生对所学内容有所了解，为接下来的异步教学打好基础。第二步，在课堂上，教师通过多种教学手段让学生识记这些词语，并引导学生观察到词语中出现最多的一个部首是“月”。这样就可以完成《识字加油站》的第一个任务，指导学生识记这些词语，并找到字与字的联系。第三步，教师布置任务，小组合作说一说其他带月字旁的字。偏旁是组成合体字的基本单位，可分为形旁和声旁。形旁具有字形归类的功能。小学语文教材的编排顺序大多是先教独体字，再教合体字，所以学生在认识形声字之前已经掌握了一些常用的、组字率较高的象形字。这样做有利于学生加强偏旁识字的字理意识，做到“举一反三，教一个得一串”。第四步，教师就要组织学生进行研讨学习。通过交流，学生发现带“月”的字有着相似之处，在此基础上引导学生了解带有月字旁的字表示身体某一部位或器官，或者用来描写身体。因此，又称它为“肉月旁”。在这样的识字教学过程中，指导学生利用“象形字形旁时用于表意”的特点来识字，就能培养学生利用汉字规律来进行识字的能力。学生掌握了这些规律，就可以创造性地自主学习大量的合体字。完成这一步后，为了加深印象，巩固识字，教师可以出示相关作业让学生进一步练习。第五步，教师还可以通过作业的校对与改正、游戏等方式来进一步强化效应。这里就可以出示儿歌，让学生读一读，做一做：

这是我的眉毛，这是我的鼻子，这是我的嘴巴，这是我的脖子。

伸伸我的手臂，摸摸我的肚子，抬抬我的小腿，踮踮我的脚尖。

这样就能够确保学生很好地掌握这些字，达到识字要求，并加深印象。

2. 运用异步，读准字音

字音指文字的读音。读准字音就是要求我们读准声母、韵母和声调。此外，还得在特定情境下读准多音字、轻声字等。但汉字本身不能显示读音，这时我们就要借助汉语拼音来识记汉字。还有些字也可借助形声字的表声部分来帮助读出字音。以部编版教材一年级下册《语文园地五》中的《识字加油站》为例，应用异步教学理论进行片段教学方案制定：

在课前预习阶段，同样为了学生对将要所学的内容有所了解，为接下来的异步教学打好基础，就要求学生自主预习相关内容：

有饭能吃饱，有水把茶泡。

有足快快跑，有手轻轻抱。

有衣穿长袍，有火放鞭炮。

在“教师讲授知识”这一步中，可通过多种教学手段让学生读通、读懂这些句子。同时，引导学生观察字形，学习识记方法。在此过程中，教师适当指导：“饱、泡、炮”这三个字都是“包”字加上不同的偏旁构成的；“饭、茶”也可以通过借助偏旁来理解字义、识记字形；“轻”与“经”则可以比较记忆。通过朗读、观察字形这些方法，让学生学习不同方法来识记这些词语。在“布置任务”环节，教师可以问题为指向，以小组合作交流为方法，通过朗读和联系生活实际，合作交流这些句子的特点和相同之处来达到自主学习的目标。然后，引导学生找出儿歌中由“包”字加偏旁组成的六个汉字，交流这六个汉字是由“包”加上不同偏旁组成的，以及“饱、泡、跑、抱、袍、炮”这六个汉字的相同点和不同点。以此帮助学生明确：相同点是六个汉字中都有“包”字，而且读音与“包”相似；不同点是偏旁不同，意义也不一样。在此基础上延伸到了解形声字的特点。之后，让学生独立完成作业，教师再通过作业的校对进一步加深学生对这一类字的印象。随之进行适当小结:“包”字加上不同的偏旁组成了六个汉字，这六个汉字的读音与“包”相似，而不同的偏旁表示汉字不同的意思。像“饱、泡、跑、抱、袍、炮”这样的汉字叫作形近字，与我们在《识字3》中学习的由“青”字组成的一组汉字一样，声旁表音，形旁表意。汉字中的大部分字都是形声字。巩固形近字和形声字的知识能够有助于我们更好地识字。

3. 巧用异步，了解字义

汉字是汉语的语素，有时作为单音词，有时和别的字构成复音词，字的意义往往要在词里才能显现出来。字义的教学要联系词汇教学来进行，因此，要了解字义，我们就将从词语入手。以部编版教材二年级上册《黄山奇石》中的“闻名中外”这个词为例，应用异步教学理论进行片段教学方案制定：

学习这个词语的课前预习区别于一般单独出现的词语，主要指的是学生对整篇课文的通读，学生根据自身的特点和学情去预习。通过对文章大致的把握，学生会对“闻名中外”有所印象。在第一课时的教学活动中，通过初读课文，让学生把握文章的整体脉络，并指导和复习理解词语的方法。这样既完成了第一课时教学目标，又能为了解字义做好后续准备。教师布置任务，小组交流“闻名中外”的意思，并说说自己理解这个词语时所运用的方法。以问题为指向，以小组合作交流为方法，引导学生去自主学习。小组交流之后进行全班交流，教师指导归纳学习词语的方法包括分解字义理解、联系上下文理解和找近义词理解等。这是为了让学生明确“闻名中外”的意思，同时也是指导方法，让学生在之后需要了解字义时能够选择合适的方式去理解。最后还是完成练习和作业情况的反馈。教师可以在此环节中再次适当小结方法，进一步加深学生对这个词的印象，并学会学习运用自己擅长的方法去了解更多的字义。

4. 结合异步，实际运用

语用教学体现了语文素养的核心理念。学生是语文教学的主体，强调在教学过程中关注学生的心理状态和言语行为，强调学生的解释和交流，强调语感，强调自主、合作、探究，强调和文本对话、师生对话、和自己对话。语文学习的最终目的是指向语用。学生识字的最终目的同样也是运用。以部编版教材一年级下册《语文园地五》中的《字词运用》为例，应用异步教学理论进行片段教学方案制定：

第一步，学生自主预习题目：

青　清

远处有（　　）山，近处有（　　）泉。

再　在

放学了，大家（　　）教室门口和老师说（　　）见。

通过预习让学生了解题型。接着教师引导学生了解同音字的相关知识，为后续的字词运用打下基础。学生自主朗读题目中的句子，尝试将正确的汉字填在括号中，再读一读。之后，教师引导学生交流自己所填的汉字，并分享填这个汉字的原因。在此环节，让学生能够正确地区分这两组同音字，明确："青"指的是一种颜色；"清"是三点水旁，一般用来表示水很干净。所以第一句话应该这样填："远处有（青）山，近处有（清）泉。""再"一般表示再见、再一次的意思；"在"表示"在什么地方、什么时间等"，所以第二句话的括号中应该填："放学了，大家（在）教室门口和老师说（再）见。"研讨学习之后进行复习巩固，让学生在具体的语言环境中巩固"青—清，再—在"这两组同音字的不同用法。

qīng：(　　)色、(　　)水、(　　)蛙、(　　)洁

zài：(　　)会、(　　)哪里、(　　)也不会了、我(　　)早晨读书

最后进行作业的校对和教师小结，进一步加深学生对这两组字的印象，并明确辨析同音字的方法：一定要结合具体的句子和环境，根据汉字的意思来正确区分。

(三) 在识字教学中异步教学理论需要注意的问题

异步教学理论作为一种经典理论，在具体的运用和操作中要注意以下几方面：

(1) 了解学情。异步教学的源头是学情理论。如果对学生的学情不够了解，那么就无法备好一堂课，更无法上好一堂课。一切要从学情出发，从效果出发，这就叫教学领域中的实事求是。同时也要明确学情理论所勾勒的通常是最一般或最理想的情形。因此，要尊重日常教学与理想教学状态之间存在的差异，并将其处理好、平衡好。

(2) 给予学生更多的时间。在异步教学理论的指导下，教师创设一切条件保证最大限度地实现学生学习的个体化。怎样实现个体化，突出学生的个性呢？那就必须将课堂还给学生，让他们有更多的时间去思考、去实践、去探究。尤其对于中低段的学生，接受、吸收知识的能力没有高段、初中的学生那么快，这就需要我们给予他们更多时间，要根据学生学习的实际情况调整进度。

(3) 异步教学理论要随着学情的变化进行优化。前文提到的，针对不同学段学生的学情，异步教学理论也要进行优化。同样的道理，在识字教学过程中，学生识字方面的学情也在不断改变。我们要根据实际情况进行调整，以适合现阶段的学生，

让异步教学理论发挥更大的作用。

参考文献

[1] 黎世法. 异步教学法研究与实践30年[J]. 课程·教材·教法，2013(9)：3-10.

[2] 黎世法. 异步教学的每一节课都是研究课[J]. 异步教学研究，2001(5)：2-4.

[3] 贺登川，张慧敏. 运用电教媒体，优化异步教学——“初中语文异步教学中电教媒体的应用实验”实验报告[J]. 河西学院学报，2001(2)：92-95.

[4] 郑文发，赵复查. 异步教学与教育创新[J]. 韩山师范学院学报，2005(4)：81-83.

[5] 邱细荣. 课堂和谐：学生自主与教师指导的有效结合——以异步教学法为例[J]. 湘潭师范学院学报(社会科学版)，2009(5)：166-168.

(作者单位：舟山市定海区山潭中心小学　董蒙蒙)

写字教学中有效评价的实践与运用

小学教学是一项基础工程，而写字教学是基础中的基础。学生如能把字写好是终身受益的好事。要提高学生的写字水平，教学评价就显得至关重要。美国芝加哥大学教授布鲁姆是当代倡导教育革新的世界著名学者，他提出的教学评价理论为写字教学评价提供了有效依据。恰当地运用评价能有效激发学生的写字兴趣，并激励他们坚持不懈地练好字。在今天这个键盘、鼠标大行其道，毛笔被遗忘，钢笔被疏远的信息化时代，我们每一位小学语文教师都要下大力气运用好评价手段，以“评”促“写”，让我们的学生在分层化、个性化、互动化、多样化的评价中练得一手好字。

一、理论简介

评价理论倡导“以目标达成度为中心，注重适应并发展每个人能力”，布鲁姆把一门学科的教与学的过程分成教学活动开始、教学过程和教学目标三个阶段，并根据三个不同阶段提出了诊断性评价、形成性评价和终结性评价的评定方法，为教学提供有效的评价依据。

（一）诊断性评价

诊断性评价一般是在每学期开始或开始前进行的，其目的是了解学生是否具有新的教学目标所必需的基础知识和技能，即知道学生的底细。布鲁姆强调指出：学生之所以在学习该门功课上存在差异，很多原因是由于学生在各方面的不同“履历”造成的。因此，必须在教学之前把这些不同的“履历”诊断出来。“履历”主要包括已有的必要学习、现有的情感状态，还包括摸清情况，继而为教师设计一种可以排除学生学习过程中存在障碍的教学方案，妥当地安排教学计划。

布鲁姆研究还指出：要真正地贯彻因材施教的原则，必须采取科学可行的诊断性评价，如实把握学生的个别差异及其可变因素。

(二) 形成性评价

形成性评价一般是在教和学的过程中进行的，其目的在于了解教学的结果，探究教学所存在的问题，以便对教学工作进行调整。这一阶段的基本指导思想是采取频繁的反馈对学生进行适当的帮助。这种帮助主要有调整学习、巩固强化两个方面。布鲁姆的形成性评价是在一个单元的教学过程中或结束后进行的，它是通过一次或数次的反馈手段来测查学生的目标达成情况，而后对没有达到目标的学生给予必要的辅导和帮助，最终使学生都能达到目标要求。

(三) 终结性评价

终结性评价一般在学期末进行，目的是了解学生通过一个阶段的学习，是否达到教学总目标的要求，确定学生达到的水准和彼此间的相对地位，做比较全面的总结性评定。布鲁姆的终结性评价在教学中的意义还表现在，它有助于我们识别和培养优秀学生。形成性评价不但能够评价学生是否达到教学目标，还能通过终结性评价选拔优秀学生，使得他们得到更大、更快的发展。

总之，布鲁姆的三种教学评价在整个教学过程中是有机联系在一起的，它们之间相互联系、相互作用，构成了对整个教学活动的评价。诊断性评价常以形成性评价和终结性评价为依据，形成性评价和终结性评价又以诊断性评价为前提。因此，无论进行哪一种评价，都应把它放在整个教学活动中去，使它成为教学活动的有机组成部分。

二、评价理论的运用

布鲁姆的教学评价理论无论在体现学生的主动作用方面，还是发挥教师的主导作用方面，对我们都有重要的借鉴意义。教师通过恰当使用评价方法，以保证程度不一的学生都有所发展。在课堂教学中还可针对不同学生的具体情况，及时地调节他们的心理机制，给予他们不同的任务、机会和指导，从而使所有学生都能得到最合适的帮助，真正地把学生摆在了学习的主体地位。

在写字教学中，教学评价的好坏在一定程度上影响着教学质量的高低。我们要创造性地运用教学评价理论，制定科学可行的评估标准，运用科学的技术和手段对教学活动过程及其结果进行测定、衡量、分析、比较，并给予价值判断，努力有效地激发学生的写字兴趣，提高学生的写字水平。

(一) 诊断性评价——评价标准分层化

根据布鲁姆评价理论中指出的要真正贯彻因材施教的原则，我们的教学应根据评价对象的不同性质选用恰当的评价手段，以保证评价结果全面、准确，只有这样，才能针对不同学生的特点给予指导和帮助。

传统的写字评价标准无外乎对学生所写字迹清楚、端正、美观的肯定或否定，没有一定的标准。久而久之，使大多数学生无法体验到写字的乐趣。布鲁姆的诊断性评价思想之核心是在教学中切实地贯彻因材施教的原则。因此，改革评价标准是对学生进行写字评价的基础。

以语文课程标准中各年级写字教学的内容及要求为基础，从笔画的正确性、书写结构合理和技法的迁移等方面进行考虑，同时顺应学生写字能力发展的需求，又顾及不同水平、不同程度的学生，把写字标准分为三段六级。现将等级标准由低及高细述如下：

段别	级别	标准
一段（合格级）	一级	写字姿势、执笔方法基本正确。能把字写得比较正确，大小基本均匀，卷面基本整洁
	二级	写字姿势、执笔方法正确。字写得正确、端正，结构比例基本适当，大小均匀，卷面整洁
二段（优秀级）	三级	写字姿势、执笔方法正确。字写得正确、端正，结构比例基本适当，大小均匀，卷面整洁；用笔略有提、按、顿、挫的变化
	四级	写字姿势、执笔方法正确。字写得正确、端正，结构比例基本适当，大小均匀，卷面整洁；用笔略有提、按、顿、挫的变化，有书法美感，书写有一定速度
三段（特长级）	五级	除以上要求外，作品提、按、顿、挫笔法较自然有章法，行款格式较得当，有布局安排，初步构成一幅完整的书法作品
	六级	作品用笔娴熟自然，有章法，行款格式得当，布局协调合理，能构成一幅完整的书法作品

写字评价标准的制定以教学目标为依据，结合学情，规定了学习者应达到的终点能力水平。此标准对写字教学的过程和

结果进行评价，让学生写字有依可循。并以标准为目标，逐段逐级地写字、练字，一段一段地循序上升，一级一级地有所进步，从而达到激发学生写字兴趣的目的。

（二）形成性评价——形式多样趣味化

形成性评价又称过程评价。根据布鲁姆评价理论，既有对写字过程中的考查，又有书写结束后的评定。这一阶段的基本指导思想是采取频繁的反馈，对学生进行适当的帮助。经形成性评价确认自己已达到目标的学生会产生一种成功的自豪感，提高写字的自信心，会以更积极、更主动的态度迎接下一个写字任务。

在写字教学中，主要通过口头评价，观察学生的书写过程、态度等情况对学生及时做出评价反馈，并进行评定。同时，教师要不断创新评价的形式，在多样化的评价互动中，根据书写标准，让学生参与到评价中，及时评定，分享共赢，欣赏提高。

1. 个性化语言让评价有滋有味

传统的写字评价语言往往采用“优、良、合格”等几个简单的语言等级来评定。久而久之，使大多数学生无法体验到积极参与写字的乐趣，更谈不上表现自我和展示自我。因此，评价中，教师要不断地更新评价语言，使评价语言富有创意、富有个性，从而激励学生更乐于写字。

（1）小圈大圈，双管齐下。学生根据写字标准书写完毕，教师在批改评价时，根据评价标准，对学生作业本中书写优秀的字圈圈点点，将传统的“圈红圈”评价方法适时进行改革创新，教师要根据现代教学理念赋予“圈”新的内容。首先，要正视学生的起点差异，分层要求，不用一把尺子量学生。其次，教师对学生写的字在横向评价的同时，还要充分考虑学生的纵向趋势。最后，写字本中部分笔画书写优美的，在笔画上打小圈，整个字好的画大圈，特别好的画双圈，用圈圈的符号来肯定写字进步，做到大圈小圈双管齐下，评价语言简洁又一目了然。学生拿着作业本就会津津有味地数数，互相比比，欣赏一下，能促使他下一次写字更认真。

(2) 笑脸卡通，新意不断。写字本中，若仅有“圈”，久而久之，学生容易产生视觉疲劳，所以评价语言应不断地推陈出新。摒弃以往常规的“优、良、合格”等评语，取而代之的是各种脸型符号和卡通印章。用脸型符号表示不同的等级，如笑脸表示优秀、平脸表示良好、哭脸表示一般等。此外，还根据学生的喜好设计了他们喜闻乐见的卡通印章符号，如海绵宝宝、喜洋洋、灰太狼、熊大等，根据进步程度或退步情况，将印章印在学生作业本中。这些充满童趣的图案，这些张扬、夸张、温馨的评价符号会给学生带来一些意想不到的惊喜，使他们在一次次的惊喜中更专注于写字。同时，不同书写层次的学生都会受到激励，为了能够获得更多优秀的卡通印章，学生会不断提高自己的书写作业质量。

(3) 温馨语言，分层催化。教师的评价语言是学生练好字的催化剂。如果说脸型卡通印章评价适用于低年级，那么即时的语言评价更适用于中高段学生。温馨的语言评价分为课堂上的口头评价和作业本中的书面评价。

①口头评价。课堂上，学生在书写中，教师除了在一旁进行耐心指导外，还要积极通过语言暗示来进行鼓励或提醒。无论是优等生、中等生，还是写字基础很差的学生，他们都需要教师的语言评价。尤其基础差的学生，有想要写好的决心，可总达不到教师期待的标准。这时，教师就要及时抓住学生们的

心理，捕捉学生的闪光点，给予积极的口头表扬，让他们对写字充满信心。比如“你真棒、你字比之前写得进步很多、要继续加油努力”等话语，只要有一点点的进步就要及时肯定、表扬。而对于优等生，教师可以评价“你的字太美了”“写字小能手非你莫属”……温馨的分层评价语言适用于不同书写程度的学生。

②书面评价。课堂上的口头评价不能做到面面俱到，那么作业本中的书面评价则可以覆盖到全体学生。教师在学生的写字本后写上简短的评价语言，会使他们加倍认真地对待书写作业。教师书面评价的语言也要充满趣味，如“你的字太酷了”“你的字还是一如既往地写得那么美”“这个字该减肥了”……简短的评价语言充满人文关怀，深入学生心间。夸张、直白的表扬方式，委婉的指点方式，小心呵护着学生的写字欲望，使他们对自己的书写更在意、更珍惜。

无论是写字课堂中的口头评价，还是作业本中的书面评价，无论对哪一类学生，亲切的语言交流能让学生们的写字态度越来越端正，兴趣也会越来越高涨。分层的语言让每一位学生都能获得成功的体验，激起他们写字的兴趣，为今后进一步练好字注入新的活力。

2. 互动形式让评价有始有终

在写字教学中，教师的评价是树立学生学习信心的途径之一，但是教师仅仅作为权威者的形象来评价学生还不能完全激发学生自主学习的目的。这时如果我们把对学生写字成绩评价的主动权还给学生，引导学生积极开展互评，则可提高学生的鉴别能力、分析能力和表达能力。

（1）师生互评，寻找差距。课堂教学是师生双边的活动。在师生互评时，教师要不失时机地评价学生的写字作业，既要动嘴讲，也要动手写，演示给学生看。让学生少走弯路，这是引导学生写好字的捷径。教师的语言指导、直观示范对学生在写字时的感知、理解、巩固是很重要的。同时，教师要尽可能多给学生自我评价的机会，帮助他们树立信心。可引导学生自己与自己比，如同一个字比，第二个与第一个比，后一行与前一行比，这一课生字与前几课生字比。还可启发他们与同学写的字比，与教师的范字比，与字帖上的范字比。通过比较，使他们看到进步，比出差距，找到努力的方向。

创造机会让学生评评教师。如教师范写完一个字后，可让学生评一评教师的字写得怎么样，哪里写得好，或者写得不够好的地方。此时，学生一听到要给教师评价，积极性肯定特别高，观察也很仔细。学生通过认真观察、分析，发现了汉字的构字特点，感受到了汉字的美之所在，从而领悟了汉字的书写规律，从而激发学生写好字的愿望。

（2）生生互评，欣赏提高。在教学实践中，我们深切体会到生生互评更能激起学生写字的欲望。学生和学生之间处于平等的地位，他们是朋友关系，比较容易接受各自的评价。因此，书写完成后，教师可以让学生根据强调的重点和难点，仔细、认真地观察和分析，评评哪里写得好，哪里改动一下会更漂亮，根据评价标准评价同学的字能得几颗星。让同学互相评价，学会互相欣赏，找出同伴书写的优点，也可以委婉地指出同伴书写的欠缺，督促其改正。生生互评这种评价方式使评价的范围更广，学生既是评价的主体，又是被评价者，也更便于他们及时地纠错与改正。通过这样的生生互动评价，学生在对他人进行打分评价的同时，其实也是一种自我提高的过程，学会了赞美与欣赏别人的字，增强了学生的合作参与意识。

（3）小组互评，取长补短。小组评价在写字课堂教学中也是非常重要的。一般情况下，要在课堂上把学生分成几个学习小组，让他们明确学习的目标和任务，通过小组合作的方式完成。然后可以通过小组汇报的形式在班上进行交流反馈，或自己再进行练习。在评价时，首先由小组长带领小组成员对每个同学的字进行评价分析，然后小组中选出认为最漂亮的同学的字和进步大的同学的字，由小组长在展示台上展示，并进行评价。对出现的共同认为难写的字，教师要注意加以指导点拨。这样，让学生在评价中了解他人之长处和自己之短处，达到提高写字水平的实效，起到了事半功倍的作用。

实践证明，在写字中采用互动评价体系，积极引导学生参与评价，重视发挥学生在考试评价中的主体性，可以扭转以往只重考评结果而忽视考评过程的倾向，真正发挥写字过程评价的教育功能。

(三) 终结性评价——多元展示决高下

终结性评价的目的是了解学生通过学习后是否达到教学目标的要求，确定学生达到的水准和彼此间的相对地位，是对教师的教和学生的学的反馈。对于写字教学来说，终结性评价可以区分出学生的书写水平，可以检测学生是否达到了诊断性评价中的写字标准。而优秀书写作品的展示是终结性评价的反馈，是对书写好的学生的最高嘉奖，是评价学生的最高级形式，也是学生认可度很高的终结性评价的最佳奖励方式。

1. 班级展示台

班级的墙壁上专门开设了“写字作品展示台”专栏，定期展览学生的优秀写字作业，定期更换学生的书法作品。这种评价形式既充分肯定了各小组的优秀学生，又大大激发了这些学生的练字积极性，促使他们再提高，又在一定程度上起到了

“比、学、赶、超”的作用。在班级中，同学之间年龄相仿，互相熟悉，共同语言多，一旦有同学的作业上了展示栏，大家指指点点，比比画画，更感兴趣。而且班级写字比赛的优胜者可以在这里亮相，书写认真清楚的作业也可以在这里展示，在书写上有进步的学生同样可以在栏内悬挂。这样便为不同层次的学生创设了同等的有可能展示的机会，尤其使写字水平中下的学生也看到前进的方向。

2. 电子相册展

以小组为单位，每月进行一次评比，把每个小组优秀的书写作业或作品制作成电子相册，在班级群中进行展示，供家长、科任教师、学生欣赏和评价，并投票哪一小组的书写最佳。这样的网络传阅形式影响面更广，参与评价的人员更多。电子相册展既是对学生的肯定，又培养了学生们练字的积极性，使得学生们能够有更大的兴趣投身在练字上。同时，展览结束后，根据投票情况，在课堂上给优秀小组、优秀学生颁发优秀证书，给其他小组、其他同学起到表率作用，在一定程度上能激发学生效仿和赶超的决心，这样能够形成一个良性的环境。同时，再通过向家长报喜的形式，让家长关注到孩子的书写方面，督促孩子在课后认真练习汉字，达到家校合作、齐抓共管的目的。

3. 写字微整形

让“书写作品”换个方式出场，能更好地激发学生写字的热情。于是，教师要精心设计，推出丰富多彩的“整容式”写字作品。如编一期小报，展示自己的才华；出一次黑板报，露一露自己的身手；写一篇与“书法”有关的作文，分享自己练字的收获；写一封书信，表一表自己的心意，交流自己写字的成果……在这一系列的活动中，学生不知不觉地体会到写字是小学生生活、学习、交往的重要工具，认识到写字在我们生活中的重要性，同时也进一步增强学习的信心，磨炼自己的意志，为培养小学生良好的人格奠定扎实的基础。更重要的是，在此过程中，在潜移默化中，学生对自己的写字过程、写字成绩进行了过程性评价和终结性评价，这种评价是学生真实的内心感悟，这样的评价赋予写字生命和灵动，学生在今后的写字过程中会写得更好，走得更远。

总之，布鲁姆的评价理论对写字教学具有很强的指导意义。作为小学语文教师，要下大力气运用好评价手段，努力尝试不拘一格的科学评价，进行再创新、再运用，在教学中充分调动学生的积极性，不断改革创新写字评价方式，以“评”促“写”，培养学生养成良好的写字习惯，写出一手漂亮、优美的汉字，让每一个学生爱上写字，以写好汉字为荣，并在写字的过程中感受到评价的收获、评价的快乐，让笔墨飘香，让书写撑起属于自己的那片朗朗晴空。

参考文献

[1] 孙喜凤 . 小学低年级写字教学存在的问题及其对策 [J]. 延边教育学院学报，2011(3)：98–99，102.

[2] 杨文娟 . 整合课程资源　提高课堂有效性：《小学品德课程资源整合有效性研究》课题中期报告 [J]. 江苏教育研究，2019(11)：55–59.

（作者单位：舟山市定海区城西小学　马丽萍）

第二编

经典理论在阅读教学中的再运用

学习迁移理论在阅读教学中的整合应用研究

学生的思维能力很大程度上决定了学生的语文素养。学习迁移是教师引导学生提升思维能力的一种好方法。所谓学习迁移理论，就是由一种学习方式影响另一种学习方式，一种知识理论对另一种知识理论的作用。著名教育学家叶圣陶先生曾说过："教是为了不教。"教师在阅读教学中培养学生的阅读迁移能力，就是培养其触类旁通能力，多方面培养学生的语言应用能力、情感迁移能力和阅读理解能力，提高学生的阅读水平。

一、学习迁移理论概述

(一) 学习迁移理论简介

学习迁移是指一种学习对另一种学习的影响，或习得的经验对完成其他活动的影响。迁移广泛存在于各种知识、技能与社会规范的学习中。由于学习活动总是建立在已有的知识经验之上的，这种利用已有的知识经验不断地获得新知识和技能的过程可以认为是广义的学习迁移；而新知识技能的获得也不断地使已有的知识经验得到扩充和丰富，这就是我们常说的举一反三，这个过程也属于广义的学习迁移。

教育心理学所研究的学习迁移是狭义的迁移，特指前一种学习对后一种学习的影响或者后一种学习对前一种学习的影响。自 20 世纪以来，教育心理学家关于学习迁移的研究就是通过设计两种学习情境，看一种学习对另一种学习的影响。

(二)学习迁移理论与阅读教学

迁移理论是一种很有价值的教学理论，能够对语文学科的教学产生重要的指导作用。对于小学阶段的阅读教学而言，引导学生更好地进行知识积累，并且不断夯实学生的基础知识很重要。迁移理论的运用则能够很好地实现这样的教学目标，能够让学生具备举一反三的能力，这不仅是对于课堂教学的一种推进，也是对于学生学习能力的一种有效提升。

在阅读教学中，如果教师能教会学生将迁移理论运用到自己的学习中，那么，在学生遇到新问题时，就会主动将新问题融入他自己原有的认知结构中去，通过原有的认知结构，理解新知识，进而解决新问题。将迁移理论运用到阅读教学中，能够让学生的知识结构不断丰富和发展，不仅能够解决学生新的问题，还可以使学生巩固原有知识，提高学生学习语文的能力。在教学中，教师指导学生将迁移理论正确地运用到语文学习中，能够让学生学会学习。让学生学会学习，要通过教师的教内化为学生的学。教师在教学过程中，不仅要教会学生课内的知识，还要教授学生自己学习的方法。教师应努力实现这一目的，真正地把迁移理论运用到学习实践过程中。

二、学习迁移理论在阅读教学中的应用

在小学语文的教学中，准确地运用迁移理论去指导学生学习，能够让学生在掌握知识的同时，学会学习的方法，用已知的知识内容去解决新的问题，从而降低学习难度，提高学习效率。

(一) 立足阅读的运用，迁移“读”的训练

语文课程标准提出，小学生在课外应该至少累计阅读145万字以上的作品。因此，教师应该立足阅读的运用，迁移“读”的训练，让学生在课外也能有效阅读。在迁移阅读的过程中，要找准课内外阅读的衔接点，有计划地向学生推荐优秀的文学作品，让学生不断地拓展延伸，提高语文综合素养和知识迁移能力。

1. 迁移阅读同一体裁作品，延伸课内阅读的长度

叶圣陶先生曾经说过，“语文教材无非是个例子，凭这个例子使学生能够举一反三”。因此，在阅读教学中，教师要充分研读教材，挖掘出核心训练点，教给学生合适的阅读方法，然后再依托这样的训练点，立足今后课外阅读的运用，向学生推荐类似的阅读材料，运用相同的阅读方法加以拓展阅读，以达到举一反三的效果。

例如，在教学《刷子李》这一课时，依据单元训练目标“感受人物形象，学习作者刻画人物的方法”，引导学生抓住关键词句充分感知人物形象，进而明确作者刻画人物的手法。在学生惊叹于冯骥才大作家高明的写作技巧和精妙的语言表达时，教师相继出示了同样出自他手的《泥人张》片段，引导学生运用课中抓“关键词句感受人物形象”的方法进行阅读，进一步感受作者刻画人物手法运用的精妙。到此，阅读还没结束，可以向学生推荐原著《俗世奇人》，引导他们用同样的方法去阅读该书。这样，通过抓住文本与课外读物的联系点，全面辐射，巧妙迁移，延伸课外。

2. 迁移阅读同一内容作品，拓展课内阅读的广度

在教学过程中，教师不能让学生在阅读时一味地求多，而

是应该让他们深读、细读，对文章做一些更深层次的把握。在学生阅读的过程中不能一味地实行单向教学，不能在学生还没有进行阅读之前，就把文章的内容、主题思想告诉他们，而是应该让他们通过自己的不断阅读理解文章大意，体悟作者想要表达的思想。在阅读中，学生要学会自己发现问题、探究问题和解决问题，提升学生的阅读能力和语言文字感知力。教师要把阅读目标与本单元的具体学习目标结合起来，让他们读一些在内容上比较相同或相似的文章，以课内阅读带动课外阅读，丰富学生课内阅读的广度。

例如，在教学《荷花》这一篇课文之前，可以让学生在课外读一读朱自清先生的《荷塘月色》，也可以复习一下古诗《小池》中的“小荷才露尖尖角，早有蜻蜓立上头”中对荷花的描写，让学生感受一下现代散文中和古诗中的荷花有什么区别。这样的拓展阅读既可以让学生加深对课文的理解，又能拓展课内阅读的广度，做到课内、课外同步提高，增加学生的知识储备量，切实提高学生的语文综合素养。

3. 迁移阅读同一主题作品，挖掘课内阅读的深度

不论是人教版教材，还是统编版教材，课文都是一组一组编排的，所以教师可以先明确一个单元的学习目标（语文要素），有目的地为学生选择一些主题相同的文章来让学生阅读，把学生在课外阅读中的成果运用到课内知识的学习中。

例如，在教学《爬山虎的脚》时，可以让学生阅读肖复兴先生的《那片绿绿的爬山虎》，这两篇文章都是写爬山虎的，因此可以让学生放在一起比较阅读，看看这两篇文章中的爬山虎有什么区别，有什么相似的点。这样可以让学生对这一主题有一个更加深刻的认识，有助于学生理解课文内涵，充分挖掘课内阅读的深度，不断扩充学生的知识储备量，不断提高学生的

文学素养。

(二) 立足表达的运用，迁移“写”的训练

阅读吸收是主体思维的内化活动，内化得怎样，要通过外显的语言来表现。读写结合正是这种从“内化”到“外显”的有效桥梁。教师应根据年段及单元教学目标和文本表达特点，找准训练点以及语言发展的生长点，巧抓时机，立足表达的需要，迁移“写”的训练。

1. 语言形式的迁移

教材中的选文是一些文质兼美的典范文章，是学生学习语言的范本。语言形式的迁移包括句式、段式的仿写，句式、段式仿写的理想状态为：初仿不脱离文本的语境，在课文语境中进行语言实践，深化文本理解与语言感悟；二仿迁移到课外，以所仿句式、段式表现生活情境，达到运用的目的。因此，教师还得引导学生从段例的理解过渡到迁移运用，进行精准的读写对接，发展创造学生思维的联想性。

例如，在教学人教版语文三年级上册《风筝》一文时，以第三自然段：“我们去放风筝。一个人用手托着，另一个人牵着线，站在远远的地方，说声‘放’，那线一紧一松，风筝就凌空飞起，渐渐高过树梢了。牵线人飞快地跑起来。风筝越飞越高，在空中翩翩飞舞着，我们快活地喊叫着，在田野里拼命地奔跑。村里人看见了，说：‘放得这么高！’”为例，这一段是学生学习场面描写的极佳范例，教师首先要带领学生品读语段中场景描写的奥秘，进而进行迁移运用。可分为以下三步：

(1) 引导学生读懂语段先写了什么，再写了什么，最后写了什么。

(2) 引导学生发现语段的结构规律。

(3) 迁移结构特点，仿写场面描写。

我们去 (玩纸船)。一个人 (　　)，另一个人 (　　)。

纸船 (　　)。我们 (　　)。旁边的人见了，(　　)。

像这样借鉴文本规范的言语材料进行迁移训练，不仅可以帮助学生掌握表达技巧，熟练表达技能，而且可以大大提高学生言语表达的准确性。

2. 写作方法的迁移

写作方法即作者写作时采用的艺术表现手法，常见的有：悬念、照应、联想、想象、点面结合、动静结合、情境交融、首尾呼应、借物喻人、白描细描、正面侧面、咏物抒情，等等。写作方法似乎是表达方法，而实质却体现一种思维方法。操作时，应强调读对写的指导作用。在阅读中厘清层次，体会这种写作手法在表情达意方面的作用，通过潜心会文在头脑中“建模”，只有建立了“模型”，练笔时才不至于走样，方法迁移才能成功。

例如，在《地震中的父与子》这篇课文中，作者抓住了父亲的动作、神态、语言、外貌等细节描写，细致地刻画了父亲的了不起，这也是本单元的训练重点——“学习作者刻画人物形象的细节描写方法”。而文中对儿子的勇敢和富有爱心的描写却只有寥寥几笔，这就给我们提供了练笔的空间。笔者让学生充分研读作者表现父亲了不起的重点句段，领会了细节刻画对表现人物形象的作用后，让学生想象：废墟下，当黑暗和恐惧笼罩着被埋压的孩子们时，阿曼达他们是怎样度过这漫长的36小时的？他会想些什么，做些什么？他会对自己、对同学说些什么？要求学生学习课文中刻画人物的手法，抓住人物的动作、语言、神态及心理等细节写一段话。

这样依据训练目标，从写作的角度迁移的写法既能让学生进一步走进文本，真正从内心与文本对话，与作者产生共鸣，加深对人物形象的感悟，又能巩固并掌握一定的写作手法，在实践的语言运用中提高写作能力。

再如，人教版五年级下册的《彩色的非洲》，迁移作者谋篇布局的秘妙。

师：作者在篇章布局上很有特色。首先，整篇文章的结构作者采用了——

生：总—分—总。(板书：篇章结构——总—分—总)

师：在重点段中，作者又采用了怎样的叙述方式？

生：先概述，再分述。(板书：重点段落——先概述，再分述)

师：此外，段与段之间自然过渡。开头和结尾又有什么特点呢？

生：开头和结尾首尾呼应。(板书：写作手法——首尾呼应)

师：是呀，不仅首尾呼应，还呼应题目，直接抒发了作者对非洲风情文化的赞美之情。

师：这样的结构安排不仅让文章条理清楚、层次分明，还使文章顺畅自然。请你模仿作者篇章布局上的特点写一处你熟悉的地方。

案例中，教师引导学生解析作者谋篇布局上的秘妙，让学生能够看得见文章的骨架，并能轻松迁移学习。

3. 写作体裁的迁移

小学阶段的课文体裁主要以记叙文为主，同时兼有诗歌、散文、童话、说明文等。只要转换一下角度，许多体裁就可以互相迁移转换。

例如，学了剧本《半截蜡烛》，就可以依照剧本的写作形式把学过的童话故事、寓言故事改编成剧本。学了《巨人的花园》《去年的树》等童话故事，了解了童话故事的写作特点后，让学生试着把《鲸》《新型玻璃》等说明文改写成童话等。这些语言实践是扎实有效的，也是实用的，能促使学生打破思维的固定模式，对文本的形式有进一步的理解和掌握。

(三) 立足方法的运用，迁移“法”的训练

在略读课上，教师指导学生运用从精读课中习得的阅读方法进行独立阅读，从而进一步巩固阅读方法，形成学习能力，这就是学法迁移模式。简而言之，就是精读课习得方法，略读课迁移运用方法。

吕叔湘先生说：“教学，就是教学生学，要培养学生主动学习的能力。”学生是学习的主体，应当在课堂学习中拥有尽可能多的学习机会和学习时间。构建“学法迁移”模式教学略读课文，将给予学生足够的独立读书、思考和练习的时间，课堂教学活动主要是学生的独立阅读活动。这样，就变以教为核心为以学为核心，形成教与学同步推进、教为学服务的局面，教师真正“把课堂还给学生”。学生运用阅读方法进行举一反三的学习活动，长此以往，自己读书的能力必将得到加强，从而有助于把学生培养成为一个会学习的人。

1. 思维情境中迁移学法

学生的阅读经历有限，因此在教学过程中，教师不能直接将抽象的学习方法硬塞给学生，更不能以让学生学会读书为借口而放任自流，让其“暗中摸索”。教师应根据教材特点，抓住训练时机，巧设思维情境，渗透学法指导，让学生主动而又生动活泼地学习，积极发挥其主体作用，在师生共同实践探索中，使学生领悟学习方法。

在教学中，教师常常需要重点引导学生掌握理解词意的方法，如联系上下文理解词意。

例如，教学《父亲、树林和鸟》2～6自然段，“茫然”和“凝神静气”这两个词语的意思较难理解，很多学生都是通过查字典了解它们的意思。这时教师引导：“如果没有字典，又该怎么办？”大部分学生大声说：“猜一猜。”此时，教师不急着给答案，而是引导学生把这个词放到课文中去理解。通过读课文，学生很快找到这两句话：“可我既没有看见一只鸟飞，也没有听到一声鸟叫”和“我仔细找，没有找到晃动的叶子”。学生回答说：“读了这两句话，我不仅理解了‘茫然’的意思，还知道了文中‘我’茫然的原因。”这时教师趁热打铁：“你真会读书，这就是联系上下文理解词语的方法，现在同学们再运用这个方法理解‘凝神静气’的意思。”

有了方法的指导，大部分学生懂得从文中找答案。这样一来，学生不但知其然，而且知其所以然，懂得运用联系上下文的方法来理解词语，对课文的品读就更深刻了。

2. 回顾总结中迁移学法

科学的学习方法来源于成功的学习实践，因此，教师要善于引导学生在理解课文的基础上回顾学习过程，引导学生把自己的学习过程作为认知对象，帮助他们从成功的学习中总结出阅读规律，以便今后自觉运用这些规律去探求新知。

以人教版小学语文四年级上册《母鸡》为例，运用回顾总结迁移学法模式，其教学过程如下：

1. 回顾阅读方法

(1) 回顾学习《猫》一课的学习步骤和方法。

方法一：在文中勾画、批注，写上感受、体会。

例如：学习《猫》一课，勾画关键句子“任凭谁怎么呼唤，它也不肯回来”，“或是在我写作的时候，跳上桌来，在稿纸上踩印几朵小梅花”。可把句子的“任凭……也、踩印几朵小梅花”勾画出来，写下批注：猫贪玩，天真可爱。

方法二：抓住重点词语，想象体会。

回顾教学《猫》一课，体会句子“它还会丰富多腔地叫唤，长短不同、粗细各异，变化多端”中“丰富多腔”的方法。

想象：在什么情况下，猫会怎样地叫呢？

刚刚吃饱喝足会心满意足地长叫一声——喵——

猫刚听到主人的召唤，会干脆利落地短应一声——喵——

在外面疯跑了一天一夜，碰到了一只势均力敌的猫，啊，要打架啦，它会粗吼一声——喵——

小结：通过抓住重点词语“丰富多腔”进行想象体会，进而感受小动物的可爱。

2. 出示学习任务，让学生独立运用方法，自主学习

(1) 默读课文，运用在文中勾画、批注的方法，勾画《母鸡》一文的关键句子，品味关键词语，写上感受。

(2) 运用抓住重点词语，想象体会的方法，品味《母鸡》关键性的句子。如“听吧，它由前院嘎嘎到后院，由后院再嘎嘎到前院，没完没了，并且没有什么理由，讨厌！”想象一下母鸡想用声音告诉人们什么呢？你从中体会到了什么？

(出示) 母鸡受了一点惊恐，它由前院咕咕到后院，由后院再咕咕到前院，好像在说：“______________________。”

3. 交流讨论

案例中的“学法”专指从同组精读课中习得的阅读方法。这里的“学法”是鲜活的，是学生新近掌握的，尚处于“懂得、知晓”的层面。略读课中，凭借教师搭就的“引桥”，设置的学习任务，学生不断“试水”，从生疏到谙练，进而实现从精读课上习得方法，在略读课上得到巩固的目的。

3. 多重训练中迁移学法

学生掌握了几种具体方法不等于学会了阅读，学会阅读的核心是学生将具体的方法整合内化，成为系统的、较完整的、灵活的认知策略。这种整合内化的过程需要教师长期艰苦地工作，需要教师从课堂教学的每个环节抓起，有计划、有意识、有序列地进行持之以恒的训练。学法本身具有一定的序列性，它随着年级的增长由低到高，由浅入深，螺旋上升。

因此，教师要注意明确大纲对不同年级的阅读要求，通过调查了解和认真研究各年级学生的已有基础，总结出学生以往所掌握的学习方法，在教学中引导学生站在已有的基础上“自己跳起来”够一够，在教师的点拨下迈出新步，在教师的序列指导下不断积累和丰富自己的阅读方法。

阅读教学必须立足运用，迁移所得，教师应不断探索迁移理论在阅读教学中应用的有效形式，为学生创设各种语言实践情境，让学生能活学活用、举一反三，进而发展语文能力，提高语文素养。

参考文献

[1] 陈玉燕 . 浅谈阅读教学中的迁移与运用 [J]. 新课程研究：下旬，2014(9)：124–125.

[2] 陈雪梅 . 多元迁移，让小古文教学散发思维之光：以《王戎不取道旁李》为例 [J]. 教学月刊：小学版（语文），2018(11)：23–25.

[3] 林清 . 找准结合点促进课内外阅读的有效整合 [J]. 基础教育研究，2018(15)：61–62.

（作者单位：舟山市定海区白泉中心小学　娄安娜）

情境视野下的阅读教学现状与改进策略

情境教学法是指在教学过程中，教师有目的地引入或创设具有一定情绪色彩的、以形象为主体的生动具体的场景，以引起学生一定的态度体验，从而帮助学生理解教材，并使学生的心理机能得到发展的教学方法。情境教学法的核心在于激发学生的情感。

一、情境教学理论概述

（一）情境教学理论的提出

1989年，布朗·科林和杜吉德在一篇名为《情境认知与学习文化》的论文中首次提出“情境教学”的概念。他们认为知识只有在产生及应用的情境中才能产生意义。

1978年，李吉林着眼于语文传统教学中的问题，一方面吸收传统教学的可取之处；另一方面吸取近代直观教学等有效因素，开始了对“情境教学”的实验研究，构建了情境教学的理论框架及操作体系。1990年，她发表的《李吉林文集（卷一）情境教学实验与研究》是我国进行情境教学理论研究的第一本著作，开创了我国情境教学的新局面。书中对情境教学的特点、理论依据、类型、原则及在识字教学、阅读教学、作文教学中的运用进行了详细的阐述，为推动我国情境教学研究做出了杰出贡献。

(二)情境教学理论的主要内容

1. 概念界定

李吉林提出,“情境教学是创设典型场景,激发儿童热烈的情绪,把情感活动和认知活动结合起来的一种教学模式”。顾明远在《教育大辞典》中提出,“情境教学就是运用具体生动的场景,以激起学生主动的学习兴趣、提高学习效率的一种教学方法”。

2. 创设情境的五个途径

(1)以生活展现情境。生活展示情境是指将教学内容与学生生活联系起来,让学生在生活情境中体验教学内容,提高学生对教学内容的理解。情境教学的实现最根本的做法是回归到生活化教学,所以情境的设置要从学生生活出发。

(2)以图画再现情境。图画不同于文字,它给人更直观、更立体的感受。形象逼真、生动活泼的教学图画很容易吸引学生注意力,丰富学生的感性认知,使学生对知识的感知变得更直接、具体,进而加深对教学内容的理解。教师可借助课文插图、简笔画、剪贴画、电化图像等方式的图画再现情境。

(3)以表演体会情境。角色扮演情境指引导学生进入角色、扮演角色,带着角色转换的真实感理解课文,体会作者的情感。将文中语言与眼前形象融合起来,这样,学生从被动学习变为主动学习,学生的心理位置换成了文中人物的心理位置,不仅使教材内容迅速形成表象,同时还能加深理解,深化感悟。

(4)以音乐渲染情境。有些课文形象难以用语言、生活或图画表现出来,这时就需要音乐来渲染了。音乐具有极强的感染力,容易激发学生的情感共鸣。阅读情境教学中,如能恰当运用音乐渲染法为学生营造身临其境的氛围,就容易调动学生的情感体验。那些用文字、画面难以表现的意境，或是特别欢快，或是特别庄严、凄凉，或是特别惊险，都可以用音乐渲染法调动学生的情绪。

（5）以语言描绘情境。教师的语言是一种谁也替代不了的影响学生心灵的工具。教师若能善用语言，就会使课堂产生良好效果。教师的语言主要通过语音、语调、体态、表情、动作、手势等方式传达出来。创设情境时，形象可感的语言能使学生产生真切感受；启发性的语言能调动学生的积极性，激活思维，获得发展；饱含情感的语言动之以情，使学生发自内心去感知。

二、情境教学理论在阅读教学中的再应用

（一）小学语文阅读情境创设中存在的问题

情境教学理论在阅读教学中广为应用，但很多时候我们在运用时并没有收到预想的教学效果，究其原因，不难发现我们在情境创设中存在一些典型问题。

1. 情境创设随意化

随意化是指按自己的意思，随心所欲而为，是一种不严谨的行为。一些教师在情境创设中以自己的感觉为依据，认为哪种方法合适，就选择哪种方法，不考虑学生实际，不考虑情境创设的时机和方法，这样会影响教学效果。

某位教师在教学《清平乐·村居》时，把课堂分为朗读区、表演区、吟唱区和画画区。他是想让学生自主选择、合作学习，尊重每位学生的个体差异。如果这是一节综合实践课，没什么问题，但放在语文课上，究竟要达到什么样的教学目标，学生要掌握哪些知识，提高语文哪方面的能力，这些都不清楚。学生在这种热闹的课堂氛围中，可能看一看、玩一玩就过了，有

的学生甚至连书本都没打开，就开始画起画来。把课堂分成四个教学区域，教师很难整体把握统一的教学目标。没有明确教学目标，在创设情境过程中就会出现教师随意化的问题。

2. 情境创设模式化

模式化是指不针对具体情况而死板地根据某种固定程式处理问题。在情境创设中，教师也容易出现情境创设模式化的问题。比如，一些教师喜欢在教学小说、戏剧体裁的课文时，就让学生看相关的戏剧视频；学童话或寓言故事就让学生们角色扮演，这是一种模式化的表现，看到某个固定的体裁，就自然而然地套用某种固定的教学方式。

例如，四年级一篇童话课文《幸福是什么》，讲述了三个青年通过各自的十年经历，最终明白了幸福是什么。教师在课上让几个学生用角色扮演的方式把整篇课文演了一遍，看上去很受学生的青睐，课堂气氛也很活跃。但就教学来说，这种通篇文章角色扮演的方式并不合适。首先，这是略读课文，只有一课时，角色扮演的方法很费时间。其次，教学重点是了解三个年轻人对幸福各有怎样的体会，理解幸福的含义，因此教师在教学时应引导学生感悟三个年轻人的对话，紧扣他们因自己的行为带给别人的好处，并可以适当延伸学生的想象。如了解第一个青年的行为时，可以引导学生想象：他是怎样给病人治病，病人恢复健康时会说什么，他又是什么感觉？联系自己生活实际加深对幸福的理解。通过创设问题情境，引导学生在充分阅读课文的基础上，根据生活实际谈谈对幸福含义的理解，这样就把握了教学重点，笔者个人认为比角色扮演的效果要好。

3. 情境创设过度依赖技术

如今，多媒体技术已成为一种重要的教学手段，它在激发学生学习兴趣，提高学习效率，丰富课堂内容等方面发挥了重要作用。情境创设一定程度上要依靠多媒体技术，但我们发现很多教师在创设情境中因过于依赖多媒体技术而偏离教学内容。有的教师在制作课件时，想利用多媒体丰富课堂内容，把教学内容中不好展示的材料全都罗列进去，追求形式上的多样化、课堂气氛的活跃，但整堂课充斥着过多内容，让人眼花缭乱，头晕目眩，学生只能被课件内容牵着走，走马观花地在教师的引导下看完课件。

四年级下册的《桂林山水》是一篇很美的写景文章，有位教师在教学中运用各种多媒体手段：图片展现桂林美景；配乐播放桂林山水的朗读录音；让学生观看桂林山水的介绍短片；让学生根据课文内容，配合多媒体课件的展示，简单画画心中的桂林山水。视频、音乐和图片在一定程度上能抓住孩子们的注意力，可这种教学很消耗课堂时间，学生并没有对课文进行深入思考。同时语文课不能忽视语文的工具性，不能以图片、视频等代替文字语言。过多运用媒体展示教学内容，创设没有必要的情境，造成教学时间的浪费，削弱了语文能力的培养。总之，对于运用多媒体创设情境，应遵循适度原则。创设情境的多种手段只是辅助教学，不能过度依赖。

4. 情境创设脱离学生实际

学生是教学活动中的主体，教师在创设情境的过程中要关注学生的实际情况。若不重视学生的身心特点和认知经验，脱离学生实际，就会使教学情境失去存在的意义。

有位教师在教学《台湾蝴蝶甲天下》时展示了几种珍稀蝴蝶的图片，要求学生根据课文内容画出自己喜爱的一种蝴蝶，加深直观形象。这位教师的目的是让学生再现具体直观的情境，掌握蝴蝶的特点，但他没有考虑学生的实际情况，学生生活中很难见到这些珍奇的蝴蝶，仅根据课文内容的简单描述就让学生画出来是一件困难的事情，学生不适应且消耗了课堂时间。可改为教师让学生课前在网上收集这几种蝴蝶的图片，课上由教师提供蝴蝶图片、播放相关视频介绍，以此加深对课文语言的赏析。

在关注学生实际情况、结合学生生活经验的基础上进行情境创设有助于提高教学效果。

（二）情境教学理论在阅读教学中的优化策略

1. 设计最优情境

要创设成功的教学情境，首先要做好精心的设计，也就是备好课。备课首先要钻研教材，把握教学的目标和重难点，在此基础上精心设计教学情境。

优化指通过采取一定措施让事物变得更优秀、更出色。优化情境指教学中在特定条件下，通过采取一定教学方式，达到最好的教学效果。如以一篇课文的导入为例，我们知道常见的有问题导入、图片导入和语言激发兴趣等，这几种方法可能对于某一篇课文的导入都适用，那选择哪一种方法最好呢？这就需要教师在备课时精心设计情境，选择最优化的情境。尽量在低消耗的投入下，选择效果最好的。下表是李吉林在设计《凡卡》教学情境时的优化方案：

手段	耗费	效果
A. 放大插图	耗费很少	表现的只是人物的轮廓，不利于表现悲凉情境，学生不易体验这种悲伤的情感
B. 音乐渲染	花费不多，只需花些工夫找合适的曲子	有助于学生体验课文表现的情感，效果较好
C. 语言描绘	没有花费，只是需要组织好语言	教师可用形象化的语言描绘，可再现情境，效果较好

续 表

手段	耗费	效果
D. 音乐渲染与语言描绘相结合	花费较少	音乐语言与文学语言的结合，渲染悲凉的气氛，再现情境具有较强的感知度，易于激起儿童的情感，效果好
E. 进入角色，音乐渲染与语言描绘相结合	花费不多	扮演角色，学生变成穷孩子凡卡，大家不易接受，容易造成不够庄重的场面，影响教学；而引导学生进入角色，可加深情感体验，无“扮演角色”的弊端，且与音乐和语言合并使用，效果极好

李吉林综合比较教学准备过程中的消耗情况和最终达到的效果，最后选择了 E 的方式进行教学。笔者在教学屠格涅夫的小说《麻雀》的第 4、第 5 小节时，同样采用了低消耗而强效果的情境创设优化方案。这两节生动地描写了老麻雀为拯救幼子，不畏强大的猎狗，用自己的身躯保护小麻雀的情境。对于这种紧张而激烈的场面，仅用语言、图画难以最直观地表现出来，而音乐恰恰可以做到。于是笔者挑选了一段力度感强烈的音乐，用节奏的快慢、声音的强弱渲染出令人担忧的老麻雀挑战猎狗的紧张气氛。随着音乐的节奏，学生结合文本语言就较容易展开想象，产生身在其中的感觉：仿佛看到老麻雀毅然从树上飞下来，落在猎狗面前的画面；仿佛听到小麻雀撕心裂肺、无助的号叫；仿佛目睹猎狗为此而惊呆，慢慢合上嘴向后退的情境。音乐的渲染使学生加深了对“落、绝望”等词句的理解，进一步体会到了母爱的伟大。

优化情境应选择在一些重难点、典型的问题上创设情境，不需要在细小的地方创设情境导致舍本逐末。总之，情境创设的方法很多，我们不能随意化地创设情境，而要根据学生特点、教学目标、教学重难点、教学效果等各个方面综合考虑，创设最优化的情境。

2. 关注学生生活

在小学各阶段，由于学生身心发展有所变化，情境创设的侧重点有所不同。对于小学低年级学生来说，他们对周围事物感到很新鲜，思维主要凭借具体形象认识世界，抽象的逻辑思维还没形成，对于低年级学生，用直观形象事物创设情境或联系学生生活创设情境是更好的选择。对于中高年级学生，其逻辑思维有了初步发展，能进行简单的逻辑推演，自我意识逐步发展，可适当通过抽象语言来创设情境。有研究者做过关于小学生感兴趣情境的调查，发现学生最感兴趣的情境是以真实生活展现的情境，因此教师要积极关注学生的生活世界，关注学生的身心发展，才能创设良好的教学情境。

下面以《千人糕》为例说明教学情境如何创设，本文通过父子对话的形式，向我们介绍了一块平平常常的糕经过很多人的劳动才摆在我们面前，揭示了劳动成果来之不易的道理，教育学生爱惜粮食。结合学生实际，笔者创设了以下两个情境：①校园里常常看到同学浪费粮食的现象，请你为他讲讲千人糕的故事，告诉他粮食来之不易。这样的情境既关注了学生的认知经验，又实现了语言的运用与思维的外化。②生活中我们经常看到不爱惜文具、衣服的孩子，请你为他讲讲千人笔、千人本、千人衣的故事。该任务由文本语境延伸到生活情境，引导学生由课内走向课外，这样的情境源于生活又归于生活。

3. 凸显言语运用

在情境创设过程中，很多教师往往会偏重人文性，课堂大部分时间都在让学生体验情感，人文情感过于浓厚，很少有语言习得和运用的训练。语文教学要关注工具性与人文性的统一，应将语言训练和情感激发有机融合在一起。以下是《学会看病》教学片段，其情境创设较能体现语言的习得与运用：

(1) 到底母亲愿不愿意让儿子独自去看病呢？

追问：完全不愿意吗？——不是的，又有点儿愿意。

完全愿意吗？——不是，又有点儿不愿意。

这样的心情用一个词语形容——矛盾。(板书：矛盾心理)

(2) 母亲心里有这样一个想法，谁来读读？

出示：我应该让孩子独自去看病！

但是母亲的心里还有另外一个想法，谁来读？

出示：我怎么能让孩子独自去看病呢？

师：作为母亲，她到底愿不愿意让孩子独自去看病呢？

(3) 默读课文，画出母亲心理活动的句子，读一读，用文中的内容说说她的理由。

我应该让孩子独自去看病！________________

我怎么能让孩子独自去看病呢？____________

师生合作：

母亲心里一直有两个不同的声音在交织着，一个声音说：……

另一个声音说：……

一个声音坚定地说：……

另一个声音又深深刺痛着母亲的心：……

……

就是这两种声音一直交织着，一直折磨着母亲，让母亲万分痛苦。所以，儿子独自去看病的这两个多小时，对母亲来说，可谓是度日如年！

这个片段中，笔者创设了“母亲煎熬等待儿子看病回来”的情境，引导学生设身处地体会母亲矛盾的内心。在“边读边画出母亲心理活动的句子，读一读，用文中的内容说说她的理由”这一环节，笔者启发学生用文中信息代替母亲两种选择的理由。在这个过程中，学生不但感悟到母亲矛盾的心理，还初步学会了矛盾心理的写法。接着，教师趁热打铁，引导学生延伸到课文《剥豆》的学习：

(1) 过渡：儿子回来了，母亲如释重负，这件事也告一段落了。后来，母子俩又发生了另一件事。把课本翻到《剥豆》，快速浏览课文，思考：这两篇课文在写法上有什么共同点？——大量描写了母亲矛盾的心理。

(2) 找出体现矛盾的语段，朗读：

“让儿子赢吧，以后他会对自己多一些自信。”这样想着，我的手不知不觉地慢下来。

“在外面竞争靠的是实力，谁会让你？要让他知道，失败、成功皆是常事。”剥豆的速度又快了起来。

儿子手不停歇，目光却时不时地落在两个容器里。见他如此投入，我心生怜爱，剥豆的动作不觉又缓了下来。

“不要给孩子虚假的胜利。”想到这些，我的节奏又紧了许多。

(3) 提炼母亲的内心矛盾是什么？——该不该让孩子赢？

(4) 同样写矛盾心理，两篇课文有没有写得不一样的地方？

《学会看病》中，母亲的矛盾心理穿插在课文前后；《剥豆》中，母亲的矛盾内心集中在一起写。

《剥豆》同样刻画了母亲毕淑敏的矛盾心理，但在描写上与《学会看病》略有不同，这就是学生语言的习得。学生在最后感悟到：原来写母爱题材的文章不仅可以关注人物的语言、动作和神态，还能抓住人物的心理活动来细腻刻画。

4. 蕴含思维价值

在语文教学中，教师除了引导学生进行语言的建构与运用，还要关注学生的思维发展与提升。思维是听、说、读、写的基础，是语文学习的关键。听和读是把语言文字及包含的信息经过人的感觉器官内化为人的思维活动；说和写是把人的思维活动的结果进行外化。教学情境的创设要蕴含思维价值，如《晏子使楚》是培养学生思维的好教材，笔者在教学这课时，十分注重培养学生的逻辑思维能力：

（1）第一次反驳：晏子使楚时，楚王为侮辱晏子，命人将城门关起，另开一个五尺来高的洞，让晏子钻。晏子说："这是个狗洞，不是城门，只有访问狗国，才从狗洞进去……"楚王听后，立即命人打开大门迎接。

师：楚王为什么会改变态度？晏子这番话到底有什么奥秘？于是笔者创设情境：如果你是楚王，听到这话后会想到什么？学生们纷纷思考作答：

①"只有访问狗国才从狗洞进入，如果让晏子从狗洞进入，那就是承认楚国是狗国了。"

②"只有访问狗国才从狗洞进入，只有承认楚国是狗国，才能让晏子从狗洞进入。"

③"只有访问狗国才从狗洞进入，要证明楚国不是狗国，就要让晏子从城门进入。"

④"只有访问狗国才从狗洞进入，只有让晏子从城门进入，才能证明楚国不是狗国。"

笔者根据学生的回答，将这些隐含在话中的逻辑思维过程呈现在学生眼前，让他们来选择：如果你是楚王，你会怎么做？显然，前两个结论都不是楚王想要的，而从后两个结论可以很清楚看出，为证明楚国不是狗国，唯一的做法就是不让晏子从狗门进入。这也就是楚王从听到晏子的话到开城门之间一系列的思维过程。

(2) 第二次反驳类似第一次，都是三段论，故放手让学生自主经历思维过程。

(3) 第三次反驳，楚王说齐人善盗，晏子振振有辞："淮南的柑橘，又大又甜。可是橘树一种到淮北，就只能结又小又苦的枳，还不是因为水土不同吗？同样的道理，齐国人在齐国安居乐业，好好劳动，一到楚国，就做起盗贼来了，也许是两国的水土不同吧。"

首先，笔者引导学生理出一条线索：淮南的柑橘，又大又甜，到了淮北变为枳，是因为水土不同。其次，请同学相应列出第二条线索：齐国人民，安居乐业，到了楚国变盗贼，也是因为水土不同。最后，让学生自己归纳结论：齐人善盗是因为楚国的水土不好。紧接着追问："水土不好"是什么意思？(生答：楚国的社会风气不好。) 那么社会风气不好是谁造成的呢？(生答：楚王的责任最大。) 这样，就有力反驳了楚王的谬论，楚王只得赔不是。在这里，晏子巧妙地运用了类比推理，既驳倒了楚王，又维护了齐国的尊严。

针对三段论和类比推理，我们当然不能用纯科学概念来加以解释，教师所起的作用就是尽量引导学生将"外化"的语言向"内化"深入，让思维轨迹从"内向"向"外化"呈现。这样的情境创设与过程既使学生深入理解了内容，又使逻辑思维能力在无形中得到了培养。语文教材中有很多课文都是培养思维能力的好素材，教师应充分挖掘教材中的训练内容，有目的地创设情境，把思维训练融入课堂中，使学生思之有向，日积月累就能逐渐提高学生的思维能力。

情境教学理论在阅读教学中的优化策略还有很多，如教师加强情境教学理论的学习；学校提供完善的资源支持；改变一元的师生评价机制等。总之，情境教学法是值得深入研究和大力提倡的教学方法，一线教师要结合教学实践不断钻研、探索、优化，使情境教学理论更优质地为语文阅读教学服务，切实提高学生的阅读能力和语文素养。

参考文献

[1] 李吉林 . 情境教学实验与研究 [M]. 北京：人民教育出版社，2006.

[2] 冯卫东 . 情境教学操作全手册 [M]. 南京：江苏教育出版社，2010.

[3] 崔相录，郝志军 . 情境 · 探究 · 建构——课堂教学的最优化 [M]. 桂林：广西师范大学出版社，2007.

（作者单位：舟山市定海区定海小学海滨校区　郑雯）

基于预学的语文阅读教学策略

阅读是人们收集信息、认识世界、发展思维和获得审美体验的一种重要手段，也是终身学习的一种方式。阅读在语文教学中也始终占据着重要的地位。新的课程标准（《义务教育语文课程标准2011版》）对阅读教学有这样的建议："阅读教学不应该只是教师单纯讲授，更应该是学生、教师、文章三者对话的过程。教师应加强对学生阅读的指导、引领和点拨。"由此可见，阅读教学体现的应该是学生个性化的行为，教师只是一个组织者，应积极采用各种方式，帮助学生提高阅读能力，更好地实现与文本的对话。奥苏贝尔的先行组织者理论能在学生已知的知识和需要知道的知识之间架起一座沟通的桥梁，在阅读教学中对于激活学生原有的知识提供上位观念，帮助学生整体性把握文章和促进理解，对提高阅读课的效率有着很大的借鉴作用。

一、先行组织者理论概述

先行组织者，简称组织者，是美国教育心理学家奥苏贝尔于19世纪60年代初提出的"先行组织者"策略中的定义。所谓组织者，是指先于学习任务本身呈现的一种引导性的材料，它是先于教学中学习任务本身而存在的一种呈现方式。由于这些组织者通常是在教学内容之前呈现，目的在于促进学生的有意义的学习，因此也被称为先行组织者。奥苏贝尔认为，先行组织者在学习者能有意义地学习手头任务之前起到缩小他们已知的与需要知道的内容之间差距的作用。

奥苏贝尔还认为，如果学生在学习新知识任务之时，在原有认知结构中缺乏可用于同化新知识的上位观念，或者是在这一过程中对原有观念还没有形成清晰和明确的认识，那么，教师就有必要在学生接受新知识的学习材料之前，设计一个先于它的引导性材料，这个材料只是一个简单的概念，可以是一段简练的文字说明，还可以是简洁明了的语言以及一些形象直观的模型。但是这些引导性材料都必须具备一个条件，即其概括水平和包容水平均需高于学生所要学习的材料，并且能在新旧知识之间架起一座桥梁。奥苏贝尔指出，这个模式下的教学过程主要由三个阶段组成：先行组织者的呈现—学习任务和材料的呈现—认知结构的加强。

如今，这种教学模式的出现为我们改进和优化课堂教学提供了一种与以往截然不同的全新途径。在近半个世纪的时间里，广大教育专家和心理学家在关注先行组织者模式发展的基础上，经过不懈努力和探索，先行组织者理论被广泛地应用到各学科的教学中，在改进课堂教学和提高教学成效方面的显著成效已被充分肯定。本文将阐述笔者在阅读教学中尝试运用先行组织者这一经典理论的实践。

二、先行组织者理论在阅读教学中的再实践

(一)先行组织者理论的应用原则

阅读教学是读者与文本之间的对话，是学生个性化的展示。在教学中，鼓励学生挖掘自身的内在知识，生成新的知识，在言语表达中化为能力。

（1）围绕目标，激发兴趣。阅读教学目标的设计要基于学生的学情，在学生已知的目标和未知的目标之前确定先行组织者，从而激发学生的兴趣。

（2）感悟文本，加强实践。阅读教学是一种开放式、体验式的学习过程，先行组织者强调在真实的情境下组织学习活动，将理论与实践相结合，让学习变得真实、有针对性，这样，知识才能真正化为学生自己的能力。

（3）激发内需，建构知识。奥苏贝尔的意义学习是通过新知识与原有知识或经验之间的相互联系来实现的。在阅读教学中，教师要鼓励学生激发自己的内在能力，在合作、探讨中生成新的知识。

（二）先行组织者理论的再运用

1. 先行组织者理论的前置性准备

阅读教学中运用先行组织者理论，我们首先考虑从学生、文本和自身三个维度入手，来帮助教师更深刻地认识它，并切实地用来指导阅读教学，从而提高阅读教学的有效性。以人教版四年级上册《为中华之崛起而读书》为例：

（1）了解学情。奥苏贝尔曾经将他关于教育心理学的所有内容简约成这样一条原理：影响学习的最重要的因素是学生已知的内容，厘清这一点后，进行相应的教学。由此可见，学生的先有知识能力是教师进行教学的重要基础，教师开展教学，首先就是要了解学情。

四年级的学生在经过三年多的学习后，思维能力、观察能力和语言表达能力都有了一定的基础，学生已经初步有了独立识字的能力，因此读通课文并不困难。但文本的时代背景与学生的生活相差太远，学生不易进入本文的情境，要与文章中的少年周恩来产生情感的共鸣，还需要教师的引导。

（2）厘清阅读目标。在阅读教学过程中，教师必须指导学生将各年段所涉及的语文知识及各阶段必须培养的能力贯穿起来，努力使它们成为一个个相对有机的整体。新课标中第二学段的阅读教学目标是：①用普通话正确、流利、有感情地朗读课文。②初步学会默读，做到不出声、不指读。学习略读，粗知文章大意。③能对课文中不理解的地方提出疑问。④诵读优秀诗文，注意在诵读中体验情感，领悟内容。

根据这些目标，结合学生的学情，笔者制定了以下教学目标：

知识与技能目标：认识“崛、巡、范”等八个生字；正确书写“惩处、疑惑不解”等生字词；正确、流利、有感情地朗读课文；把握文章的主要内容。

过程与方法目标：通过课文朗读，讨论文中重点段落和含义深刻的语句，理解人物的心理以及句子背后蕴含的意义。提高学生自主探究、交流合作的学习能力。

情感态度与价值观目标：了解当时的社会背景，深入体会少年周恩来立志的原因，并联系实际生活，思考自己读书的目的。

（3）重视文本预习。在每一次新教学之前，教师都应该了解学生在上这节课之前的知识储备。在阅读教学时，对于学生已掌握的部分，教师不应再花太多的时间去重复，学生没掌握的知识才是本堂课教学中需要重点教授的。

通过了解学情，学生对《为中华之崛起而读书》当时描写的时代背景不甚了解，对于当时的中国半殖民地半封建社会的性质更是知之甚微，因此，要让学生感受并想象当时老百姓生活在水深火热之中，常常在中国人自己的领土上被外国人欺辱，大家敢怒不敢言，年少的周恩来在这种环境下发出豪言壮志

“为中华之崛起而读书”是有一定的困难的。所以在上课之前，必须要让学生进行有效的预习。

在学习单上，笔者给学生列了几个任务：

1. 读一读：少年周恩来的故事。

2. 看一看：《翻开这一页之为中华之崛起而读书》或者《辛亥革命》。

3. 小资料：1868 年，上海的租界当局建了一个外滩公园。公园建成后，租界当局就派巡警在公园门口看守，不准中国人入内。一天，虹口医院的几位医生想进入公园游玩，却被巡警强硬阻挡，不准他们进入。为此，他们向上海的租界当局提出抗议。几天后，租界当局回了一封信，只见上面冷冷地写道：“我们并不认为中国人有进入公园的权利。”许多中国人被激怒了，他们联名写信向租界当局提出抗议，反对洋人对中国人的歧视政策，但上海的租界当局根本不把中国人的抗议放在眼里，依然强硬地答复：“不准备给予中国人这项权利。”没有多久，在上海外滩公园的门口竟然挂出了这样一块刺目的牌子：“华人与狗不准入内！”

通过课前的观影，学生在感受文本时更能深刻体会到当时百姓生活的不易，也能够清楚地理解何为“为中华之崛起而读书”。可见，预习的重要性毋庸置疑，只有通过学生的原始阅读，教师才能把握课堂教学的内容，提高教学的有效性。

2. 先行组织者理论的教学点位

根据学生对新材料的熟悉程度，奥苏贝尔将先行组织者划分为陈述性组织者以及比较性组织者。陈述性组织者是“用于提供适当的类属者，它们与新的学习内容产生一种上位关系”，主要是说明学习材料的组织结构，提供适当的预备知识；比较性组织者主要说明“新知识与已有知识之间的联系”，可以帮助学生辨别新旧知识的异同，促进对新知识的学习，同时也深化对旧知识的理解。

根据这些组织者，我们可以在阅读教学的不同点位处进行有效的运用。

(1) 已有知识断层处。在阅读教学中，学生经常会遇到与先前学习的内容相断层的地方，阻碍了学生对文本的理解和感悟。这时，教师可以引入陈述性组织者，在新授知识与学生旧知断层的地方进行拓展延伸，为学生提供适当的预备知识，设计先行组织者。

《跑进家来的松鼠》(人教版六年级上册) 这篇文章与一般写小动物的文章有所不用，它介绍的不是小松鼠的外形、生活习性等，而是向读者展示了松鼠在作者家做了三件有趣的事情，表现了作者一家人对松鼠的喜爱之情，赞扬了人与动物和谐相处的美好场景。学生刚接触课文时，就停留在松鼠所做的三件趣事上，对于一家人对松鼠的爱不甚了解，于是在研读课文、悟写法、体会“喜爱”之情这一环节课堂教学中，笔者进行了这样的设计：

(1) 请同学们从课文中找出最能表达作者一家人对松鼠的喜爱的句子，用横线画下来。

①它整天满屋乱跑，在橱柜和架子上跳来跳去，动作灵活得惊人，从来没有碰掉过一样东西。

A. 抓住“整天”一词。

②有时，松鼠跳到我的肩上，用小嘴蹭我的脸，还轻轻咬我的耳朵，我想它是又想吃糖了。可我又上哪儿给它找去呢？

A. 抓住“我想”心理描写。

B. “蹭”动词。理解“蹭”字。联系生活，你经常蹭的都是哪些人？

③爸爸哈哈大笑，说："我怎么没想到这一点呢！咱们家的松鼠是在储备冬粮呢。森林里的松鼠到了秋天，就要开始储备冬粮。这是松鼠的天性，咱们的松鼠自然也不甘落后！"

A. 抓住父亲的神态和语言。联系上下文理解，爸爸为什么会哈哈大笑？

④过渡：有一天，这只可爱的小松鼠失踪了，作者一家人又是怎么样的？

出示：有一天，它干脆失踪了，哪儿也找不到。也许它跑到花园或森林里去了吧？我们心里空落落的。

A. 理解"空落落"的家人都会有怎样的反应呢？可从家人的心理、语言、神态、动作等方面来说。

没有了松鼠的满屋乱跑，奶奶不住地唠叨；

没有了松鼠的跳来蹦去，爸爸＿＿＿＿＿＿；

没有了松鼠的亲密撒娇，我＿＿＿＿＿＿。

B. 松鼠跑哪儿去了呢？

原来，松鼠把这些东西——手套、头巾叼到烟囱里给自己垫窝了。好在可爱的松鼠又回来了！

(2) 课文学到这里，同学们想一想，用哪个词来概括一下松鼠和作者一家人的关系？（和谐、友好、融洽）

(2) 已有知识相似处。在阅读教学中，尽管有些文本不同、语境不同，但是经常会遇到与之前所学知识相似的点。这时，教师可以抓住这个点进行拓展设计，帮助学生联系旧知识，设计先行组织者，一方面有益于学生接受新知；另一方面又让学生巩固所学的知识。

以部编版三年级上册《父亲、树林和鸟》为例，这篇文章在字词教学上的重点是能体会"幽深的雾蒙蒙的树林"等词语表达的丰富性，并进行语言实践。为了让学生更好地掌握好这类词语的表达形式，在课前游戏中，笔者进行了这样的设计：

游戏：观察“1+1”

（1）出示各种不同的图片和“（　）的（　）”这个词组，提醒学生从不同的角度来说，如颜色、形状，不要重复。

（2）出示（　）的（　），要求学生从两方面把这个图片说清楚。

有了这样的铺垫之后，在感受“雾蒙蒙的幽深的树林”“凝神静气的像树一般兀立的父亲”这两个词丰富性时，学生感悟得较好。附教学环节：

感受用词的丰富

父亲一次次地望、一遍遍地闻，这是一个怎样的树林？（幽深、雾蒙蒙的树林）

（1）指导朗读短语：雾蒙蒙的幽深的树林

（2）想象画面。读着读着，你仿佛看到了怎样的树林？

（3）齐读该句。

过渡：这个时候父亲是怎样的神态？

我茫茫然地望着凝神静气的像树一般兀立的父亲。

（1）理解：兀立。

（2）你看到了一个什么神态的父亲？

（3）指导读：凝神静气的像树一般兀立的父亲。

（4）巩固教学：同学们有没有发现这一句和上一句有一处写法很相似？

幽深的雾蒙蒙的树林 凝神静气的像树一般兀立的父亲。

（5）把两个形容词先后放在一起，句子表达的意思就更丰富了。我们也来试试：

出示练习：

（　）的（　）的大海（　）的（　）的公园。

(3) 已有知识相异处。语文教育学家魏书生曾经提出“语文知识树”的概念，语文“本体”知识是有层次之分的，正如树有主干、枝干和分杈的区别。处于同一主干不同枝干的知识有联系也有区别，这些知识点学生最易混淆也最不易掌握。

人教版四年级上册的《白鹅》和《白公鹅》都是描写白鹅的，但是文章的表现手法有异同之处。《白鹅》一文，作者丰子恺运用对比和反语的表现形式，围绕“鹅的高傲，更表现在它的叫声、步态和吃相中”这句话，写出了鹅的高傲；《白公鹅》一文，作者则从白鹅的步态和平时的活动写出了鹅的高傲。通过两篇文章的比较学习，两位作家不同的语言风格跃然纸上，也丰富了学生的语言积累。

奥苏贝尔先行组织者理论非常重视学生的已有知识，教师只有深入了解学情，了解学生的已知，才能让组织者得以更好地应用。语文阅读教学是一种融能力、知识和情感于一体的感悟过程，在教学中不仅仅是知识的学习，更应该关注学生的情感变化和能力提升。教师通过精心设计组织者，那么先行组织者理论下的语文阅读教学能激发学生的求知欲，鼓励学生自主体验，通过言语的实践、审美的体验等有效提高学生的阅读能力。

参考文献

[1] 陈琦，刘儒德主编 . 教育心理学 [M]. 北京：高等教育出版社，2005.

[2] 施良方 . 学习论 [M]. 北京：人民教育出版社，1994.

[3] 张连云 . 奥苏贝尔的“先行组织者”教学理论述评 [J]. 科教文汇，2006(9)：34.

[4] 杨立文，刘铁牛 . 阅读教学中“先行组织者”之运用 [J]. 湖南教育：语文教师，2007(12)：17-18.

[5] 王洪玉 . 试析奥苏贝尔的学习理论及其启示 [J]. 教学研究，2005(4)：291-293.

（作者单位：舟山小学　顾燕芳）

引导第二学段学生解读课文的教学策略与实施方法

在新课改的大背景下，小学语文教学中非常注重对学生阅读能力的培养。部编版教材的使用更加明确了阅读教学在语文教学中的重要性。它是打好学生文学素养的基石，也将为学生的理解能力和创造能力打下基础。《义务教育语文课程标准(2011 版)》也分别对第一学段、第二学段和第三学段的学生提出了逐步提升的阅读要求。因而，如何在已有经验的基础上进一步有效展开阅读教学成为小学语文教师所面临的一个新挑战。近年来，笔者尝试将问题连续体理论在日常阅读教学中进行整合性运用，意图借这一经典理论的再运用，从问题解决角度提升阅读教学效率。

一、理论简介

美国亚利桑那大学的梅克教授运用多元智能理论，18 年来在美国等世界 30 多个国家和地区开展了“发现”(Discover) 项目实验，创立了以开发学生潜能为目标的“问题体系”。这个体系以问题为中心，以方法为中介，以答案为结果，根据学生的智力发展水平构建了五个层次的教学结构，揭示了五种类型的问题解决情境对于开发学生潜能的功能作用。“问题解决”教学已经成为各国各科教学改革的一个重要策略，更多地用于发展学生思维、探索、创新、实践等能力。

问题连续体理论把问题按解决该问题所需的创造性的程度

来划分等级，即从教师和学生两方面，就问题本身、解决问题的方法和答案这三个维度的已知或未知状况，或从问题、方法、答案是唯一的、系列的还是开放的这些不同层次，把问题分为五个类型：单一性问题、再现性问题、引导性问题、参与性问题和开放性问题。

从问题的性质看，第一类型的问题为单一性问题，基本是事实水平的问题，通常是以了解个别范例的事实为目标，要求学生在对事实进行感知的基础上解决问题；第二类型的问题为再现性问题，仍然是事实水平的问题，但需进行必要的推理等思维活动方能解决问题；第三类型的问题为引导性问题，是以形成概念、掌握规律或原理为目标，注意引导学生从个别扩展到“类”，再从“类”把握其背后的规律，学生不需要完成抽象概括的过程，而是要完成从系统化到具体化的过程；第四类问题为参与性问题，运用所掌握的概念、规律或原理，把握该“范例”的上位主题，解决以主题范围内的定向问题为目的，引导学生发散思维，主动参与，互动合作，解决问题；第五类问题为开放性问题，在主题范围内自行发现与主题相关的综合性问题，自行提出解决方案，解决问题，要求学生不仅提高解决真实问题的能力和创造性，同时要实现对人、对世界的态度、情感和价值观。

从问题的结构看，第一类问题是完全封闭和收敛的，而第五类问题是完全开放和综合的，其他问题都处于这两个极端之间，出现系列的、连续的状态，而不是相互隔绝、彼此独立的。

从解决问题的方法看，第一类问题仅有一种方法，而第五类问题有无限种方法，在这两个极端之间，解决问题的方法从一种到多种，再到无限种，呈现出多样性和开放性。

从问题的结论看，第一类问题有着单一正确的结论，第五类问题通常是非常开放的，以至于也许有无数个可能的结论或根本就没有正确的结论，具有高度的主观性。对问题连续体来说，解决问题的结论也从一元到多元呈现出多样性与开放性。

二、理论的运用

在平时的阅读课堂上，这样的情况可能并不少见：教师提出一个问题，全班同学一起回答。这样的师生问答看似非常热闹，学生参与度高，课堂效果好。事实上，随波逐流、人云亦云的现象众多，多数学生的思维并未得到真正的发展与提升。而许多教师设计的问题往往会有不少属于同一阶段，问题的层次性和连续性不明显，对学生思维能力的培养和训练收效甚微。鉴于上述这种情况，我们借用问题连续体理论进行阅读教学创新尝试。

(一) 教学内容的选择

正如每一个学生都有其鲜明的个性特点一样，并不是所有的阅读都要借助问题连续性理论进行教学。因而，在教学内容的选择上，我们进行了尝试与探索。我们发现，第一学段的阅读教学需要借助该理论的内容不多。在第二学段和第三学段，该理论所发挥的作用是较为有效和显著的，其主要原因在于，这两个学段对学生的概括能力、分析能力、抽象能力、应用能力及创新能力等要求远远高于第一学段。

在选择教学内容的过程中，建议教师依据教材的特点及学生的接受能力确定学生需要掌握的知识与技能。根据单元教学要求、课文特点、阅读提示、课后练习及量力性原则确定必须学习的知识点。由于笔者当时正担任三年级某班的语文老师，就把目标锁定在三年级语文教材中，在此挑选了三篇课文进行呈现:《搭船的鸟》《剃头大师》《父亲、树林和鸟》。

(二)教学内容的分析

在进行课文内容的教学之前，对文本进行分析解读是每一位教师必不可少的功课。下面就对这三篇文章进行简要的分析。

1.《搭船的鸟》

本篇课文以小孩子的视角来写他在大自然中所看到的景象，充满童趣，让人印象深刻。文章通过对鸟的外形特点的细致描写以及精准捕鱼的动作描写，加深了小作者对这只鸟的印象。结尾处，小作者又通过母亲知道了这只鸟的名字——翠鸟，更加喜爱它了。

2.《剃头大师》

本篇课文选自秦文君的小说《调皮的日子》，主要记叙了“我”在表弟小沙的央求下，自诩“剃头大师”，为他剃头发的有趣过程。文笔活泼，童真溢满。作为童年趣事，这篇课文贴近学生的生活，更能唤起他们的许多相关经验与记忆，从而发散思维。

3.《父亲、树林和鸟》

本篇课文通过描写父亲对树林里的鸟的认真观察过程以及父亲和“我”的对话，让我们了解到父亲通过看树林里的动静、闻树林里的气味就知道文中有鸟，还知道鸟儿什么时候爱唱歌，什么时候最容易受伤害，让读者感受到人与鸟之间的亲密无间，领略人与自然之间的和谐与融洽。

这三篇课文主题、写法各不相同，但也有其共同点：文章具有可读性，且存在让学生思考与发散思维的空间，能在一定程度上调动他们的阅读热情与思考的积极性。对于这样的课文，教师在进行阅读教学过程中，将其与“问题连续体”理论结合使用，一定会收获意想不到的效果。

(三) 理论运用的尝试

1. 接触单一问题，了解文章内容

学习一篇文章，对于文章主要内容有所了解是基本要求。三年级的学生正处于一个从第一学段向第二学段过渡的阶段，这一阶段的学生在文章主要内容的把握上仍有所欠缺，需要教师帮扶引导。

(1)《搭船的鸟》主要内容把握。学习这篇文章伊始，笔者借助让学生自主提问的方式进入课文的学习，让他们自行对文本有一个大致了解。

师：同学们，今天我们来学习一篇新的课文《搭船的鸟》。看到课文的题目，你有什么想提问的吗？

生：这只搭船的鸟是什么鸟？

生：这只鸟为什么要搭我们的船？

生：鸟会飞，它怎么还要搭船？

……

师：同学们的问题很多，有些问题我们可以在文中直接找到答案，有些问题就需要我们细细读一读课文。

师：在初步读了课文之后，谁来说一说这篇课文讲了一件什么事吗？你可以借助“什么时候，谁或什么在干什么”的句式说一说。

(在说的过程中，笔者允许学生之间互相补充，这也是一个学习的过程。)

师：在同学们的共同努力下，我们大概了解了这篇课文讲的是“我”和母亲坐船去乡下外祖父家时，一只翠鸟搭我们的船捕鱼吃的事情。

（2）《剃头大师》主要内容把握。这篇课文是三篇例文里字数最多的一篇。在学习这篇课文时，笔者采取让学生多读几遍的方式让他们熟悉文本。这样就能为接下来课文的进一步学习降低一些难度。但是这篇文章写了两件事，到底哪一件事才是我们真正需要概括的内容呢？这就需要我们引导学生一起去发现了。

师：这篇课文主要讲了一件什么事？请你多读几遍课文，也许就能从文中发现。

（学生反复读课文）

生：这篇课文讲了剃头老师傅给小沙剃头的事。

生：这篇文章讲了“我”给表弟小沙剃头的事。

师：看来同学们有不同意见。那么我们一起来看看课文。事实上，这篇课文一共讲了几件事？

生：一共讲了两件事。

师：没错。那老师再问问大家，哪件事情更重要一些呢？

生：“我”给小沙剃头。因为写这件事的字数多。

师：你真会发现，文章的详略都被你看出来了。那么，同学们，这篇课文“主要”讲了一件什么事呢？注意老师说的“主要”。

生：主要讲了“我”给表弟小沙剃头的事。

（3）《父亲、树林和鸟》主要内容把握。这篇文章虽然篇幅不长，但是对于三年级的学生来说，这篇文章是三篇里面最难把握的一篇。对于文章主要内容的把握，笔者从引导学生发现题目的与众不同入手，并提醒学生可以借助课文中的插图和“谁？去了哪里？做了什么？”的句式概括。

师：这节课我们来学习《父亲、树林和鸟》，看了这个题目，你有什么发现？

生：这篇课文的题目跟别的课文不太一样。

师：哪里不一样？

生：这篇课文的题目中出现了三个人或事物，别的课文一般是一个。

师：你的眼睛真亮，那说明这三个之间存在着不可分割的联系啊！你们能在题目的帮助下，说一说这篇课文主要讲了一件什么事吗？

生：……

师：可能有点儿难度，同学们可以请我们的老朋友帮忙。看老师给出句式："谁？去了哪里？做了什么？"你也可以借助课文插图来帮你概括文章主要内容。

（学生思考……）

生：课文主要讲了父亲带"我"去树林边，告诉"我"许多关于鸟的事情。

2. 解决再现问题，把握文章思路

整体感知了课文主要内容后，教师可以引导学生逐步对文章内容进行分析与理解，理解作者的写作思路，从而内化为自己的知识，便于以后在写作文时进行方法的运用。再现性问题看似和单一性问题一样，但实际教学过程中，需要发挥教师的智慧，设置的问题需要比第一类问题稍有难度。

（1）《搭船的鸟》写作思路分析。这篇课文的写作思路非常清晰，教师稍一点拨，学生就能发现，并进行深入发掘。在师生交流过程中，教师不但要引导学生发现，更要引导学生举一反三。

师：在《搭船的鸟》这篇课文中，作者的写作思路非常清晰有条理。第一自然段交代了事情的起因，接下来文章又分别从哪几个方面描写了这只鸟？

生：分别从翠鸟的样子和它捕鱼时的动作描写了翠鸟。

师：说得很详细，有不同意见吗？

生：我觉得是从三方面描写了翠鸟。翠鸟的样子、“我”对翠鸟产生的疑问和它捕鱼时的动作这三方面。

师：好像有点儿道理，我们一起来看看。翠鸟的样子和它捕鱼时的动作是大家都同意的，那么“我”对翠鸟产生的疑问是描写翠鸟的吗？

生：我觉得不是，这只是“我”对它的好奇。

师：是的，既然是描写，那么翠鸟才应该是主角。在第三自然段中，则是通过“我”对它的好奇来提到它，不是直接写翠鸟的。那么我们再来仔细看看，文章分别是怎么来写翠鸟的样子和它捕鱼时的动作的呢？

生：写翠鸟的样子时用到了很多表示颜色的词语，还写到了它的羽毛、翅膀和长嘴。

师：你真会阅读！那么我们在平时的写作中，遇到描写动物的文章时，也可以通过写动物的身体部位和各部分的颜色来描写。继续说说捕鱼时的动作。

生：写捕鱼时的动作则是通过很多动词来写的。

(2)《剃头大师》故事情节展开。一个有趣的故事之所以让人印象深刻，就是因为里面的故事情节有意思，能够吸引读者。在《剃头大师》一文中，“我”给表弟小沙剃头的过程就是这样一个能够深深吸引读者的有趣情节。

师：谁来说说，读了课文，最让你印象深刻的是哪个情节？为什么？

生：最让我印象深刻的是“我”给小沙剃头的情节。因为在“我”给小沙剃头的过程中用到了很多动作描写、语言描写和心理描写，都非常有趣。

师：能把你觉得最有趣的句子读给大家听一听吗?

生：我觉得自己像个剃头大师，剪刀所到之处，头发纷纷飘落，真比那老剃头师父还熟练。这儿一剪刀，那儿一剪刀，不一会儿，姑父的睡衣就像一张熊皮，上面落满了黑头发。

师：真有趣，谁还有不同的想法的?

生：我觉得老师傅给小沙剃头也很有意思，也用到了很多动作描写。

师：那你来读读你觉得特别有意思的地方。

生：最痛苦的是，老师傅习惯用一把老掉牙的推剪，它常常会咬住一缕头发不放，让小沙吃尽苦头。这还不算，老师傅眼神差了点儿，总把碎头发掉在小沙脖子里，痒得小沙哧哧笑。你想想，这一会儿痛一会儿痒的，跟受刑一样。

(3)《父亲、树林和鸟》父子对话把握。这篇课文脉络清晰，主要是以父子之间的对话展开，父亲像一本百科全书一样将他脑海里关于鸟的内容娓娓道来。在父子对话中，不仅“我”知道了不少关于鸟的事情，读者也知道了不少关于鸟的事情。

3. 紧跟引导问题，分析文章词句

其实，一篇课文就像一棵大树，看清了它的主要枝干，就可以慢慢认识和欣赏树上的每一片树叶，阅读教学也是如此。但是对于三年级的学生而言，自主自发地进行分析文章词句显然还太难，这就需要教师在阅读教学过程中设置一系列的引导性问题，激发学生的思考，之后便可以采用由扶到放的方法进行教学。这样，教师的教学目的达到了，学生的课堂知识学到了，思维也打开了，一举两得。

(1)《搭船的鸟》的细致外形描写和精准动词使用。

师：细看文章的题目“搭船的鸟”，为什么课文中要用“搭”字，而不用“坐、乘”这种意思相近的字呢?

生："坐、乘"是人的动作，鸟不能用。

生：翠鸟就是简单地在我们船上停一下，也没有走到船舱里去，所以用"搭"比较好。

……

师：请看黑板，对比这两句话，看一看哪一句话写得更好？说说你的理由。

(1) 我看见一只彩色的小鸟站在船头，多么美丽啊！它的羽毛是翠绿的，翅膀带着一些蓝色，比鹦鹉还漂亮。它还有一张红色的长嘴。 (2) 我看见一只彩色的小鸟站在船头，多么美丽啊！它长着绿色的羽毛，蓝色的翅膀，红色的长嘴。

生：第一句写得更好。因为第一句描写羽毛的时候用的是"翠绿"，第二句用的是"绿色"，"翠绿"要比"绿色"更好看。

生：我也觉得是第一句写得更好。第一句中"翅膀带着一些蓝色"说明翅膀不是全部蓝色，可能就是翅膀尖上有点儿蓝色。但是第二句说"蓝色的翅膀"，说得好像翅膀全部是蓝的，第一句描写比第二句准确。

生：我也觉得是第一句写得更好。因为第一句里面有跟鹦鹉的对比，第二句没有。

师：是啊，鹦鹉已经够漂亮的了，但是翠鸟竟然比鹦鹉还要漂亮，难怪说它"多么美丽啊！"同学们，大家都觉得第一句要比第二句好，因为第一句的用词更准确，还有对比。那么，我们在描写一种事物的时候，也要做到用词准确，最好还能来个对比，那么你的文章一定会很出彩。

(2)《剃头大师》人物对话、心理活动呈现。

师：刚才大多数同学都对“我”给小沙剃头这一情节印象深刻，那么接下来我们仔细看看这有趣的剃头情节吧。刚才同学提到了一些描写方法，谁再来回忆一下？

生：有动作描写、语言描写和心理描写。

师：那咱们就一一展开看看，有这些描写的句子，能让我们读出什么不一样的东西来。(课件呈现，动作描写、语言描写和心理描写各展示一处)

> 小沙坐在凳子上，看我找出剪刀，才有些慌，说：“别剪破耳朵，你得发誓!”

师：这是小沙的话。从他的话里面，你们能读出些什么呢？

生：小沙很紧张。

生：小沙怕自己的耳朵被剪破。

生：小沙本来不紧张，看到“我”拿着剪刀才紧张。

师：你们都很会读书，分析得很仔细。

> 很快，我就发现自己闯了祸。因为这样随意乱剪，头发长长短短，这儿翘起，那儿却短得不到一厘米。

生：这是“我”的心理描写。“我”发现自己把小沙的头发剪坏了，心里很紧张。

> 我觉得自己像个剃头大师，剪刀所到之处，头发纷纷飘落，真比那老剃头师父还熟练。这儿一剪刀，那儿一剪刀，不一会儿，姑父的睡衣就像一张熊皮，上面落满了黑头发。

生：这是“我”的动作描写。写出了“我”给小沙剪头发时动作很随意。

生：这里还有一个比喻，把姑父落满黑头发的睡衣比作一张熊皮，更加有趣。

(3)《父亲、树林和鸟》体会父亲的知鸟、爱鸟。

师：学习了课文，你们觉得父亲是一个怎样的人？

生：父亲是一个很了解鸟的人。

师：你从文中什么地方发现父亲是一个很了解鸟的人？

生：父亲知道很多关于鸟的事情。他知道鸟什么时候唱歌，什么时候最容易被猎人打中。

生：父亲能通过闻气味知道有鸟。

师：还有补充的吗？

生：父亲是一个爱鸟的人。因为他看到树林和鸟快活，自己也感到很快活。

生：父亲能从浓浓的苦苦的草木气息中闻到鸟味，“我”却闻不出来，也可以看出父亲很爱鸟。

师：父亲对鸟的事情非常了解，又能在几乎听不见声音的树林中闻出鸟味来，可见父亲是真的知鸟、爱鸟。

4. 积极参与问题，理解作者情感

参与性问题往往是最受学生欢迎的问题，尤其那些跟学生已有生活经验和认知相近的文章，他们在学习的过程中更容易产生共鸣，对这一类问题的参与度与思考也会更加积极认真，对于作者的情感常常能够更好地理解并感同身受。正因如此，教师在设计此类问题的过程中也要更加注意，既要关注文本内容的要点，又要关注学情，这样可以收到更好的效果。

(1) 作者喜爱“搭船的鸟”。通过文章的学习，学生从作者对翠鸟那么细致的描写中感受到了他对翠鸟的喜爱之情。不少学生在家也养过小动物，人对动物的感情是他们比较熟悉的感情之一。既然本文也是表达了孩子对小动物的喜爱，那就让他们各抒己见，来说说自己是从哪些地方感受到作者的这种感情的。

师：你们都说文章表现了作者对翠鸟的喜爱之情，那么请问你们从哪些地方感受到作者的感情的，能不能具体说说？

生：我从作者对翠鸟细致的外形描写中感受到作者的感情。因为翠鸟这么美丽，不仅作者喜欢，我也喜欢。而且作者描写得这么仔细，说明他观察得也很仔细，如果作者不喜爱翠鸟，是不会观察得那么仔细的。

生：我从第三自然段感受到作者对翠鸟的喜爱。第三自然段一连用了三个问号，说明“我”对这只小鸟非常好奇，所以产生了很多疑问。

师：你观察得很仔细，这里连续三个问号，也说明了“我”想多了解一些这只小鸟，确实也能说明作者对翠鸟的喜爱。

生：我从翠鸟捕鱼的动作中感受到作者对翠鸟的喜爱。翠鸟捕鱼动作敏捷、本领高，所以“我”很喜欢它。

……

(2) 作者调侃“剃头大师”。

师：同学们，什么样的人可以称为“大师”？

生：本领很高的人。

师：课文的题目叫《剃头大师》，但是文中好像没有出现剃头本领很高的人。

生：请大家看第12自然段，“我觉得自己像个剃头大师”。这里的“剃头大师”是作者自己的感觉，并不是他成了真正的剃头大师。

师：那课文为什么要用“剃头大师”作为题目呢？和同学交流一下你的看法吧！（课后题第三题）

生：因为这是假的“剃头大师”，不是真的剃头大师，用“剃头大师”作为题目，可以引起读者的阅读兴趣。

师：是啊，这是作者对自己的一种调侃，这么有意思的文章，让我们再来读一读。

(3) 作者理解了“父亲、树林和鸟”。

师：作者为什么说“我真高兴，父亲不是猎人?”

生：父亲很了解鸟儿，但是却不去伤害鸟儿。如果换作猎人，像父亲一样这么了解鸟，鸟儿肯定都被猎人打光了。“我”的父亲是个真正的爱鸟人，所以，“我”为他感到骄傲。

师：是的，“我”为父亲感到骄傲，也说明了“我”理解了父亲，理解了他热爱这片树林和树林中鸟儿的感情。

5. 自主开放问题，感受文章态度

自主开放类问题，说来简单，因为可以自由发表自己的看法和观点；说来也难，观点要言之有理，还不能偏离文本，随意发挥。这类问题的提问方式多为“对于……你是怎么理解的”“请你就……这句话说说你的观点”等。这类问题更多考查的是学生的理解运用能力，体现问题的多样性和开放性。在阅读教学过程中，这一类问题的答案往往多种多样，学生们各抒己见，正如“一千个读者就有一千个哈姆雷特”一般。以课文《父亲、树林和鸟》为例：

课件出示课后第二题的最后一题：

父亲曾经是个猎人。你同意这句话吗？说说你的理由。

师：同学们可以发表自己的观点，言之有理即可。

生：我不同意这句话。因为父亲这么爱鸟，课文第 10 自然段中，他在跟“我”说话的时候“生怕惊动鸟”；课文第 19 自然段中，父亲看到树林和鸟快活，自己也很快活，这样一个爱鸟的人怎么可能曾经是个猎人呢?

生：我也不同意这句话，父亲这么了解鸟，说明他可能是个鸟类研究专家，不一定会是猎人。

师：说得有道理，有不同意见吗?

生：我同意这句话。父亲可能曾经是个猎人，他为了捕鸟，把鸟的习性了解得清清楚楚，但是他后来意识到自己捕了太多的鸟，做法是不对的，所以改邪归正了。

……

师：同学们各有各的道理，父亲是个改邪归正的老猎人也好，是个精通鸟类知识的专家也好，至少现在，父亲是个知鸟、爱鸟的好人。

问题连续体理论在教学过程中的运用不是独立进行的，它的每一类问题都是互相联系、共同存在的。我们在借助该理论进行教学的过程中，可以借助该理论引导学生进行文本的梳理，引导学生对文本进行探讨并产生新的认知。因为阅读教学的目的不仅是让学生学会理解分析，更重要的是让他们学会运用，并自发地喜爱阅读，从而为他们文学素养的养成奠定基础。

我国著名教育家陶行知先生曾经说过："我们要教人，不但要教人知其然，更要教人知其所以然。"在运用问题连续体理论指导阅读的教学中，通过问题的层层建立与分析解决，学生不但"知其然"，而且学会了"知其所以然"。在此基础上，相信学生可以举一反三，逐渐学会自主学习、自主探究，完成知识与能力的习得。学生通过问题连续体理论教学的引导，对阅读学习有了一个全新的且更有条理层次的了解，从而更加喜欢阅读，这也是我们在问题连续体教学理念的引导下所要努力的方向。

参考文献

付煜 .“问题连续体”理论及其在阅读教学中的应用研究 [J]. 教育评论，2018(2)：125–129.

（作者单位：舟山小学　何芳婷）

阅读教学中图式理论的再实践研究

阅读教学是小学语文教学中的一个重要环节，是学生语文素养锻造的一个重要载体。在新课程实施后，小学语文阅读教学虽然发生了很大的转变，但是仍然有很多教师“穿新鞋走老路”“花时多收效微”。细细推究，其原因主要还是教师“舍不得”放手，觉得“对不起学生”“会错过知识点”。往往是围绕课文分析内容，理解重点句，概括中心，关注写法……皆面面俱到；看看这句重点要讲，拎拎那句也不能丢弃，絮絮叨叨，反反复复。此类“阅读老师会讲解，作业老师会对照，重难点老师会罗列”的“灌输式”教学使学生渐渐养成了主观懈怠的思想，导致学生对这篇课文的理解很透彻，换到另一篇课文又无从下手，语文学习也成了“只见树木不见森林”的过程。

其实，比起单一知识的学习，学生更渴望的是学法的掌握。接下来，笔者以自己的实践来谈谈传统经典理论——图式理论在语文阅读教学中的运用，将教学目光不仅仅执着于课堂，更融入大语文观的阅读教学理念，从而让学生会阅读、乐阅读，这样的教学有着积极的现实意义。

一、理论简介

图式理论最早是认知心理学家用于解释理解心理过程的一种理论。图式起源于康德的认识二元论，即把认知分为感性知识和理性知识两个重要来源。1781 年，康德在自己的著作《纯推理批评》中指出:“新的概念只有同人们已有的知识建立关系,才会变得有意义。”从而提出了“图式”的想法。后来,心理学家巴特利特等人发展了该理论,使之成为现代认知心理学的图式理论。巴特利特把“图式”描述成“一种积极的发展模式”,并由此提出了研究阅读心理的图式概念。他认为,图式可用于语言理解中,读者借助记忆中激活的知识结构来填补文本中未表述出的细节内容,从而达到阅读理解的目的。

然而,图式理论真正受到重视还是近二三十年的事。国外研究者对“图式”都提出了自己的见解。皮尔逊认为,图式是“人们听到或读到某些信息时在脑海中产生的景象或联想”。威多森认为,图式是已知事物或信息存储于头脑中的知识结构。鲁姆哈特也有类似的观点,即“图式是人们所有一般知识的总和”“每个人都把各种图式或知识存储于大脑中”。他把图式称为以等级层次形式储存于长时记忆中的一组“相互作用的知识结构”或“构成认知能力的建筑砖块”。

图式理论认为,人们在理解新事物时,需将新事物与已知的概念或经历(即背景知识)联系起来。根据心理学关于信息加工的原理,外部输入的信息经过编码整理后成为人脑可以接受的形式汇入大脑的长时记忆中,并储存起来。通过编码形成的具体形式即各个具体的图式,它们成为图式网络中的各个不同节点,在信息加工过程中,起到对输入信息进行组织(编码)和匹配的作用。比如说,当我们看到一个关于在商场购物的标题,我们就会启动相应的图式,头脑中就会出现有关商场和琳琅满目的商品的图式。由此,我们对文章就有了一个预期,这将对理解文章带来很大的帮助。相反,如果文章所涉及的内容对我们来说很陌生,尽管文字上没有障碍,但是理解上仍会有困难,说明我们的头脑中没有相应的图式,也就是记忆中没有相应的经历，因此对文章不能产生预期。由此可见，图式实际上就是个体经验在记忆中的储存方式，或者说是客观事物的表征形式。

二、图式理论在阅读教学中的应用

图式理论的发展为小学语文阅读教学研究提供了重要的理论基础。所有这些理论和发现表明，读者的背景知识在阅读中起着关键作用。大卫·纽南认为，图式理论的依据是过去的经历在我们头脑中构成一个框架，这种框架帮助我们理解新的经历。他认为，图式理论的基本原则是文本本身没有意义，它们只是给读者提供指示、线索来重现作者的最初意图。因此，阅读是读者和文本之间的交互过程，这一过程要求读者把文本提供的线索与他自己的背景知识联系起来。除了对语言的基本解码技能，读者必须把自己所知道的有关文本主题的内容，即背景知识，运用于阅读理解过程中。这些知识和文本中的信息相互作用，促使读者理解文本内容。

阅读也是一样。有效的阅读教学能够通过一篇课文一个教学环节的学习，实现阅读方法的迁移，举一反三地进行同一主题的课文学习，或者通过一篇课文的学习，实现一本课外阅读的阅读。故此，在阅读教学中运用图式理论非常值得探究。

（一）阅读教学前要注重知识背景的有意增加铺垫

从图式的作用来看，学生掌握的知识越多，积累的经验在头脑越丰富，对事物的兴趣越高，理解就越容易。所以，在运用图式理论开展教学之前，教师首先要引导学生多阅读一些课外书籍，多看看电视，多参加活动，还要多出去看看外面的大千世界，拓展自己的知识面，增长自己的见识，这样对于学生的阅读是很有帮助的。

1. 增加阅读量

博览群书是一件非常有意义和价值的事，教师要有意识地引导学生多阅读，包括文学类、地理类、历史类、人物传记类等书籍，增加学生的知识库存。比如，学习统编版四年级上册第5课《一个豆荚里的五粒豆》，如果学生前期读过很多童话故事，那他就会对童话有深刻的理解（童话一般是通过丰富的想象和幻想，运用夸张、拟人化的手法来表现真善美），也就不难理解这篇课文是在赞扬第五粒掉进长满青苔的裂缝中也顽强地发芽、长叶、开花的豆子，是它给窗子里躺着的一个生病女孩带来了快乐和生机。如果学生读过人物传记《安徒生》，那对这篇课文的理解就会更深刻了，就像学过《丑小鸭》一样，那这粒掉进长满青苔裂缝中的豆子就像安徒生14岁那年走出自己的故乡欧登塞，来到首都哥本哈根，在经历几年背井离乡的生活困苦，后在一个连身子都站不直的阁楼坚持写作。他以自己顽强的毅力给穷苦孩子的悲惨生活带去一点儿温暖，让他们受到一点儿教育，使他们热爱生活、美和真理。

2. 增长见识

教师还可以引导孩子多看看新闻，多看看《动物世界》《国家地理》类似的科普类、体育类节目。有条件的多参加研学活动，多出去走走，看看外面的世界，所谓的“行万里路，读万卷书”。如此一来，学生的学习就不会只停留在读背层面，还会有更浓厚的兴趣与更深的理解。像学习陈子昂的《登幽州台歌》：“前不见古人，后不见来者。念天地之悠悠，独怆然而涕下”这一首古诗。根据教参“幽州台”这样介绍的：古十二州之一，现今北京市。幽州台即黄金台，又称蓟北楼，故址在今北京市大兴，是燕昭王为招纳天下贤士而建。对于此简介，很多学生可能只是听过，顶多是学生知道在北京，稍稍感兴趣一点儿的就因为北京是我国的首都。但是如果学生曾经去北京旅游过，而且亲自登上过幽州台，那他对幽州台就自然有了更深的了解，对这首古诗的阅读理解就会更感兴趣。就如古诗，每一首都是诗人所见、所闻、所感的写照，凡是那些千古流传的诗词一般都能反映时代的特点，像《登幽州台歌》这样雄壮的绝唱就可见一斑。

(二) 阅读教学要巧用图式理论激发学生自主学习兴趣

在语文阅读教学中，运用图式理论，能够将冗长的知识结构化、规范化，在学生的头脑中建立系统的知识体系。魏书生曾经引导学生画过一棵“语文知识树”，即语文知识结构图。将初中语文知识比喻成一棵树，这棵树有四个主干，代表教材中四个方面的语文知识，包括基础知识、文言文知识、文学常识、阅读与写作知识，这是第一层分类。四个主干上又生出很多中枝，代表语文的第二层分类，如“基础知识”主干上分出八个中枝，分别代表语音、文字、词汇、句子、语法、修辞、逻辑、标点。“语文知识树”极像今天推崇的思维导图，其实教学一篇课文也是一样，一篇课文的学习就是要抓住字词识记理解、整体感知、重点句段品读、主题思想的概括、表达方法揣摩、同类主题的拓展等。不仅“授之以鱼”，更重要的是经过不同内容、不同体裁、多维度的训练“授之以渔”。下面就以课文教学为例，浅析图式理论在阅读教学中的运用，以此激发学生自主学习的兴趣，提升效果。

1. 借“图”解“文”，发展思维的整体性

小学阶段是直观形象思维向抽象逻辑思维发展的重要时期，故教学不是简单的知识灌输，而是要进入思维，学习也不能只在形象，更多的可以运用图式理论加以知识的建构。比如，

在教学统编版四年级上册《梅兰芳蓄须》这一课时，利用一连串长方格把每部分内容概括出来，再连起来概括课文的主要内容（见图1）。

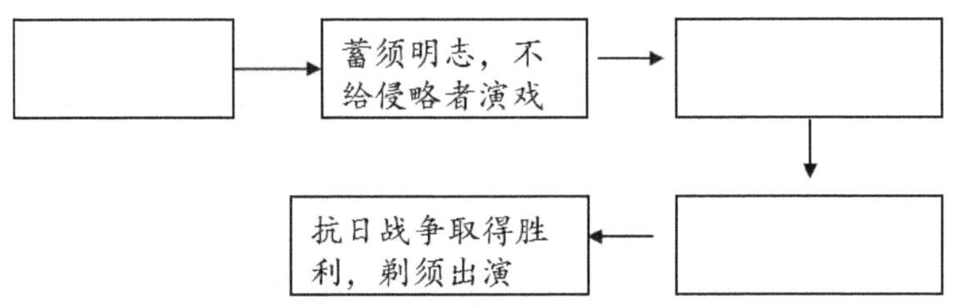

图1 《梅兰芳蓄须》教学

然后，归纳填这一图式的方法，有的可以找总起句的关键词，有的可以找过渡句中的关键词，有时则要抓住段落中的关键词自己进行概括。再教给学生概括主要内容的方法，就是把这些段落的主要意思连接起来，运用段意串联法，用自己的语言进行有机组合。这样，课文的主要内容概括出来了，这也意味着学生整体上把握了文章内容。在接下来的课文学习中，需要有目的地持续训练，隔段时间再继续加强，螺旋式上升教学，这样，学生基本上能把握文章的主要内容的概括方法了。

教学不是知识的传递，而是知识的处理和转化，因此对于借用图式，在教学中，教师要引导学生从原有的知识经验中主动建构起新的知识经验。直观明了，学生易于理解，比单一的讲解有效。

2. 依“图”述“事”，发展思维的条理性

工作、做事和学习都要有条理性，这是我们经常听到的话语，它是一种状态。条理泛指事物的规矩性，条条是理（讲究章法、法则），条条是道（讲道理）。有条理性会让我们更好地进行学习，更好地完成学习任务，会让学习变得清晰明了、不混乱。

在教学课文《普罗米修斯》时，边教学边根据学生的回答把示意图（见图2）填写完整，讲完课文后，再要求学生按这个示意图上填的顺序讲讲普罗米修斯盗火的故事，既锻炼学生概括小标题的能力，又让学生根据这个顺序厘清普罗米修斯盗火的过程并复述故事，发展了思维的条理性。

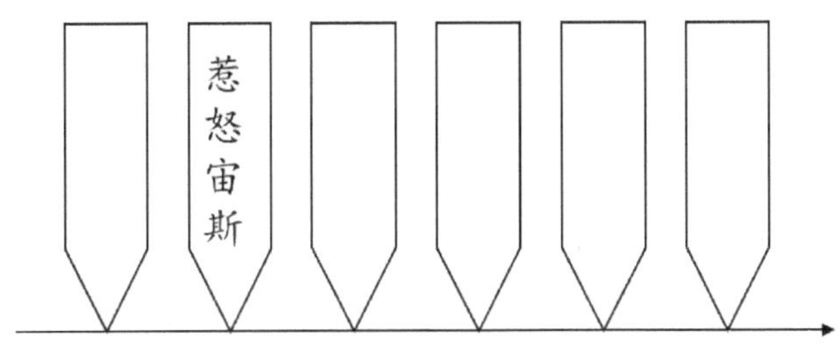

图2 《普罗米修斯》教学

在教学《一个豆荚里的五粒豆》这一课时，根据课文特点，设计表格或图式（见图3）把课文内容概括出来了，以厘清文本中五粒豆的命运。再根据这个表格讲讲五粒豆的故事，这样为学生复述课文提供了思维的路线，发展了学生思维的条理性。

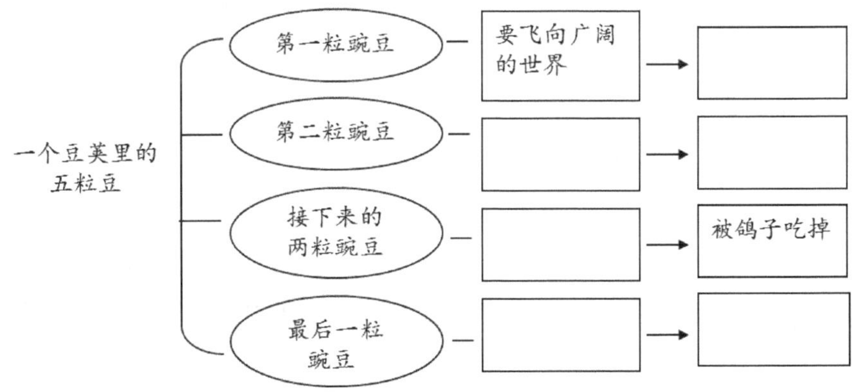

图3 《一个豆荚里的五粒豆》教学

3. 据“图”品“言”，发展思维的深刻性

利用图式探索文本的写法，文章表达的情感可以有效地解决在阅读学习中“只见树木不见森林”的问题，有助于促进学

生的思维由表及里，由浅入深，发展学生思维的深刻性。比如，在学习统编版四年级上册第18课《麻雀》这篇课文时，《语文课堂作业本》设计了这样一道题：面对凶猛的猎狗，老麻雀表现得勇敢无畏，作者是怎么写的呢？照样子填一填（见图4）。

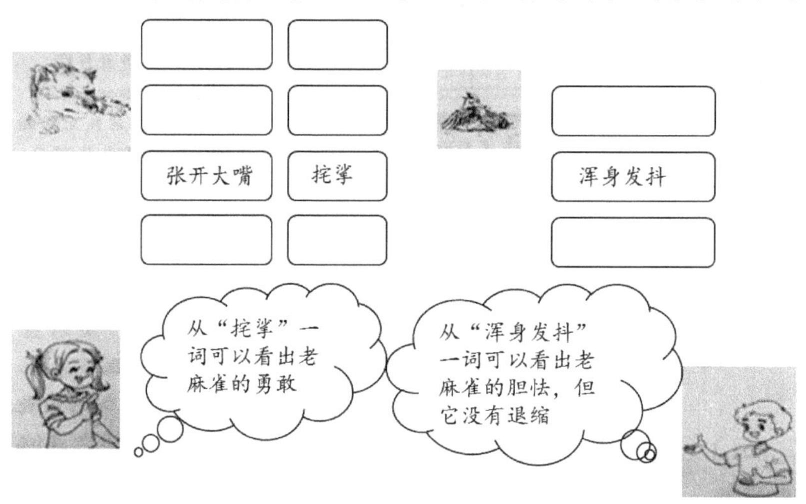

图4 《麻雀》教学

先让学生在了解课文的基础上根据表格的提示填写好，然后继续引导学生体味：从“挓挲”一词可以看出老麻雀的勇敢；从“浑身发抖”一词可以看出其实老麻雀也很害怕猎狗的袭击，但是作为一个母亲，它要保护自己的孩子，它用对自己孩子的爱战胜内心的胆怯，没有退缩等。通过关键词感悟老麻雀对小麻雀伟大的母爱。这样，通过学习，将繁复的文章内容转化为简洁的学习图式，让学生的学习思维可视化。通过这样不断训练，促进学生获取信息、整理信息、反馈信息的能力，而且思维逐步走向深刻，走向高层次。

4. 依“图”知“文”，发展思维的独创性

独创性即思维活动的创造性。在实践中，除善于发现问题、思考问题，更重要的是要创造性地解决问题。人类的发展

就是科学的发展，要有所发明、有所发现、有所创新，都离不开思维的独创性品质。独创性源于主体对知识经验或思维材料高度概括后集中而系统的迁移，进行新颖的组合分析，找出新异的层次和交结点。概括性越高，知识系统性越强，伸缩性越大，迁移性越灵活，注意力越集中，则独创性就越突出。

如在教学统编版三年级上册《胡萝卜先生的长胡子》时，教师在黑板上画了一根胡萝卜，而且拖了一根长长的胡子，接着带领学生们一边讲故事，一边在长长的胡子旁边注上主要的故事情节，一边让学生们猜猜接下来的故事。对于发言的学生，给予即时表扬和鼓励。这样在发散学生们的思维的过程中，思维的独创性得以不断激发与展现。

在课的结尾部分，教师根据黑板上的图式说："胡萝卜先生的胡子真的很神奇啊，帮助了那么多人，让那么多人快乐。当胡萝卜先生继续往前走，还会发生什么样的神奇故事呢？用你的画笔画下来，并写一写你的故事吧！"结合图式生发想象，创编故事，绘写结合，对学生思维的独创性又是积极的锻炼。

一篇课文的一个环节教学如此，整篇课文的教学也是一样。在教学中，我们可以根据图式理论把各个教学环节有机结合在一起，这样的教学更加有梯度，更加有效。以人教版五年级下册《杨氏之子》为例：

(1) 教学开始，读题解题环节。

【过程回放】

师："之"相当于现代的"的"，"杨氏之子"的意思是"姓杨人家的儿子"。

(师指名一男生) 那你姓——？

生：李。

师：那你就是姓李人家的儿子？也就是——

生：李氏之子。

师：(再指名一男生) 那你是——

生：陈氏之子。

师：(指名一女生) 你又是——

生：唐氏之女。

(2) 教学中间，体会巧妙之处。

【过程回放】

教师出示思考的问题："杨氏之子的回答妙在哪里?"

出示对话。

孔指以示儿曰："此是君家果。"

儿应声答曰："未闻孔雀是夫子家禽。"

生一：孩子的回答妙在：孔君平在姓上做文章，孩子也在姓上做文章，由孔君平的"孔"姓想到了孔雀。

生二：他没有生硬地直接说"孔雀是夫子家禽"，而是用了否定的方式，这样回答既准确，又婉转。

师：大家说得都很好，那这个客人姓李呢?

生：未闻李子是夫子家果。

师：那这个客人姓杨呢?

生 1：未闻杨梅是夫子家果。

生 2：未闻杨桃是夫子家果。

生 3：未闻山羊是夫子家畜。

师：那这个客人姓唐呢?

生：未闻糖果是夫子家礼。

(3) 教学结尾，拓展阅读部分。

【过程回放】

师：今天我们学习的这篇短文是选自南朝刘义庆的《世说新语》，我们通过今天的学习，不仅能够抓住关键词句感受到语言魅力所散发出来的光彩，而且能够运用语言的艺术。在该书中还写了许多聪明小孩的故事，老师这里展示其中两篇，同学们来读一读。

（一）咏雪

谢太傅寒雪日内集，与儿女讲论文义，俄而雪骤，公欣然曰："白雪纷纷何所似？"兄子胡儿曰："撒盐空中差可拟。"兄女曰："未若柳絮因风起。"公大笑乐。

（二）徐孺子赏月

徐孺子年九岁，尝月下戏，人语之曰："若令月中无物，当极明邪？"徐曰："不然。譬如人眼中有瞳子，无此必不明。"

读后讨论。

师：读了两篇文章，你又从哪里感受到两小孩的"甚聪慧"呢？

生一：第一篇《咏雪》，我从"未若柳絮因风起"感受到兄女的比喻非常恰当，写出了雪轻盈飞舞的样子。

生二：第二篇中，徐孺子用"人的眼睛中没有瞳仁就看不见了"进行回答，很巧妙，说明徐孺子机智过人。

教师在教学中很好地运用了图式理论，教学就显出有梯度，有层次感，环环相扣，步步深入，引领学生的思维往深处漫溯，这样的教学是非常有意义的。学生在此学习过程中，不仅感觉非常有意思，学习兴致极高，而且学以致用，这是高思维含量的学习，学生思维由浅入深地发展，学习效率也就凸显出来。

由一篇到多篇的主题阅读，或由一篇课文到一本课外书的阅读也是一样，我们都可以运用上述方法进行整体把握内容，有条理地梳理，品味作者遣词造句的用心及表达的主题思想，创造性地进行重组和加工，绘出自己的阅读脉络，写出自己的感受等。

下面是学生的一些阅读成果展示，能很好地说明图式理论的成果（见图5）。

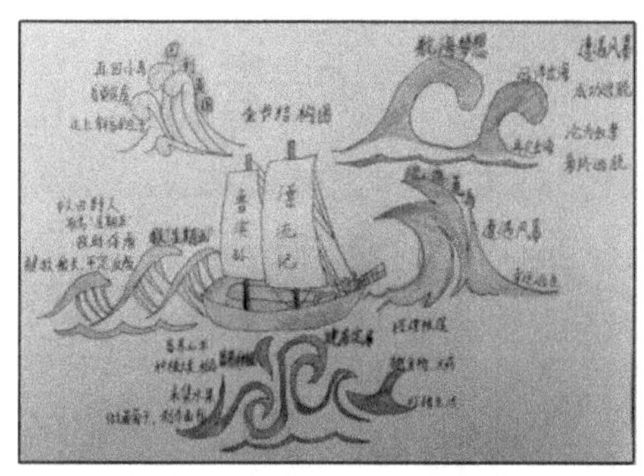

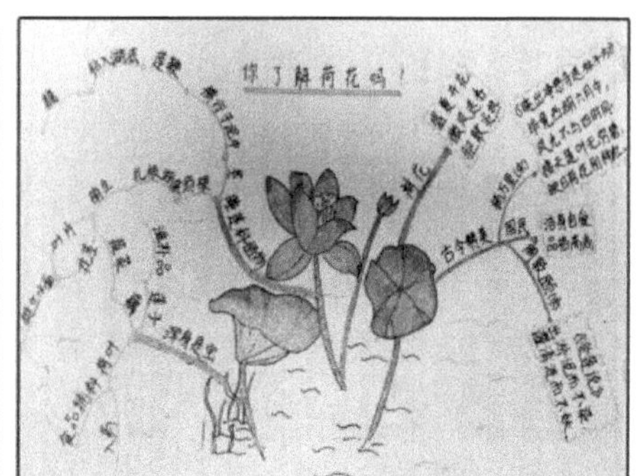

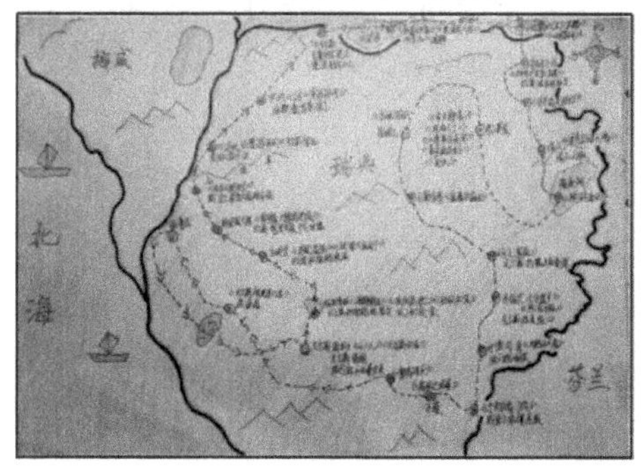

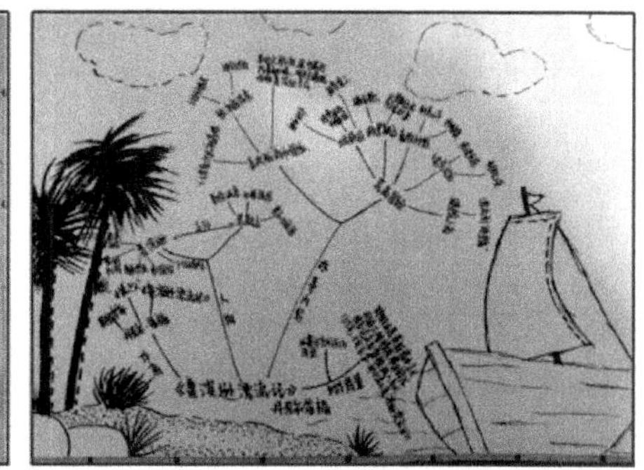

图5　图式理论成果

图式理论是一种将放射性思考具体化的方法，在语文阅读教学中起着重要的作用，具有调整学生思维的强大功能。图式理论的应用能培养、提高学生的阅读能力，促使其逻辑思维能力及概括能力的发展，还利于培养学生独立分析和解决问题的能力，激发其探究精神和创新意识。因此，在语文阅读教学中，教师要注重培养学生良好的阅读习惯，帮助学生逐步丰富和完善自己的图式知识，并注意对其图式的适时激活，随着背景知识图式的增多和不断激活，学生的整体阅读水平就会有很大提高。

参考文献

张帅，史伟麟.图示理论在语文教学中的应用及重要性分析[J].西部素质教育，2016(14)：97.

（作者单位：舟山小学　蒋明儿）

基于阅读教学的任务分析理论再运用

阅读是人生中重要的能力和习惯，小学是培养学生一生阅读习惯的重要阶段。从第一学段进入第二学段后，阅读教学也从“读好课文”走向“会读课文”。但现实教学中，中年级的阅读教学常常存在着“得意忘言”的现象，学生貌似学会了，实则学法的掌握有限，所学知识无法变相应用于实际。针对阅读教学存在的这一现象，笔者将任务分析理论引入小学中年级语文教学活动中，这样可以有效地帮助教师依据学生的实际学习情况和文本语言特点，科学合理地安排课堂教学，强化语文阅读效果，做到言意兼得，对于提高小学中年级语文阅读教学质量起到了关键性的作用。

一、理论简介

1. 理论内涵

“任务分析”最早由心理学家米勒提出。在第二次世界大战期间，这一理论被美国心理学家用于培训军事人员。真正开始将任务分析这一思想理论应用于教学实践的是心理学家加涅。我国在文献中首次出现任务分析这一概念是著名教育心理学教授皮连生的《试论教学目的设计的心理学理论与技术》(1984)。皮连生教授在借鉴了国外心理学家对任务分析的界定之后，他认为教学任务分析就是指在教学活动之前对学生习得的能力或倾向的构成成分及其层次关系详加分析，目的是为学习顺序的安排和教学条件的创设提供心理依据。任务分析主张教学设计要以学生的学习心理规律为依据，强调“学有定律，教有优法，以学定教”。

任务分析大致分为四个方面：

（1）对教学目标在基于课程标准的前提下进行具体的陈述和分类。

（2）结合学情分析对教学目标中的学习内容进行分类。

（3）结合学情分析、教学目标分析学生的起点目标。

（4）对教学目标再分类，逐级分解为子目标，并确定目标间相应的层级关系。

2. 主要步骤

（1）确定起点目标。起点能力指学生在接受新的学习任务之前原有知识技能的准备，包括现有的知识、技能、学习动机、认识水平等。分析起点能力的状况及其构成成分是揭示达成一定教学目标所需条件的前提。探明学生的已知并据此进行教学，才能使语文教学走向科学化的轨道。起点目标的确定符合现代语文教育“以学定教”的要义，减少了教学的主观性。

（2）确定终点目标。终点能力即学生完成学习任务之后的最终状态；终点目标分析是教学任务分析的入手点。终点目标是对学习结果的预期，现代学习心理学认为，学生的学习是一种复杂的学习，对复杂学习的学习结果应该做分类研究。因此，终点目标分析的关键是揭示教学目标中所蕴含的学习结果所属的学习类型。

（3）确定使能目标。使能目标就是介于起点到终点之间的教学目标，即从起点能力到终点能力之间，学生还有未掌握的知识和技能，它们又是达到终点目标的前提。也就是说，是“学生已经知道了什么”和“学生还需要知道什么”之间的目标差。建立在起点目标分析基础上的使能目标分析可以使语文教学更加高效化。

二、任务分析理论的运用

结合小学语文学科的特点将任务分析归纳为：学生的起点能力分析（包括学生的语文知识系统和语文能力系统）；学习结果类型分析（包括文章内容知识和语文常识知识、语文基本技能、语文高级技能和语文学习中的情感态度）；使能目标分析（揭示正确完成某一学习任务的行为阶段或内隐过程，主要目的是描述完成某一任务中的步骤）。

1. 学生的起点能力分析

起点能力指学生在接受新的学习任务之前原有知识技能的准备，包括现有的知识、技能、学习动机、认识水平等。学生起点能力的分析有助于阅读教学的“以学定教”的实施，减少教学的主观性。起点能力分析即学情调查，学情调查是落实以学定教的前提。教师做好学情调查，合理确定教学起点是落实以学定教的前提条件，这是最关键的问题。一旦教师的教学缺乏对学情的全面了解和掌握，学生会依然停留在课前的认知基础和认知水平上。为了了解学情，笔者通过设计一些表单来完成：

(1) 预习单：以统编版三年级下册《陶罐与铁罐》为例。

预习单——6. 陶罐和铁罐

读课文

①看到“陶罐与铁罐”这一题目，你想到了什么？

②大声朗读课文，读准字音，读通句子，标上自然段序号。

③给下面的生字注音。

价（　　）代（　　）恼（　　）弱（　　）懦（　　）

虚（　　）谦（　　）骄（　　）罐（　　）陶（　　）

④读词语，读准字音。

国王　骄傲　看不起　傲慢　谦虚　懦弱　神气　住嘴

王朝　尘土　光洁　美观　古代　价值　动手　捧起

⑤本文语言生动、有趣，请将文中你觉得有新鲜感的词句找出来，认真读一读。

(2) 导学单：以统编版三年级上册《那一定会很好》为例。

导学单——9★. 那一定会很好

自主学习，完成学习达人挑战：

学习之星：默读课文，用“——”画出含有“那一定会很好”的句子。

学习能手：用圈关键词的方法，圈出从一粒种子到阳台上的木地板，它分别经历了什么？

学习达人：完成《语文课堂作业本》第二题。

通过以上预习单和导学单，可以更好地知道学生已经知道了什么，还有哪些是不知道的。掌握了学情，找到了每节课的起点，我们才能正确取舍教学内容，才能正确选择教学方法，才能保证课堂教学的有效性。学生需要什么，我们就教什么。教学生不会的，教重点难点的关键处，教知识的概括处，教思维的提升处。当我们被学生需要的时候，才体现出教师的价值所在。

2. 学习结果类型分析

教学目标是教学设计中的重要一环，是教学的出发点和灵魂，联系着教师的教与学生的学。明确的教学目标设定是实现优质高效、充满活力的课堂教学的关键。然而，语文知识的非线性、学生语文素养的多样性以及文本内涵的多义性给语文教学目标的制定造成了困扰，而任务分析恰恰能帮助我们解决这一困扰。

教学中任务分析的切入点和关键点是教学目标分析，所以任务分析又叫目标分析或作业分析。目标分析的关键是分析教学目标所蕴含的学习结果类型。根据学习类型来确定所需要的知识技能，也就是终点目标分析的关键。

教学目标有不同的层次，由课程大纲、学段目标、单元目标、课文目标、课堂目标共同构成。我们要处理好目标与目标之间的层次关系。以统编教材为例，教材每个单元的语文要素指向明确，每一课都有明确的、独有的需要完成的语文学习任务。我们要增强目标意识、训练意识，训练要体现针对性、层次性与发展性。可依据学段常规目标、单元重点目标和课文特色目标，将语文要素落到实处，一课一得。每一课的教学要充分利用每篇课文后的思考练习题，精准把握目标，使教学有的放矢，有据可依。这里以统编教材三年级上册《富饶的西沙群岛》的教学目标为例加以说明：

《富饶的西沙群岛》教学目标：

(1) 学会本课生字，积累新词。(言语信息)

(2) 能正确朗读课文。理解课文总起分述的记叙特点。懂得“总分总”“并列”“因果”段式分层和概括段意的一般方法。(智慧技能)

(3) 学习把句子的意思写得更具体。(动作技能)

3. 使能目标分析

实现从原有知识(起点能力)到教学目标即使能目标。教师一定要注意的是，学生必须要有知识储备和相应的能力条件，只有这样，才能够达到预期的教学目标。假如学生还不具备这些知识和能力，那么它们就应该被确定为使能目标。

培养提问能力是中年级的训练目标。学会提问能让学生产生解决问题的强烈的内驱力，从而启动思维。在阅读教学中，我们要重视培养学生的问题意识，让学生真正成为问题的主人，成为学习的主人，使学生的素质得以全面提高。以统编版三年级上册《那一定会很好》为例：

(1) 起点目标。

在学习统编版二年级上册《曹冲称象》时，教师曾带领学生质疑。

师：(出示课题) 小朋友们，看到课题，你有什么问题要问吗？

生：大象那么大，曹冲怎么称出大象的重量呢？

师：是啊，大象太大了！这怎么称呢？

生：称东西需要用秤，世界上哪有那么大的秤呢？

师：哇，你问得真好，要称出大象的重量，那得是怎样的秤呀？

生：我想曹冲肯定不是用秤称出大象的重量的，他会用什么办法呢？

师：嗯，说得有理，那曹冲和官员们到底想出了哪些办法呢？我们一起来学习课文。

……

(2) 使能目标。

①在学习统编版三年级上册《那一定会很好》时，引导学生看课题提问：

师：同学们，你每天是如何度过的呢？你觉得一切都还好吗？让我们跟随一颗小种子，来一场奇妙之旅吧！(揭示课题)

师：看到课题后，你有什么疑问吗？

生1：谁一定会很好？

生2：为什么会很好？

师：这两位同学的提问真是问到了点子上，让我们一起进入课文的学习。

……

②在学习统编版四年级上册第二单元时，指导学生多角度提问：

*片段一:《一个豆荚里的五粒豆》

师：五粒豌豆即将分开时，它们的想法有什么不同？

小组展开讨论，通过阅读，从不同的角度提出问题。

汇报交流：

问题清单

课文说被青苔包裹的豌豆像“一个囚犯”，但它却长得很好，为什么？

母亲为什么要把一株豌豆苗称为“一个小花园”呢？

掉到水沟里的那粒豌豆真的是最了不起的吗？

……

师：整理小组提出的问题，并说说自己的发现——有的问题是针对课文的一部分提的，有的问题是针对全文提的。

*片段二:《蝙蝠和雷达》

师：一位同学读了这篇课文后，针对课题和内容，提出了一些问题，写在了旁边和文后。你的问题是什么呢？把它们写下来，并和同学交流。

汇报交流：

问题清单

无线电波跟超声波是一样的吗？

课文的题目是“蝙蝠和雷达”，为什么一开始要写飞机？

“蝙蝠探路”的原理还可以用在生活中的什么地方？

……

师：整理小组提出的问题，并说说自己的发现——我发现可以从不同的角度提问题。第一个问题是针对课文内容来提的，第二个问题是从课文的写法上来提的，第三个问题是从课文中得到的启示，联系生活经验提出的。

(3) 终点目标。

提问是课堂教学中不可或缺的教学方式，任务分析理论能帮助我们将终点目标达成得更有时效性，还能让我们的问题导学更高效，课堂提问适时、适势，问在有效的提问点上。如提问在学生的兴趣点上，提问在文本的关键点上，提问在思想的碰撞点上，提问在学习的困惑点上，提问在学生的提升点上，提问在思维的发散点上……语文课标指出："语文课程必须根据学生身心发展和语文学习的特点，爱护学生的好奇心、求知欲，鼓励自主阅读、自由表达，充分激发他们的问题意识和进取精神。"培养学生的问题意识基本是在潜移默化中完成的，只有教师将课堂看成学生主动发展，实现师生对话、互动的发展平台，以学生的实际需要为依据，才能有效达成。

有了前面的任务分析和方法运用，能给予学生清晰明确的学习导向，而其最终目标是培养学生会独立提问。在文本学习之后，能抓住以后阅读篇章中的内容或写法提出有价值的问题，并能针对问题开展"寻根溯源"。

在培养小学中年级学生的语文阅读能力过程中，大部分教师都有一定程度的吃力感，难以找到有效的突破口。这跟教师没有使用合理的教学方法有很大关系。要想使小学中年级学生的语文阅读能力得到提升，就必须在课堂教学过程中灵活运用任务分析理论，认真设计教学方案，扎实地上好每一堂语文阅读课程。

参考文献

[1] 王娜 . 任务分析理论与语文教学目标设计以《荷塘月光》为例 [J]. 课外语文：教研版，2014(5)：108.

[2] 何霞 . 如何问在“点”上：浅谈小学语文教学中有效提问点的设计 [J]. 小学教学研究，2019(7)：30-32.

[3] 何捷 . 统编版语文对学生核心素养的兼顾与侧重 [J]. 小学教学研究，2019(7)：23-30.

[4] 皮连生 . 学与教的心理学（第五版）[M]. 上海：华东师范大学出版社，2009.

（作者单位：舟山市定海区城西小学　袁焕君）

第三编

经典理论在写作教学中的再运用

小学第二学段支架式习作教学的实践与研究

习作是语文学科中最重要的课程内容之一，占据了语文教学的“半壁江山”。它是将自我的所见、所闻、所思、所想用语言表达的一个过程。《语文课程标准》指出：九年义务教育阶段的语文课程必须是面向全体学生，使学生获得基本的语文素养。习作是学生知识水平、认知水平以及语言文字表达能力的综合体现，是日常生活和工作必需的语文能力，也是个人语文素养高低的重要标志之一。而当下的习作仍然面临着巨大的困难与挑战：习作与学生的真实世界越走越远，他们对于作文的畏难心理有增无减；教师缺乏系统性的指导，往往关注“作前指导”和“作后指导”，却少有顾及学生最感困惑的“怎么写”，造成习作困难的叠加。因此，笔者认为采用什么样的教学模式进行习作教学和教师如何有效地实施这种教学模式是一个值得探讨的问题。

一、支架式教学理论简介

“支架”一词借用自建筑行业，原意是“脚手架”，指用来建造或修正建筑物时使用的临时性结构。在教育领域，“支架”主要是指专家或者教师为了达到教学目的，在学习者的最近发展区内为其提供各种暂时的、渐进的帮助和支持。教学支架的搭建旨在将原本复杂的学习任务分解，以学生为中心，利用情境、协作和绘画等要素引导，帮助学生进行意义建构，最终使学生有效地掌握所学知识。支架式教学理论源于苏联维果茨基的社会主义建构理论。建构主义强调学习的主动性，认为学生不是零基础进入课堂的被动信息接收者，学生的学习过程也不是简单的信息输入、存储、提取，而是新旧知识、经验之间相互作用的过程。这一过程包括了同化和顺应。换言之，学习者的旧知识、旧经验与新知识、新经验发生碰撞，从而引发旧知识、旧经验的调整和变化，向更高阶的知识点发展，建构新的认知结构。

在全国“真我写作”教学研讨会上，教坛的有识之士共同寻找习作的有效策略，他们提出要指导学生搭建“真我写作”的支架。“写作支架”就是辅助写作的具体的、可操作的写作方法和策略，是写作的工具和着力点。写作支架的类型有很多，其中最普遍的分类有：认知支架、情感支架和能力迁移支架；当然也有另一种分法：范例支架、问题支架、图形支架、建议支架。在这些写作支架中使用频率最高的是范例支架、问题支架、活动支架和评价支架。本文也将以这四个支架为设计模板在习作教学中进行运用。设计支架是建构理论在习作教学中存在的生动表现。首先，搭建支架进行习作教学，在学生的最近发展区为学生提供帮助和支持，能够有效地关注学生的自主探究过程，从而逐步培养学生的思维向更高层次发展。其次，在习作教学中运用支架，学生可以根据支架的导向作用来完成学习任务，让学习更加高效，还能够根据教师提供的支架诊断自己的学习过程，更加清晰地明白自己认知结构中所存在的优势和不足；教师则可以根据学生的学习活动来评价自己的教学过程，从而相继调整教学行为。搭建支架、运用支架的过程，不管是对教师，还是学生，都是一种促进和强化。

二、支架式教学理论的运用

(一) 范例支架

范文是学生习作最常见的支架。通常范文支架来自三种途径：学生习作、教师“下水文”和名家名篇(课文文本)。教师为学生提供范文，根据范文的示范功能，达到欣赏、模仿、分析、启发的功能。

例如，人教版三年级上册第二次习作内容《熟悉的人的一件事》。这次习作的要求是引导学生观察身边熟悉的人，发现他们身上某个特别之处，如好品质、特点、兴趣爱好等，通过习作表达出来。第二学段的学生写事作文，除了选材的困惑，如何把一件事情的过程写清楚也是一大难点。采用什么指导方法才能面面俱到、不顾此失彼？教师可以依标据本，借助教材的示范，教给学生习作的方法。本单元的课文都是通过一件事来表现人物的品质和特点，是学生习作最好的范例。同时，“语文园地”中“我的发现”恰好是引导学生关注文字中的对话描写，学习如何运用多种形式的对话，使故事的情节更加丰富、人物形象更加饱满。教师适时点拨，帮助学生回忆课文文本的写法，将教材中的写作知识和方法迁移运用。

【案例 1】

习作主题：熟悉的人的一件事

教学目标：①引导唤醒学生情感，引发其倾吐欲望，培养写作兴趣。②运用“用一件事表达人物某一方面的特点”的写法，初步学会抓住人物语言来描写人物的特点，体现个性。

教学过程：

1. “人物大搜索”的观察表

师：上周，张老师请你们观察了你们熟悉的人，现在请你来分享下你的观察成果。你观察了谁？观察到他的什么特别之处？

2. 聚焦课文，写法指导（写清楚）

师：张老师把她说的话记录了下来，我们一起来读一读。出示：

我的妹妹可大方了。有一次妈妈给妹妹两颗棒棒糖，妹妹跑过来，伸出手，把其中一颗塞在我的手里。我们剥开糖纸，开心地吃起来。妈妈把我们这甜蜜的一刻用照片记录了下来。

师：读了之后，你觉得写得怎么样？

好：好在哪里？她抓住了“大方”这一特点，这是值得写的好品质。

不好：不够具体，没有对话，文中谁成了小哑巴？

师：是啊，我们写作文时，可以加上一些人物的对话，使文章生动。如何写好对话呢？请一位大师来帮帮我们吧。瞧，这位大师就是我们的课文。

（1）聚焦课文，关注对话。

《灰雀》：列宁和小男孩你一言，我一语，不停地说话，说着说着就把故事说清楚了，多特别呀！

《小摄影师》：叙事中夹杂语言，很巧妙。

《奇怪的大石头》：对话不一定是你说我说，也可以是一问一答式的，这篇文章在一问一答中，李四光爱钻研、爱思考的特点就写出来了。

《我不能失信》：这篇课文的语言更不一样了，全是宋庆龄和家人之间的对话，构成了一个故事。

师：对话还要注意用不同的形式。你们看，园地中“我的发现”就给了我们很好的示范。“说”就像一个淘气的小精灵，一会儿可以放到句子前面，一会儿又窜到句子中间，一会儿又当起了小尾巴。有了这个淘气的小精灵，文章一下子就变得生动了呢。(聚焦“我的发现”：“说”的三种形式)

(2) 动笔实践，学法迁移。

师：那我们来实践一下，这段话中什么地方可以让人物开口说话，指名回答，可以怎么加？

生：小组交流、代表交流、组员补充。

学生习作：妹妹可大方了。有一次妈妈给妹妹两颗棒棒糖，妹妹一边跑，一边喊：“姐姐，姐姐，你要吃糖糖吗？”话还没说完，就把其中一颗塞进我的嘴里。我把糖从嘴里拿出来，“傻妹妹，糖纸都没有剥，怎么吃嘛？”我又好笑又好气。于是我们剥开糖纸，我给妹妹喂，妹妹给我喂。“真甜啊！”妹妹笑着说。妈妈看到我们姐妹俩开心的样子，把这甜蜜的一刻用照片记录了下来。

上述呈现的范文支架就是本单元所学习的课文文本，教师借助学生刚刚学习的文本作为范文，给学生提供支架，通过回忆课文文本的写法，重拾写作方法，帮助学生破解习作中的难点问题：不知如何把一件事情的过程写清楚。教师给予了学生一把梯子之后，学生对于怎么把过程写清楚便有依可循、有法可依，当然习作的质量也就显而易见了。

(二) 问题支架

华东师范大学的教育学博士周子房认为：习作教学就是教师为学生搭建支架的过程，其中问题支架是最为常见的支架。教师通过问题来搭建支架，使学生通过一系列的“支架问题”

来完成习作任务。“支架问题”能够引导学生构思语篇、丰富表达、修正结果。问题的回答就是文章谋篇布局的过程，就是习作的构思阶段。麦卡锡提出的“四何”问题法值得我们借鉴。“四何”问题法的构造原理是：横向维度（是何—如何—为何—若何）分别代表支架问题所指的知识类型；纵向维度（点—线—网）分别代表知识的认知程度；斜方向切入的“由何”则为整个“支架问题”集的设计提供情境化的导向。“支架问题”的设计模板见表1。

表1 “支架问题”的设计模板

由何 / “支架问题”类型	是何	如何	为何	若何
具体知识的“支架问题”（点）				
知识体系的“支架问题”（线）				
思维的“支架问题”（网）				

【案例2】

习作主题：云的变化

教学目标：观察火烧云的变化，想象自己变成云的情景。

根据“支架问题”的模式，教师需要根据习作的主体设计出一系列的问题。例如，云儿是什么颜色？像天使吗？云儿是轻飘飘的吗？就像什么？蓝蓝的天空就像云儿的什么？云儿们在蓝天的怀抱里怎样？天空的云儿多吗？这边的云儿像什么？那边的云儿像什么？还有的云儿像什么？云儿是不是还会手拉手？它们会做什么游戏？到了傍晚，云儿又会变成什么颜色呢？那为什么叫火烧云？你见过怎样的火烧云呢？看着看着，自己仿佛也变成了一朵云，你变成了云什么？云兔子、云孩子、云花朵……你在天空中飘啊飘，遇见了谁？你飘到了哪里？等一系列的问题，但是这些问题不可能都成为“支架问题”，这就需要教师将这些问题放入“支架问题”的设计模板中，逐一进行印证，印证结果见表2。

表2　“支架问题”模板运用

由何 “支架问题”类型	是何	如何	为何	若何
具体知识的“支架问题”(点)	云儿是什么颜色？云儿是轻飘飘的吗？天空的云儿多吗		那为什么叫火烧云呀	
知识体系的“支架问题”(线)	像天使吗？这边的云儿像什么？那边的云儿像什么？还有的云儿像什么	云儿是不是还会手拉手？它们会做什么游戏呢		
思维的“支架问题”(网)				看着看着，自己仿佛也变成了一朵云。你变成了云什么？……你在天空中飘啊飘，遇见了谁？最后，你飘到了哪里

【案例3】

学生习作：傍晚，我趴在阳台上静静地看着太阳公公下山。这时，几朵云飘向了马上要落山的太阳，好像在欢送工作了一天的太阳。不知不觉，云儿越来越多，这些云朵围绕着太阳，在落日余晖的映衬下构成了一道独特美丽的自然风光——火烧云。

看，火烧云上来了，它好像一位画家似的，把这个世界装点得五彩缤纷。顿时，这个世界如同披上了五彩斑斓的彩霞，美丽极了！天空中，那些火烧云真是变化多端、美妙绝伦。几位亭亭玉立的仙女，她们怀抱琵琶，彩带飘飘，弹奏着一曲曲美妙的音乐。一会儿，天空中又出现了一只雄鹰，它展开双翅，仰头鸣叫。

看着看着，我仿佛也变成了云孩子，加入到云儿的队伍中，在天空中飘啊飘。我遇到了一位白胡子老爷爷，我和他热情地打招呼；我又飘到了小河边，我给水里的鱼儿跳支舞……

教师根据“支架问题”的设计模板对问题进行了逐一印证，最终设计出符合习作主题的“支架问题”，学生则根据教师的“支架问题”进行回答，并把答案有序地整理。其实“支架问题”的思维结构就是：了解云儿的特点→观察云儿的变化→想象自己变成云儿的情境。按照这样的框架，学生构思语篇、丰富表达、修正结果，最终完成了习作。

（三）活动支架

教师通过组织活动帮助学生理解习作的要求，丰富习作的内容，实现交际交往的功能。活动支架可分为：模拟情境活动、真实体验活动和拓展链接活动。新课标要求：习作最主要要实现的是交际的功能，注重的是人与人的交流与沟通，它是一个听与说双方双向互动的过程，不是听与说的简单相加，只有交际的双方处于互动的状态，才是真正意义上的口语交际。教师通过创设与习作主题相关的情境，将学生引领进特定的情境中，让教学活动在具体的交际情境中进行，激起学生的心理体验，激发学生的表达欲望。在让学生真实体验了教师创设的情境之后，组织学生开展与习作主题相关的写作活动，学生有了亲身的体验，相信他们能够把活动中体验到的最真切、最直接的感受表达出来，学生的习作自然而然能有话说、会说话、说好话了。

【案例 4】

习作主题：我们的小制作

教学目标：①比较详细地介绍自己的小制作的制作过程。②激发相互交流的兴趣，敢于发表自己的看法。

教学过程：

1. 情境导入，激发兴趣

(课前播放音乐，渐渐变轻)

情境：今天，森林里要举行一场小制作比赛，这场比赛的要求有点儿高，不仅要比谁的小制作做得精致，还要比一比谁能把自己的制作过程介绍得清楚。小动物们，你们有信心成为今天的大赢家吗？比赛正式开始。

第一关：请用一句话来介绍自己的作品。

师：比赛有要求的：介绍的小朋友要“大声说”(板贴)，听的小朋友也有任务：竖起小耳朵“认真听”(板贴)。

生：大家好！今天，我带来参赛作品的是（　），它是用（　）和（　）做成的。

师评：你说话的声音真响亮；你做到了“大声说”这一个要求；你真是一个有礼貌的孩子；你说话的时候非常大方……

师：还有很多小朋友想要说，请你们也大声地说给自己听听。

学生自己说。

师：恭喜大家顺利进入第二关的比赛。(音乐掌声)

2. 示范说话，指导表达

第二关：请参赛选手说说作品的制作过程。

(1) 下面让我们请出1号参赛选手。师采访：你好！你是什么小动物？（戴头饰）请问你带来的参赛作品是什么呀？你怎么想到做这件作品的？你对这件作品满意吗？你有请外援帮助你吗？

师评：谢谢你！看来1号选手对自己信心十足啊！

师：当选手在介绍的时候呀，其他小朋友也有任务，除了认真听，还要做到这两点：第一，听一听他说的时候声音是否响亮(手指板书)；第二，他有没有把制作过程说清楚。(板贴：说清楚)

生：1号选手介绍制作过程。

师：张老师请小评委来评一评他说得怎么样。

生预设：声音响亮(轻)；介绍得不够清楚……

师：这位小评委能够大胆地说出自己的想法，张老师非常欣赏。我送给你三个字：大胆评(板贴)。1号选手介绍的时候，人站得特别直，落落大方，虽然说得还不够明白，但是没关系。这就是我们今天要学习的一项新本领。

(2) 方法指导：想要把制作过程说清楚、说明白，张老师教给大家两个法宝。第一个法宝：我们可以用上表示顺序的连接词：先、接着、然后、最后……（板书，齐读）；老师还带来了第二个法宝：我们还可以用上动词，你知道哪些？（捏、卷、压……）

师：现在老师给大家机会，试试我的法宝灵不灵。看着图片，先自己说说蜗牛的制作过程。

师：你是哪个小动物？（戴头饰）请你介绍介绍。

师：你觉得他说得怎么样？

生：他用上了表示顺序的连接词，把制作过程说得很清楚，但是动词都重复了。还有哪些动词？

师：哪一位小动物来挑战一下，比他说得好？

生评：他不仅用上了连接词，动词也没有重复。

师评：是的，他做到了说的两个要求，一个比一个说得好，有进步。

师：老师也想来试一试，你们愿意做我的小评委吗？（边做动作边说）

我用彩色橡皮泥做成了可爱的小蜗牛。首先，我挑选了白色的橡皮泥揉捏成辣椒形状，圆圆的是头部，尖尖的是尾巴；接着，用橙色的橡皮泥揉成细条，将细条卷起来就是蜗牛的壳了；然后把蜗牛的壳和身体粘在一起；最后我用黑色搓成两个小圆球做眼睛，豆芽似的弯线条做它的触角，用红色的橡皮泥捏出月牙形的小嘴粘在头部，这样，一只小蜗牛就诞生了！瞧，它仿佛还在和我们打招呼呢！

师：小评委们，谁来评一评老师说得怎么样？好在哪里？

生：老师介绍制作方法时是按照一定的顺序介绍的，用上了表示顺序的连接词。（首先、接着、然后、最后……）

师：你真会听！是个优秀的小评委。还有哪位小评委也想说说自己的想法？

生：老师还用上了一些动词、修饰语。（奖励红花）

总结方法：我们介绍的时候不仅要说清楚、说明白，还要说得吸引人，让人家愿意听你说。能干的小朋友还可以发挥你的想象，说说自己的感受。

本案例中，教师创设情境的方法是多样的，有借助图片的，有通过自己的语言描述、肢体动作表示的，也有让学生评一评、问一问的。可以说，情境的创设贯穿整堂课的始终，让学生在情境中体验，在情境中交际。低年级的学生对于竞赛很有兴致，以竞赛的形式调动学生交际的积极性，在闯关评比的过程中，深化本次习作的要求，在生生互动、师生互动中，学生掌握交际的方法，进一步培养学生的交际能力，在评价中学会赏识别人。通过闯关情境的创设，小朋友们饶有兴趣，对于提高课堂的有效性也非常有帮助。

(四) 评价支架

以评价鼓励、促进、指导学生不断完善写作过程，实现写作功能，同时重新认识写作，端正写作态度。评价可以直接结合在写作过程中，边写边评，也可以写后统一评。自评、互评、分享、交流的各种形式灵活采用。评价支架要发挥作用，就要与写作活动配合紧密，“评”“改”不分家，让评价成为一种教学资源、写作动力，延续写作能力的发展。

笔者下面所述的案例是四年级的一篇习作——《小小“动物园”》，这是一篇写人的习作，通过寻找人物与动物之间的相似点，把人物的特点写清楚、写生动。教师通过“引相似、拓思维→呈范文、引方法→选一人、写相似→赏相似、评相似”这样四个板块来达成习作目标，下述呈现的是第四板块：赏相似、评相似。教师在这个环节中搭建了评价支架，在学生自评、互评、师评的相互作用和示范下，互相启发，用同伴的思维和语言来启发自己，引发共鸣，从而更好地完成习作，让学生的习作能力向高阶发展。

【案例 5】

习作主题：小小“动物园”

教学目标：(1) 唤起学生的生活记忆，拓宽学生思维，寻找人物与动物的相似点。(2) 学会运用描写、选择典型的小事，运用简单的写作方法，把人物的特点写清楚、生动。(3) 体会家庭的有趣，并能与他人交流，互相评价，分享感受。

教学过程：

1. 自读、自改、自荐

师：来，自己是作品的第一位读者，大声地自信地朗读自己的作品，如果还没有写完，老师相信内容一定已经在你的脑海里，把它说出来。看到有错别字、不通顺或者标点有错的地方，马上改一改。

师：自信的孩子最美丽，哪位同学愿意把自己的作品分享给大家？

2. 互评、赏评

师：学会分享是快乐的，请你把作品和同桌互换，仔细读一读、想一想，觉得写得特别像、特别好的词语、句子用波浪线画一画。

师：谁愿意把你同桌的作品推荐给全班同学，你推荐的理由是什么？

小结：同学们，大家用自己喜欢的方法，不拘一格地把家人和动物相似的特点写清楚了，字里行间都流淌着对家人的感情。都说高手在民间，我认为今天的高手都在我们班，为你们精彩的表现点赞。

师：不过，文章不厌百回读、百回改。不同的读者会带给我们不同的灵感，现在请你寻找两位同学阅读你的作品，请他提提修改的意见，当然，你也要找到两个伙伴给他们的作品提提建议，可以写在一旁的修改栏里。

3. 延续课堂

同学们，通过短短一节课的学习，老师从你们的口中，从你们的笔下，认识了许多特点鲜明、个性十足的动物家人的形象，也从字里行间，从你们朗读时的笑容里，感受到你们都生活在无比和谐、有趣、幸福的家庭中。回家后，把家里的其他人也写一写，还要读给他们听一听，完成这篇“小小动物园”。有信心吗？这堂课就上到这里，为你们精彩的表现点个大大的赞。同学们，下课。

文贵在评，张弛有度。如何在呵护学生最本真的语言的同时，又能提高学生的语言表达水平和习作能力，这就需要教师在评价时，为学生提供评价支架，并且做到胸中有法，明确习作要求，既尊重学生原有起点，又把握课标中评价的尺度与方法，以学生真实的作品作为学习提升的范例，更能引起共鸣，彰显“学为中心”。让评价支架真正有效地为学生的习作表达服务，有效落实“以学定教”。

在习作教学中，支架的搭建和运用是不断唤醒学生思维、共享创意的过程。搭建支架能让学生的思维更加充分地介入，同时也能更有效地破解学生习作中“怎么写”的难题，对于学生表情达意起到了举足轻重的作用。正如著名特级教师何捷所言：支架的思维如同写作中的标杆。儿童借助支架实现立杆“靠”，依托支架的功能顺利写；拉杆“带”，顺应支架让教学前后连贯，让写作顺畅发展；扶杆“行”，支架设计让“写整篇”转化为“写片段”，一段一段地推进，如同扶着标杆一步一步地前进；撑杆“跳”，跳过之后，杆子脱手，即完成写作任务之后，渐撤支架。

参考文献

[1] 付宗兰 . 立足真问题，为学生习作能力提升搭设思维支架 [J]. 基础教育论坛，2018(27) .

[2] 何婕 . 搭建“支架”，写作教学的核心任务 [J]. 语文教学通讯：小学（C），2016(7)：44–49.

[3] 张朝霞，陆锋磊 . 给写作一个有效的支架——“真我写作”研讨活动有感 [J]. 中学语文教学参考，2018(12)：56–57.

[4] 齐敏 . 小学作文“支架问题”教学研究 [D]. 上海：上海师范大学，2013.

（作者单位：舟山市定海区白泉中心小学　张玉峥）

将图式理论运用到写作教学中的研究综述

《小学语文新课程标准2011版》指出："写作是运用语言文字进行表达和交流的重要方式，是认识世界、认识自我、创造性表述的过程。写作能力是语文素养的综合体现。"而学生认识水平和语言表达能力以及字、词、句、篇的综合训练的主要表现形式就是写作。但是笔者在日常教学中发现大多数学生对写作的兴趣淡薄，往往能说不能写，真正落笔时，写出来的文章内容千篇一律，因素材积累不足导致不同的文章竟采用相同的素材，甚至生搬硬套，整篇文章没有重点，条理不清。

目前的作文教学中，教师主要采用的教学方法是以"教师讲，学生听"为主，根据自己的经验判断和教学需要，选取自己认为符合要求的典型范文进行深度讲解，有部分教师会要求学生对范文进行选择性的模仿与记忆，此举容易忽视学生内在对写作的需求。长此以往，学生对写作的兴趣会慢慢减退，甚至觉得写作文是一件十分头疼的事情。

写作是学生通过观察从现实中发现材料，把这些材料在头脑中进行有序的加工处理，再通过文字表达出来的一个过程。要想写好作文，就要锻炼学生的语言组织和逻辑思维能力。针对写作教学的特殊性，将图式理论运用到教学之中指导学生写作有它的现实意义。

一、图式理论简介

“图式”的概念起源于康德的一本哲学著作，后被德国心理学家巴特利特正式提出。巴特利特认为，图式是“将过去的经验或反映的一个组合，某些机体肯定会因此而产生反应，而且这些机体肯定是适应性比较强的，也就是说，图式概念涉及对过去的经验或过去的反应予以一种积极的组织，任何一种适应的有机体反应都可以假定这些过去的反应或过去的经验在其中起作用。所以，不论什么时候，都存在一种行为的顺序规律，一种特殊的反应，仅是因为它和其他相似的且已被系列组织的反应有联系时才可能发生。但是要注意的是，图式并非单纯地作为单个的成分在起作用，而是作为一个组块在起作用，在所有方法中，图式的决定作用是最根本的”。笔者认为，图式的意义在于人的大脑能够将已掌握的信息和已经历过的事件，通过固化在记忆中的对外部世界的认知，进行抽象化的组织和反应。学生在描述一个事物时，会不由自主地运用现有的知识库和世界观，对事物本身的性质做出一个抽象的判断，并寻找事物符合其认知的特征点。

思维导图（Mind Mapping）——图式理论的另一大分支，同时也被广大教育界学者、专家翻译为“脑图”“心智图”。思维导图的理论概念源自20世纪中期西方的脑力开发专家托尼·巴赞发明的一个组织性思维工具，其最初被应用在文字速记工作领域。思维导图是一种行之有效的思维模式，它能够有效地激发人的发散性思维，将放射性思考“地图”化，即“Mapping”。得益于思维导图的非凡效果与作用，人们在培养想象力、提高记忆力、提升工作和学业效率等多种方面中将思维导图理论广泛应用。学生采用思维导图的方法，如气泡图，很容易得到跟事物有关的性质特征；如使用流程图，学生可依据其认知的事物发展规律，梳理出事件的前后顺序。学生依靠思维导图，通过导图中的彩色线条，交错节点、分支脉络，描绘出一个符合其认知且有意义的导图架构，使其清晰地呈现在纸上。这是思维导图在图式理论中的体现，也是思维导图符合图式理论的依据。

二、图式理论在写作教学中的运用

时至今日，图式理论对写作教学有着重要的促进作用这一观点虽已被广泛接受，但将其应用于实践的研究并不多。现有的教学实践中，不乏迁移训练的具体实施，但大多流于形式，对于如何充分利用范例认识不到位，忽视了图式在迁移中的作用。本文将从思维导图这个角度来阐述图式理论对于写作教学的作用。

思维导图理论着重关注的是用一种人脑本身天生的思考方式进行思维。换句话说，其工作方式如同在模仿人脑运作。在模仿人脑运作思考的过程中，大脑会持续处于兴奋的状态中，这样更加有利于提高思考问题的广度、深度以及速度。一般来说，运用思维导图时，首先要明确一个中心的主题，接着采用一些彩色的线条或者主题，按照人脑本身的思路进行发散，而这种主题可以是各种各样的信息，其形式种类繁多且各有特点，除了词语、符号、图形、图像这些表象的、能够被简单看到或捕获的信息之外，甚至还能够是音符、节奏、气味、纹路、代码等，进而再从这些主题向四周发散开来。

简单来说，思维导图是一种图形思维工具。它图文并重，运用层级图表示各级主题间的隶属关系。思维导图充分运用左右脑的机能，利用记忆、阅读、思维的规律，协助人们在科学与艺术、逻辑与想象之间平衡发展，从而开启人类大脑的无限潜能。思维导图基本上可以分为以下几类：

(一) 气泡图

1. 单一气泡图

当需要具体描述事物的多种性质和特征时，常采用单一气泡图。单一气泡图就是围绕着中心发散出多个气泡来帮助学生认识人物、事物，描述人物、事物，从图形上看，其样子与圆心图类似，但是气泡图在使用时更加关注人物或事物的性质和特征，并非如圆心图那样强调细节和中心主题的主次结构。在描述人、事物的性质和特征时，一般会联想到的特征有几种分类：属性特征，如男女、好坏等；外形特征，如大小、胖瘦、高矮等；年龄或新旧程度，如老少，年代是否久远；颜色特征：黑白、彩色、多色等；形态特征，如液态的、固态的、气态的等；材料特征，如木质的、铁制的，质地坚硬的、柔软的等。所联想到的性质和特征越丰富、越周全，对中心主题的描述就越饱满、越清晰。单一气泡图的基本形状如图 1 所示。

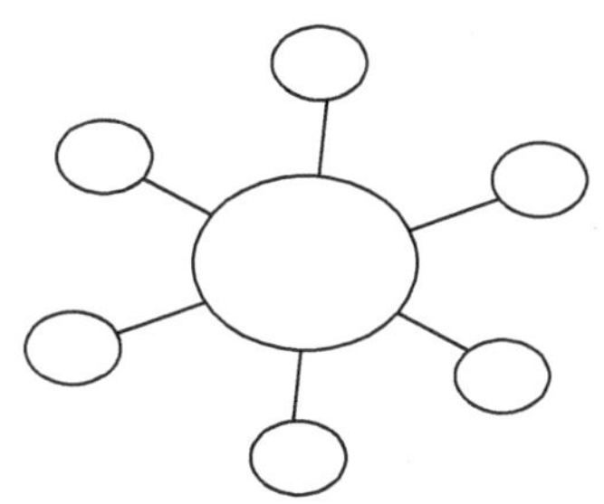

图 1　单一气泡图的基本形状

动作是指人物的行为和举动。学生在描写动作时，经常频繁使用一个动词，如擦玻璃就是一个“擦”字，而没有过程动作的展开。描写人物动作时，教师应该强调学生要写出“每一步骤中的具体动作”，也就是说，动作描写一定要精细。如何将动作写生动、具体呢？这就需要我们心里非常清楚地描绘每一个动作的前因后果，表现动作的发生、发展和结束的过程。动作描写有三个要点，如图 2 所示。

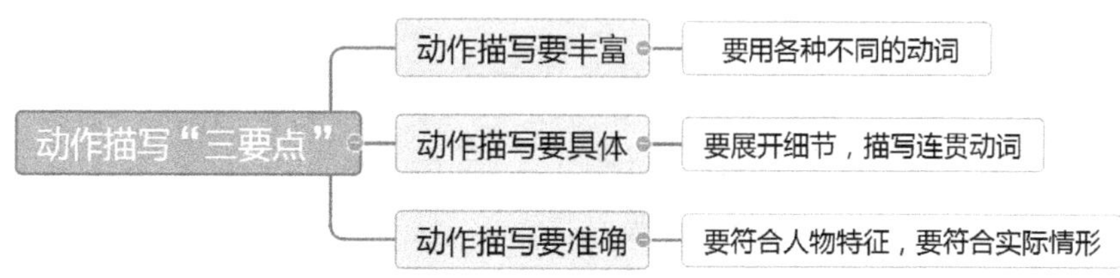

图 2　动作描写“三要点”

下文的课例展示了教师如何应用思维导图将动作写具体。

课例 1:《我真能干》

教学目标:(1) 围绕中心，写一件事突出自己的能干。

(2) 过程具体，字数不少于 300 字。

教学步骤:

师：同学们，我们今天要写的作文题目是《我真能干》。在日常生活中，你能举例说说你能干表现在哪些地方吗?

生：我能帮妈妈买菜，帮奶奶烧饭，帮爷爷擦玻璃。

师：随着年龄的增长，你们会做的事情越来越多了，老师真为你们感到骄傲。说起来简单，但要将你能干的过程写具体可不简单呀！今天，我们又请来了思维导图中的气泡图来帮助我们写作文，你们知道它有什么作用吗?

生：不知道。

师：仔细听老师说，当我们需要具体描述事物特征或者说清动作的分解时，我们可以请气泡图来帮忙。你们想好写哪件事来突出自己的能干了吗?

生：烧菜、擦玻璃、考试满分。

……

师：看来你们都有自己的想法，很了不起！课堂上时间有限，我们就来讨论人数最多的想写擦玻璃的具体事例吧。请大家拿出笔和纸，先在中间圆圈写上“擦玻璃”三个字，然后开动脑筋将这个过程分解并详细写清楚。开始吧！

根据脑海中“搜索”来的各个步骤牵涉的几乎所有动作“关键词”的梳理，三（3）班的学生写出“擦玻璃”的具体动作细节，下面是学生写的片段：

“准备工作做完了，我开始擦玻璃啦，我先扫视了一圈教室所有的玻璃，挑选出了一块看上去最脏的玻璃，再搬来一张小板凳，扶着墙壁慢慢站在了板凳上，从高处往下看，我心里有点儿慌，但是我暗暗给自己打气：加油，相信自己，你可以的。接着我踮起脚尖，攥住窗框，开始擦玻璃了，我从上往下依次慢慢擦。当我遇到污点的时候，我便使出吃奶的劲儿使劲儿擦，反复擦；当我遇到顽固污渍的时候，我便用手抠了几下。在我的努力之下，玻璃在阳光的照射下闪闪发亮，我赶紧洗了洗抹布，再将抹布拧干继续擦，最后，我又认真地检查了一遍玻璃是否被我擦干净。看着这透明干净的玻璃，我心里美滋滋的，我真能干！”

师：你们看，有了思维导图这个辅助工具，大多数同学都能将动作拆分得非常细致，这样你们写出来的文章就饱满了。希望你们在日后的写作中可以经常使用气泡图，如图3所示。

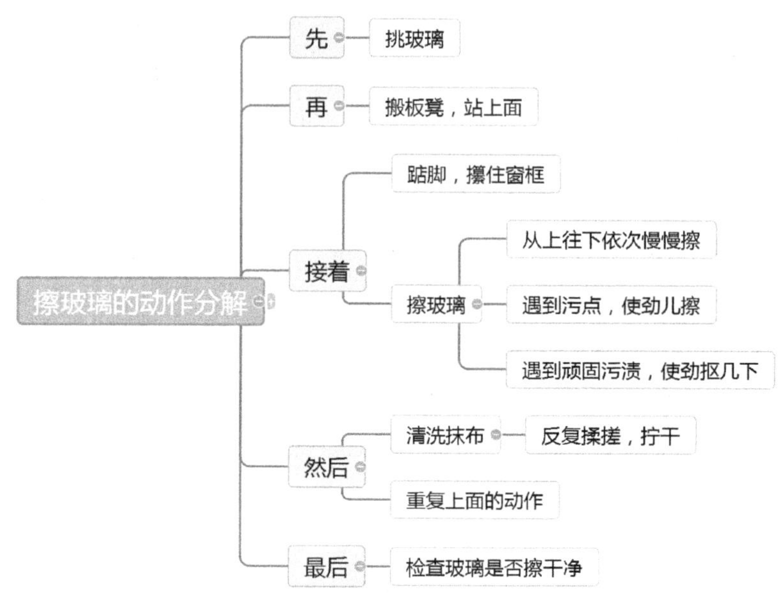

图 3 《擦玻璃》思维导图

当然，思维导图对学生们在写作上的帮助还不止于此，利用思维导图，学生们在语言方面、遣词造句能力也会有相应的提高，我们可以利用思维导图类型中的泡泡图，帮助学生做日常词汇、修辞手法和句式的归纳，整理积累，这样通过一段时间的积累，就可以使学生的作文鲜活起来，不再是平铺直叙的陈述句，也不再是几个词汇来来回回地反复使用。

2. 双重气泡图

当两件事物需要相互比较或者对照时，常用双重气泡图。双重气泡图由单一气泡图升级而来，这也是一件分析利器。相比于单一气泡图，双重气泡图的明显优势就在于可以帮学生对两个事物做比较和对照。在描述两个事物时，分别将这两个事物按照单一气泡图的方法，列出其各种性质和特征，然后将两个事物所共有的或者相似的性质特征找出来，剩下的就是两者的不同点，以此可以快速找出两者的差别和共同点。双重气泡图的基本形状如图4所示。

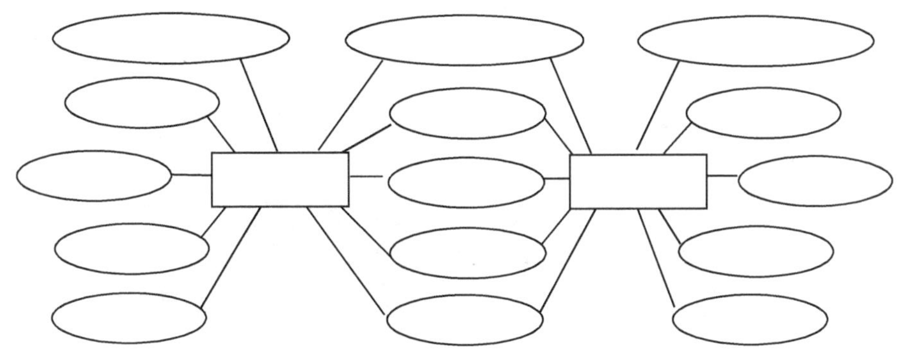

图4　双重气泡图

如课例2:《我的亲人》

师：在课堂的黑板上画出思维导图的多重气泡图，气泡图的中心分别为父亲和母亲。

生：交流讨论。

描写父亲的词汇：忙碌、慈祥、伟岸、坚毅、细心、果断、和蔼、懒散、刻苦、严肃等，如图5所示。

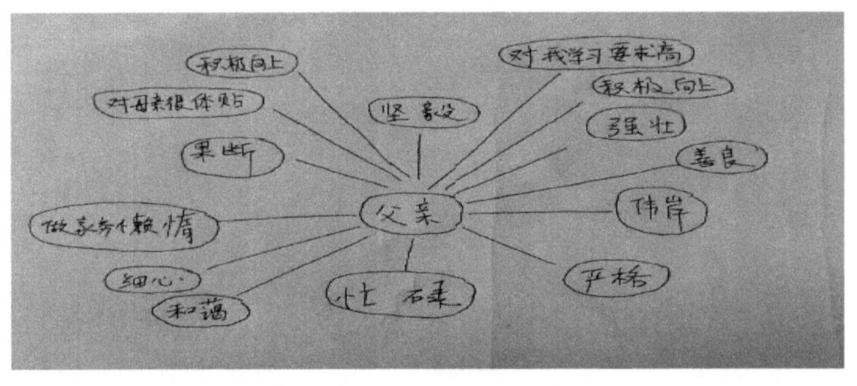

图5　描绘父亲的词汇

而描写母亲的词汇则有：关心、温柔、包容、贤惠、善良，和蔼、细心、体贴、乐观、积极向上、严格等，如图6所示。

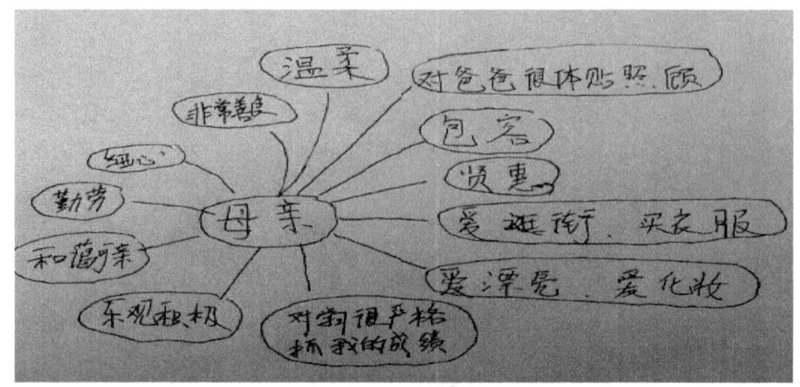

图 6　描绘母亲的词汇

细心、和蔼等作为父母共同的特点，则可以放在相同的气泡图中，便于区分开来。最后，通过黑板上的气泡图，学生们能一目了然地看到丰富的词汇，以及各个词汇的不同特点，使学生们更好地吸收和使用这些词汇。

由于每个学生对于父母的个体感觉不同，描写父母的角度也会不一样，还可以通过思维导图教给学生用排比、反问、设问、比喻等句式来从不同角度描写亲人，这样使得学生在习作中的词汇和句式上都丰富起来，人物也赋予了个性，避免了千篇一律，如图 7 所示。

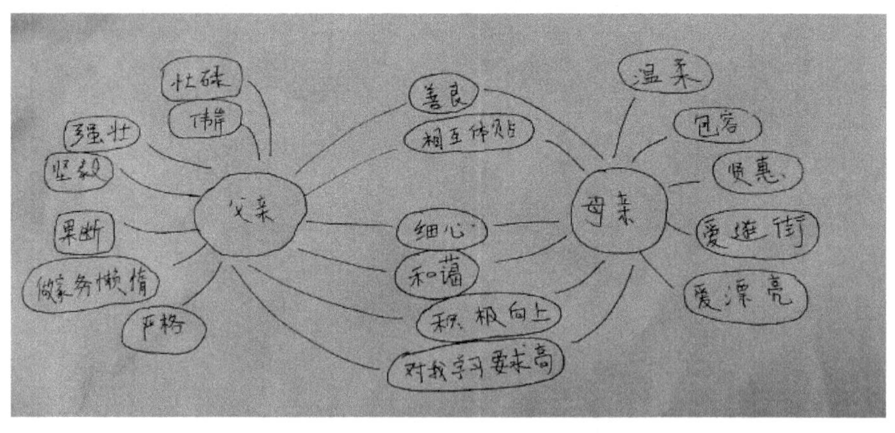

图 7　描绘父母亲的词汇

以往的情况下，学生们注意的都是家长对自己的泛泛感受，没有特别的针对性，用词都是“包容、爱护、严格”等比较平常的词语，写出来的文章基本大同小异，缺少新颖的题材和角度。而在经过思维导图训练以后，学生们会站在不同的角度上来观察自己的父母，从父母自身处事的方法来塑造这个人物，大家通过联想把父母身上的特质都用词汇表达出来，这样，人物个性鲜明、形象丰满，习作的谋篇布局也相应地饱满起来。

(二) 流程图

学生写作时流程图常被用来帮助学生厘清事情发展的先后顺序。流程图从其外在特征上看，主题是一个是信息流、观点流，这个信息流、观点流依次按照一定的顺序和规律流经一个个系统分支。其优势在于能够让人对于事件的发展先后顺序和逻辑规律把握清晰。如图 8 所示。

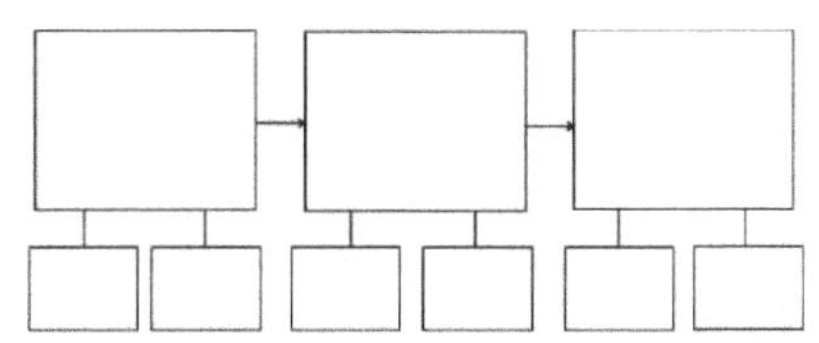

图 8　流程图

笔者将以一个课堂实例来解释说明流程图的操作与用途。

课例 3:《____________，我来帮你____________》

教学步骤:

师：孩子们，从小到大，你们的成长离不开家长辛苦的付出，特别是你们爷爷奶奶或是外公外婆，你有什么想对他们说的吗?

学生：奶奶，您辛苦了；爷爷，谢谢您每天接送我上下学。

……

师：如今，你们已经是十岁的孩子了，可以帮长辈们分担一些力所能及的家务活了。今天我们就来写一篇关于这样主题的作文。《＿＿＿＿＿＿，我来帮你＿＿＿＿＿＿》，请你们想一想日常生活中，有什么是你们可以帮他们做的？

学生交流：我可以帮爷爷择菜；我可以帮奶奶洗碗；我可以帮外婆烧饭。

……

师：看来同学们都是孝顺的好孩子，可以帮长辈们分担繁重的家务活儿。同学们，我们写一件事，必须要写清楚事情的起因、经过和结果。在构建作文框架的时候，我们可以请流程图来帮忙，这样便于我们进行文章的整体构思。

师：接下来，你们可以根据流程图将事情的起因、经过和结果简单地填写在表格内。

（学生根据要求和自己的想法绘制流程图）

学生交流。

……

教师总结：通过今天的交流与学习，相信大家都发现流程图可以帮助我们在写作文前想好文章的框架，这可真是个不错的工具，希望大家写作时可以经常使用它。

借助流程图，可以使文章的逻辑性加强，整篇文章脉络清晰、层次分明，文章的骨架十分有条理。

（三）树状图

当遇到多条复杂信息需要被整理归纳时，常采用树状图。对信息进行分组或者分类时，采用树状图是一个很好的选择。树状图是思维导图中最关注主题与次主题从属关系和结构性的最强类型之一。从树状图的结构上看，由中心主题开始，从上至下发散开来，每一层分支都由更高一层分支衍生而来，下层分支的内容完全从属于更高一层分支，每个相邻分支之间互不干扰。因此，其功能优势很突出，可以帮助学生归纳总结，梳理知识体系，厘清思维脉络。其基本形状如图 9 所示。

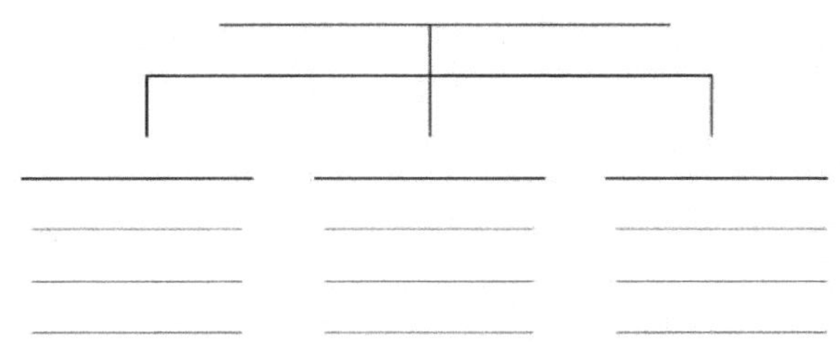

图 9　树状图

如郁达夫的《故都的秋》在描写秋景庭院图时，写到了破屋、浓茶、碧绿的天色、牵牛花的蓝朵、秋草、落蕊、秋蝉的残声等意象。学习名家的写作方法，不仅要知其然，而且要知其所以然，笔者运用树状图来分析、探究名家这样写作的深层规律。笔者利用树状图对文章中所提到的意象进行分类，如图 10 所示。

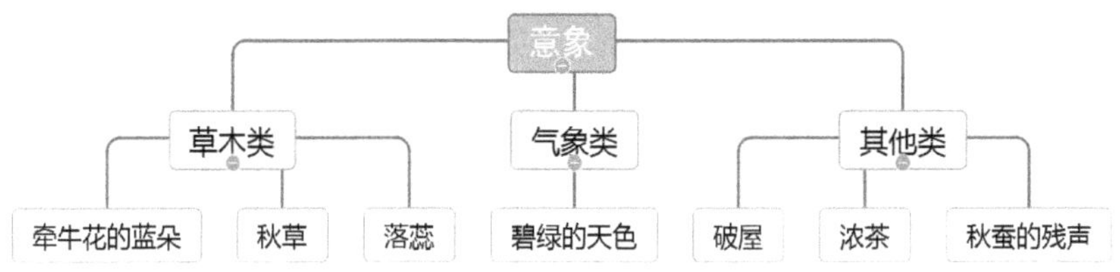

图 10 《故都的秋》树状图

这篇文章是部编版三年级上册的文章，对于三年级的学生而言，这篇文章并不好懂，特别还涉及多种意象，学生在理解上是有困难的。笔者在课堂中利用树状图将文章中所涉及的意象进行整理，学生可以一目了然，而且可以拓展延伸到《家乡的秋》的写作教学当中，让学生知道可以从哪些角度去写家乡的秋。

(四) 括号图

从括号图的表现形式看，可以很明显地发现，括号图所表现的是“一对多”的关系。其中，“一”是指一个事件整体，“多”是指从属于该事件整体的分支，并且这些分支根据自身的内容，还可以独立发散出属于它自己的更次级分支。所有的“多”，包括分支和次级分支，都是“一”的局部。因此，学生写作中需要分析事件整体与局部的关系时，常采用括号图。括号图的基本形状如图 11 所示。

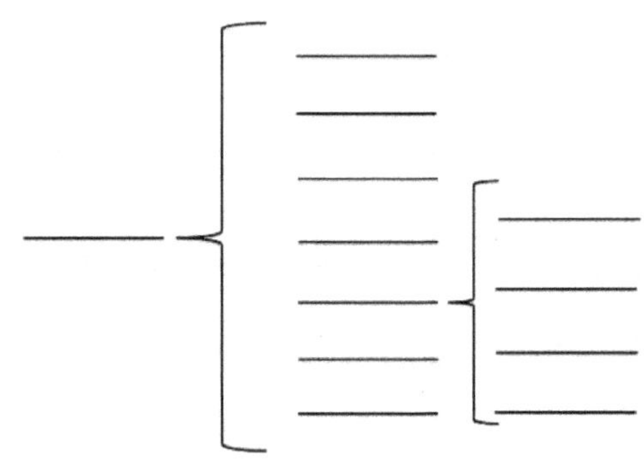

图 11　括号图

教师在培养学生采用思维导图的方法进行写作时，应当清楚各种类型的信息的本质，将信息以左右脑的活动区域预先进行划分。比如，教师在教导学生叙述事件的前因后果、先后顺序时，着重讲的是条理性。因此，教师可以引导学生有意识地去接收来自外部的，关于逻辑、推理、分析等方面的信息，强调事件内在的因果关系、递进关系和转折关系等。这样，学生写一件事情就会更加具有条理性，不会出现逻辑不清的情况。再者，如果教师在教导学生描写一个人物时，就应当更加侧重培养学生去发挥想象力和创造力。比如，可以让学生用发散的方式去联想有关于人物的各种性格、特征，从多个角度去探索人物的内心和外在世界。这样，学生在描写人物时，就会对被描写的人物有更加立体的感觉，一个清晰饱满的人物画面就会自然而然地浮现在学生脑中，下笔写作时就不会出现对人物刻画单薄的情况。

如在作文课上应用思维导图引导学生使用括号图，如图12所示。

课例4：在教学作文《印象深刻的一件事》时，运用此模式进行谋篇布局的实践。学生借助思维导图中的括号图类型，结合老师在课堂上的教授来规划文章的整体布局。图12是李同学《印象深刻的一件事》的思维导图作文布局图。

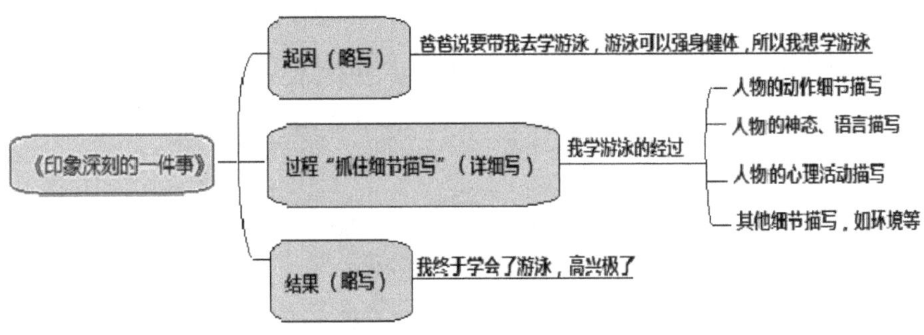

图12 《印象深刻的一件事》思维导图

三个环节给出了该学生写《印象深刻的一件事》的思维过程，三个环节分别对应中心主题“一”的三个“局部”。第一部分，开门见山，指出印象深刻的一件事是爸爸带“我”去学游泳，此为这件事的起因。第二部分是此文的重头部分，文章的大部分篇幅都汇聚在这个部分，交代清楚作者学习游泳的整个过程，包括利用括号图的分括号进行展开，分别又进一步将过程进行描写。文章的第三部分即文中的结尾处，首尾呼应，点题总结，简洁明了、不拖沓。

（五）圆心图

当有一个事件需要被明确定义时，常采用圆心图。圆心图主要用于详细描述一个中心主题，其重点关注的是中心主题本身，讲究主次结构，所有联想或者是描述的细节都围绕中心主题进行发散。它有两个圆圈，里面的小圈是主题，而外面的大圈里放的是和这个主题有关的细节或是特征。比如，在定义一个目标时，为了更具体介绍目标，我们可以在大圈里放置有关该事物的一些细节描述，这些细节本身可能有所侧重，但这些侧重点并不是该思维导图类型所关注的，所有的细节只是围绕中心主题进行描述，从侧面反映中心主题的概念，丰满中心主题的羽翼和内容。圆心图的基本形状如图 13 所示。

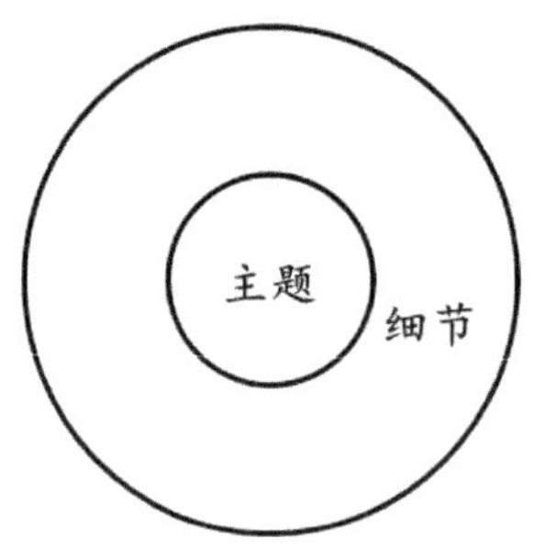

图 13　圆心图

学生在写作时不积极主动使用思维导图，在确定中心思想时就不容易找到圆心图的圆心，落笔前对作文的中心思想把握不住，就无法围绕中心进行外围的细节描述，在下笔时，往往会顺着自以为是的方式行文，但这种时候恰恰是和题目要求的主旨不相符的。学生因为把握不住作文题目所要表达的重点，对于作文题目的理解出现偏差，文章再出色，文采再斐然，也只是无用功。

作为教师，应当培养学生从作文的最开始一步出发，拿到一个作文题目，首先要学会审题，知道题目要我们写什么，这是作文的第一步，也是最重要的一步。如果审题出现偏差，后面的逻辑条理再清晰，文采再出众，也依然无济于事；相反，如若审题切合要点，抓住中心，就能在一场作文的长跑比赛中的起步阶段取得优势，在后面的行文中也不怕偏离轨道。笔者认为，采用圆心图方法，其圆心，即主题，我们所有的行文、所用的辞藻修饰手法或者不同的句型即圆心的外围细节描述，而这些细节描述都是为了突出体现所要写的人或物的特点。一篇作文如思维导图圆心图一般，只能有一个中心，其他的所有描述和选材都是为了衬托这个中心，这样，整个作文才能紧凑而不散乱。

对于使用思维导图后学生们的作文，笔者明显发现，学生使用的素材更多了，素材更加鲜活和丰满，素材对中心的衬托更加明显；素材选用的角度更加多样化，文章更加新颖立体，有的素材甚至能让人眼前一亮，过目难忘，这也得益于学生们在思维导图的帮助下，思维得到了发散，学生们再也不用为怎么写而烦恼。

借助思维导图构建文章骨架，厘清行文思路、脉络层次，明晰了写作方法。通过思维导图发散整理写作素材，这样写出的文章就显得饱满而个性。由此，学生不再觉得写作是一件痛苦的事情，他们在这个过程中学到了习作的方法，找到了写作的乐趣。

参考文献

[1] 姜子云 . 类比问题解决中图式归纳机制的研究 [D]. 南京：南京师范大学，2007.

[2] 沈董美 . 思维导图在小学作文教学中的应用研究 [D]. 上

海：上海师范大学，2018.

[3] 曾素萍 . 图式归纳在八年级说明文写作教学中的应用研究 [D]. 南昌：江西师范大学，2015.

[4] 董有志 . 浅谈作文图式理论在小学高段学生作文教学中的应用 [J]. 语文知识，2016(6)：94–96.

[5] 苏卫兵 . 运用图式理论训练学生作文谋篇能力 [J]. 安徽教育学院学报，2001(1)：108–109.

[6] (英) 托尼・巴赞 . 思维导图 [M]. 北京：作家出版社，1999.

[7] 王玲玲 . 思维导图在语文课堂的实用性探究 [D]. 四平：吉林师范大学，2012.

[8] 戴冰，张惠，张庆林 . 类比问题解决中图式归纳的多维效应实验研究 [J]. 西南师范大学学报：自然科学报，2009 (5)：201–204.

（作者单位：舟山市海淀区白泉中心小学　袁叶丰）

习作教学中自学辅导的再构建

卢仲衡自学辅导教学模式是我国教育课程改革进程中产生较大影响的教学模式之一。它以学生为主体，以提高学生的自学能力、创新思维为目标，以学生“启、读、练、知、结”自学辅导为方式与途径，对传统班级授课制进行反思，在吸收自学优势论、程序教学等研究成果的基础上，结合我国教育实情进行建构的一种教学模式。在小学语文习作教学中，运用这种教学模式对学生习作水平的提高也有着积极的推动作用。结合年段、学科的特点，笔者对自学辅导教学模式进行了优化创新，并运用到课堂内外的习作教学中，取得了一定的教学效果。

一、理论简介

（一）自学辅导教学理论的发展

卢仲衡自学辅导教学模式源于早年的自学优势论和对1963年开始的程序教学实验的反思。通过两年失败的程序教学实验，卢仲衡明白了要想获得成功，就必须探索更符合我国国情的教学改革之路，要借鉴程序教学的优点，克服其原本存在的缺点。1965年，他依据心理学理论，从数学教学开始重新实验。

自学辅导法实验历经30余年，大概可分为初创（1965—1966年）、恢复扩大实验（1967—1985年）、继续发展（1986—1990年）和实验深化（1991—1995年）四个阶段。其中，1981

年是实验进行的一个重要节点。这一年，中国科学院心理研究所在北京召开了“数学自学辅导教学协作实验交流会”，把这种教学程式正式命名为“自学辅导教学”，并指出其他学科也可做相应的实验。在此之后，语文自学辅导教学也有了新的进展。颜振遥编辑的《自学辅导实验教材》在江苏淮阴、四川成都等地的一些学校中进行了实验，产生了较大影响。回顾整个实验过程，其30余年的改革、创新、研究与实践探索是一项彻底的教学模式改革，并取得了显著的效果。1995年之后，自学辅导法实验继续在全国各地进行。

（二）自学辅导教学理论的概念界定

1. 自学

结合叶圣陶先生的思想，我们这里所说的“自学”主要指的是学生在教师的辅导下对知识及其意义的主动建构。广泛意义上来讲，所有能有效地促进学生发展的学习都可以说是自主学习，即自学。

2. 辅导

教学活动离不开教师的辅导，我们可以这样给“辅导”下一个定义：辅导是教师帮助学生自主完成知识及意义建构或促成学生心智成长与道德成长的教育手段。

3. 自学辅导教学

所谓自学辅导教学，就是受教育者在教育者的组织、指导、帮助、促进下自主地完成知识及意义的建构，形成完满人格的过程。其教学目标是让学生主动参与学习过程，独立完成知识及意义建构；让学生获得自学的方法和能力，培养其自学的习惯。自学辅导的教学方式最基本的有三种：教师提要求、提方法，学生自学；学生自学，教师导向深入；边指导边自学。

4. 自主辅导教学七条原则

(1) 班定步调与自定步调相结合的原则。

(2) 教师指导辅导下学生自学为主的原则。

(3)“启、读、练、知、结”相结合的原则。

(4) 利用现代化手段来加强直观性原则。

(5) 尽量采取变式复习加深理解与巩固的原则。

(6) 强动机、浓兴趣的原则。

(7) 自检与他检相结合的原则。

二、自学辅导教学理论在习作教学中的运用

卢仲衡根据我国的教学实情，反思班级授课制、个别化教学、程序教学等思想理论，经过多年的研究总结，建构了在教师辅导下以学生为主体进行自学的“启、读、练、知、结”自学辅导课堂教学过程。自学辅导教学用于数学教学取得了良好的效果，用于语文教学也产生了较好的作用。但笔者发现，该教学模式更多地作用于初中或高中的语文教学。小学阶段，尤其小学语文教学中的习作教学方面涉猎较少。因此，本文以小学语文习作教学为基点进行了实践和尝试。

(一) 自学辅导教学理论在习作教学中的优化

卢仲衡总结的“启、读、练、知、结”五步课堂教学过程，其中，“启”即启发，就是从旧知识迁移到新知识，激发学生的求知欲望，使他们产生迫切解决问题、获得知识的需求；“读”即阅读，针对不同的文本进行多种形式的阅读；“练”为练习，从阅读、思考中获得新的知识和理解；“知”就是当时知道结果，要及时订正和反馈；“结”就是小结，就是为学生自学进行本质的、内在的、规律性的提炼与概括，使自学更加规范化，使思

维更加科学化，使知识更加系统化。这个教学模式的基本结构为“三段五步”，也就是将上述的“五步”整合成“三段”，即启发、自学、小结。自学辅导课堂教学模式的流程清晰，结构明了，如下图所示。

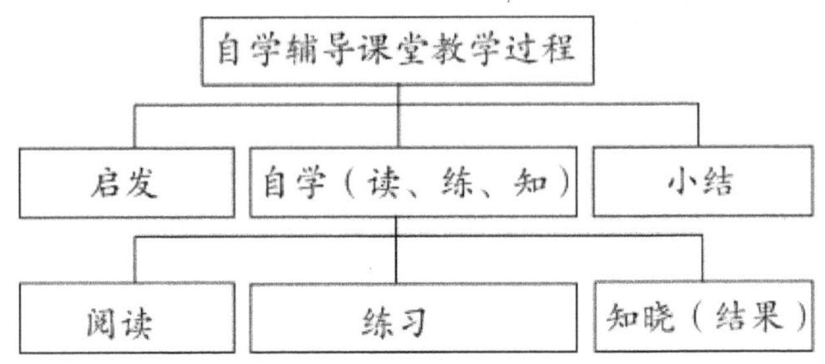

图 1　卢仲衡自学辅导课堂教学过程

为了能够更好地作用于习作教学，基于自学辅导教学理论，我们就要把其核心“启、读、练、知、结”自学辅导教学模式进行优化和整合，将“三段”沿用过来，整合成“三步”，从而达到关注差异，强化异步，突出自读自悟和写法迁移，使习作教学达到有序、高效的目的。我们宽泛地来理解这里所说的习作教学，包括课堂内的单元习作和小练笔，课堂外的日记、随笔和调查报告等。因此，针对课堂内外不同的教学环境，我们要进行不同的整合和优化，在“三步”的基础上，再次进行分化。

（二）运用自学辅导教学模式改进课堂内的习作教学

一般来讲，我们将更多的精力和时间分配在课堂内的习作教学中。这里的习作教学主要是指课后的小练笔以及单元练习中的习作。那么如何将优化后的“三步”在课堂内的习作教学中得以很好地运用和实践呢？笔者将以五年级下册第一单元的“写信”为例，分步阐述。

1. 揭示主题，“启”发兴趣

由于是课堂内的习作练习，通常已经有了相应的主题，因此要多途径展示主题，在形式上尽量引起学生习作的兴趣。对现在的学生来讲，信件已经较为陌生了。如何拉近信件与学生的关系呢？在“写信”这个单元习作中，笔者首先将自己小学六年级时和笔友的一封信和学生们进行分享，又简单介绍了自己和这位笔友之间的故事。学生原本就对教师的童年生活很感兴趣，再用上对他们来说并不常见的方式进行交流，他们就会对这样“以笔会友”“以信会友”的方式充满期待，之后的环节也就顺理成章了。

2. “读练”结合，自学练习

自学练习，就要为学生的自主写作提供有利条件和广阔空间，把自学自悟的时间留给每个学生。除了主题、内容，写作技巧和写作规律是习作必不可少的。“读”是指学生在动笔写作之前，有目的地阅读训练目标、范文，从中掌握写作技巧和方法；“练”是在教师的辅导下，学生从阅读、思考、实践中得到的知识和理解写成文章的过程，这是写作教学中最为重要的环节。

除了将自己与笔友之间的信进行展示，笔者还要求学生认真阅读范文，通过自读自悟，从格式和内容两个方面去把握。之后通过小组交流，明确信的正确格式，再引导学生说一说这封信写得好的地方，引导学生说真话、心里话，并培养学生观察、思考的能力。在自学初步了解写信的方法和要点的基础上，让学生开始动笔自主练习。

3. 评价修改，“结”成共“知”

学生通过评价、修改，或得到肯定和表扬，或了解自己需要改进的地方。可以说，习作的修改和评价既是“知”的环节，又能完满地体现“结”的内容。习作教学中，“读练”往往是最能突出学生的自学的。而在这个环节中，很多时候，学生只管完成“写”的任务，而把“改”的任务完全抛给了教师。因此在自学辅导教学理论的指导下，我们更应该把修改的主动权还给学生。那怎样才能更好地就这个修改问题对学生进行辅导呢？笔者觉得可以这样做：

我们要依据循序渐进的原则，依照时间梯度进行分层修改辅导。可以分为以下三层：

第一层为“小改”，即文字修改范畴。文字修改是习作修改的基础目标和起码要求，也是《语文课程标准》中明确学生在修改习作中需要达成的目标。它涉及错别字、错句、标点符号和疏漏、误笔等基本规范的校对。这一层中，可以让学生教学生。主要是利用早读、习作修改讲评课等时间，让层次较高的学生作为主讲人，通过查找资料、总结经验和请教老师等方式，将某一个“小改”内容作为主题介绍给同学们。之后，要求学生针对性地对习作进行自我修改或互评，作用于实践。在“写信”这个主题的习作教学中，我们可以让学生先进行信的格式、标点等方面的小改。

第二层为“中改”，习作语句修改的范畴。习作修改要着眼于内容，如词句表达是否清晰、生动；有没有对事情的发展起到推动作用；是否有足够的细节加以支撑文章所要表达的内容；文章的结构是否清晰等。在学习“中改”的方法和要点之后，学生进行这方面的专项练习。有部分学生进行“中改”是有困难的，而教师精力有限，分身乏术，无法做到一一指导。这就要求小组内层次较高的同学针对“中改”的主题去帮扶有困难的同学。在这样的潜移默化中影响学生，使之提高习作修改的能力。这里，我们就可以要求学生在对信件进行修改的时候，做到将自己要表达的事情说清楚。

第三层为“大改”，就是大方向的修改，作文的结构、思想情感表达上的修改，也就是要从整篇习作入手，从大的格局上进行修改。教师要从文章的结构和所要表达的情感两个方面进行分析和辅导，使学生明确自己习作需要修改的大致方向。在此基础上，再以小组合作的方式进行修改，这样，学生修改后的文章质量就会有所提高。信与一般的作文不同，教师在引导学生大改的时候尤其要关注这一方面。

(三) 运用自学辅导教学模式改进课堂外的习作教学

区别于课堂内的习作教学，课堂外的习作没有主题的要求，内容更为自由，学生可以写自己的所思所悟，可以去写科普类文章，可以天马行空，随意想象。形式上也较为自由，有日记、随笔和调查报告等。虽然这些课外习作缺少统一的评判标准，但教师还是要对学生进行辅导，让学生学会自学。笔者依旧分三步进行阐述。

1. “启”发观察，获取素材

笔者有一种体会：只要是学生认真观察过的事情或地方，他们写出来的作文就会很出色，因此要提示或引导学生做个观察生活或大自然的有心人。这样就会积累大量的写作素材，激发学生想写作文、想抒发自己的情感，从而水到渠成地到达一种较高的写作意境。

“阳春三月，李花盛开”，这是金塘当地最负盛名的一种花，是一种象征。笔者以“李花”为素材，引导学生到李子苑去“看李花、闻李花、触李花”，去欣赏李花的烂漫，感受春天的美好。在教师的启发下，同学们有的编小诗，有的编童谣，还有的写自己的感受，做到了有感而发。

李花

枝头一片白，
三月正当开。
春风徐徐来，
暗香引蜂采。

李

四月初，李花开，
雪白一片真好看。
五月里，李叶茂，
蝴蝶蜜蜂采蜜忙。
六月底，李子来，
农民伯伯乐开怀。

李子苑游记

听说李子苑那儿的李花开得可好了，所以今天下午吃完饭，我就去李花苑里看李花。因为提前看了天气预报，知道会下雨，所以拿了伞，再上苑。

一到入口，就有了一种上当受骗的感觉。远远望去，只有零零星星的李花挂在树梢，和记忆里雪白雪白的李花差别不是一点点。走近细看，有的枝头缀满花骨朵儿，可能惧怕春寒，它们还不愿意展开笑颜；有的枝头则是含苞欲放和微微开放并存，给人以另一种景象。虽然有一些遗憾，但看着满眼的李树，我想下周再来一趟，可能就会看到期待的盛景了。

但既然来了，就继续走下去，全当爬山了。我一直向前走，过了木桥，有一座凉亭，与之前来时不大一样，经过改造，凉亭更安全也更美观了。凉亭的前方有一棵桃花树，桃花开得很好，满树的粉红在凉亭前的转角处显现。从凉亭看下方的湖面，湖水很绿，湖面很静，远远望去，就像碧玉一般……因为有我这个“路痴”带路，所以就算这个熟悉的地方，我和家人还是绕了远路。

下山的时候下起了小雨，爸爸说我们要走快些。但怕什么？我可是有伞的人啊。就这样，我顶着一把小巧又可爱的伞，硬要走水上步道，并优哉游哉地下了山。这时，雨有些大了，刚刚的碧玉上出现点点涟漪，且越来越多，那水点儿就像调皮的天使来到了人间……

等我们回到家，雨已经倾盆了……

2.“读练”自由，自主练习

没有主题的规定，我们就在课外的写作中鼓励学生不拘形式地、自由地把自己的见闻和想象写出来。学生写什么，自主拟题、自由表达，实质是让学生自定写作方法，自由地遣词造句，畅所欲言。在五年级下册综合性学习中，学生学习写简单的研究报告，笔者就积极鼓励学生以小组为单位，自拟题目去进行研究和撰写。学生们从身边的事物出发，撰写了不少具有本土特色的报告。虽文笔稚拙，但经过教师的辅导，也不乏新意。

例如，在《金塘麻糍的坚守与嬗变》长达三千多字的调查报告中，学生详细地介绍了缘起、活动的准备、资料的搜集和整理、小结四个过程。并通过资料的搜集和整理，向我们阐述了麻糍制作工艺的变与不变、销售情况的变与不变以及功用的变与不变这三部分内容。这样的自由练习既能够培养学生的自学能力，同时也能让他们收获到写作的乐趣。以下为调查报告中的一个片段：

麻糍制作工艺的变与不变

我们来到了金塘穆岙的一家麻糍作坊，看到坊主正在熟练地擀麻糍粉皮，作坊内弥漫着浓浓的麻糍清香。坊主热烈地欢迎了我们，还让我们自己动手尝试，体验做麻糍的乐趣。

通过坊主的介绍，我们对麻糍的制作也有了更多的了解。清明前后，金塘人就开始制作麻糍了。严格地说，能够用于制作麻糍是一种叫小麦青的野菜，冬天一过，遍地皆是。以前的人们将其摘来，回家后拣去杂物、根须和老头，然后用开水汆熟，腌渍一昼夜。之后，人们把这些加工过的小麦青放在河水中洗净，把磨好的米粉上蒸。待米粉蒸熟后，人们把它倒入石捣臼里，同时将青末一起倒入搅拌均匀后，然后一人用一种臼杵使劲捣搡，另一人用手将米粉翻拌，捣一次，翻一次，直到米粉与青末相混成浅绿色的米团，这时要有人用手将米团揉搅，直到青末与米团均匀混成一体备用。但现在，随着技术水平的发展，机器的运用代替了繁复的人工工序。工作人员只要把米粉和青末搅拌在一起，用搅面棍打入机器的一个入口中，这些东西再从出口出来时，就成了长长的淡绿色面团。工作人员把米团用搅米棍擀成薄薄的一大片，然后用剪刀剪成小小的菱形，这样，金塘麻糍就制作成功了。

除此之外，麻糍的用料上也有一些变化。原本为了防止麻糍之间粘在一起，会在面团擀成一大片这个环节中加入松花粉，但随着时间的推移，现在好一点的松花粉是越来越难找了。因此，有的作坊通过改变材料的配比情况，就算不用松花粉，麻糍也不会粘在一起了。

另外，现在最大的变化就是作坊规模变大了。以前，交通不便，金塘岛上所需要的麻糍数量有限。而现在，尽管传统的全手工作坊被半手工半机器的作坊所取代，但生产的麻糍仍然无法满足岛内外的需求，所以作坊规模逐渐在扩大。我们这回走访的这家作坊有五位工作人员，这还不算需要采青的员工。就是这么多的人手，加上机器，每天大家还是得加班加点制作麻糍呢！

3. 创新形式，“结”成共“知”

通过学生自己修改、互评互改等方式，课堂内的习作教学能够较好地达成“结”成共“知”的目的。然而课外的习作练习想要达到这个目标，就不是那么容易了。一是课堂上没有那么多的时间组织学生进行评价和修改；二是由于形式、内容的巨大差异，评价和修改时缺少一定的标准和范式，学生在评改的过程中就会遇到困难。因此，我们要创新方式，让学生既能鉴赏、评价别人的作文，也能在反思作文时发现自己的问题。

笔者选择的最主要的方式就是出版班级小报。从课堂外的作文中选择具有示范作用的，或者题材、内容较为新颖的习作进行排版、打印，并在教室的专属区域进行张贴，每四人小组发放一份。这里笔者不对这些文章进行修改，将学生“原汁原味”的文字放上去，让全体学生去欣赏、去修改。班级小报运行没多久，圈找错别字成了学生最喜欢的一件事。

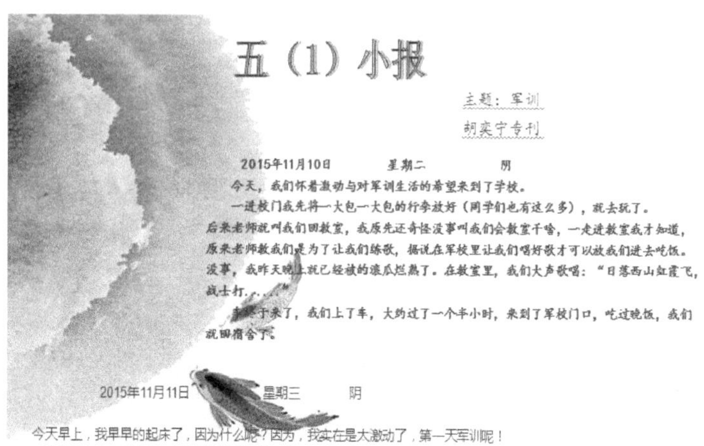

五（1）小报

主题：军训

胡奕宁专刊

2015年11月10日　　星期二　　阴

今天，我们怀着激动与对军训生活的希望来到了学校。

一进校门我先将一大包一大包的行李放好（同学们也有这么多），就去玩了。后来老师就叫我们回教室，我原先还奇怪没事叫我们会教室干啥，一走进教室我才知道，原来老师教我们是为了让我们练歌，据说在军校里让我们唱好歌才可以放我们进去吃饭。没事，我昨天晚上就已经被的滚瓜烂熟了。在教室里，我们大声歌唱：“日落西山红霞飞，战士打……”

车终于来了，我们上了车，大约过了一个半小时，来到了军校门口，吃过晚饭，我们就回宿舍了。

2015年11月11日　　星期三　　阴

今天早上，我早早的起床了，因为什么呢？因为，我实在是太激动了，第一天军训呢！

一声哨子吹响，我们急匆匆的跑到了大操场，我们整整一天基本都在站着，而且一动也不能动。中饭和晚饭果然都要唱歌，而且是哪个班唱得响那个班先进，所以我们都大声唱着，我也跟着用我最大的嗓音唱，连嗓子都哑了。

太阳一转眼就下班了，我们也下班了。我们回到宿舍倒头便睡。

自学辅导教学既是一种教学策略，又是理论与实践不断反思、探索的过程。习作中，运用这种教学模式能培养学生独立阅读、审题、思维、操作等方面的能力。这种教学模式适应了学生发展的需要，能够提高学生的素质，使学生从“灌输式”的教学中解放出来，切实提高学生的习作兴趣和习作能力。

参考文献

[1] 秦晓华 . 自学辅导教学思想及策略研究 [J]. 天津师范大学学报：基础教育版，2007(3)：38–42.

[2] 卢仲衡 . 三十三年自学辅导教学研究的回顾与展望 [J]. 教育研究，1998(10)：15–21

[3] 李晖 . 卢仲衡自学辅导教学模式述评 [J].课程 · 教材 · 教法，2016(8)：114–121.

[4] 徐敏 . “启 · 读 · 练 · 知 · 结”——以“自学辅导教学理论”为基准的小学作文课堂建模 [J].赤峰学院学报作文教学研究，2013(4)：76–77.

（作者单位：舟山市定海区山潭中心小学　董蒙蒙）

迁移在写作教学中的运用策略

学习的迁移是指已获得的知识、动作技能和情感态度等对新的学习的影响。触类旁通就是通俗意义上的学习迁移。学习迁移是一种普遍现象，广泛存在于各种学习材料和各种形式的学习中，其中以知识学习与技能学习最为显著。学习与迁移不可分割，凡是学习，都会有迁移，孤立的学习是不存在的。迁移既是学习的继续和巩固，又是提高和深化学习的条件。学习迁移不仅存在于某种经验内部，也存在于不同的经验之间。

一、理论概述

1. 迁移的概念

学习迁移指的就是一种学习对另一种学习的影响。它既包括先前学习对后继学习的影响，又包括后继学习对先前学习的影响。同时，这种影响又包括积极的和消极的两个方面。

2. 迁移的种类

迁移的种类可以从许多角度来进行划分。从迁移的性质或效果来看，可将迁移划分为正迁移与负迁移；从迁移发生的层面来看，可将迁移分为横向迁移与纵向迁移；从迁移发生的方向来看，可将迁移分为顺向迁移与逆向迁移；从迁移影响的领域来看，可将迁移分为一般性迁移与特殊性迁移；从迁移作用的范围来看，可将迁移分为近迁移和远迁移。

3. 传统迁移理论

传统的迁移理论主要有沃尔夫的形式训练说、桑代克的共同要素说、贾德的概括化理论、苛勒的关系转换理论。

(1) 形式训练说来源于德国的官能心理学，代表人物是沃尔夫，他认为学习的迁移就是非物质的心灵官能受到训练而自动发展的结果。但他只强调训练人的各种官能，缺乏足够的实验和现实依据。

（2）19世纪末20世纪初，桑代克和伍德沃斯在反对形式训练说后，提出了共同要素说，认为学习就是形成一种情境与反应的联结，学习迁移就是相同联结的迁移。只有在两种学习中存在着共同要素，第一种学习上的进步才能转移到另一种学习上去。

（3）贾德提出来的概括化理论认为两个学习活动之间存在的共同成分只是产生迁移的必要前提，而产生迁移的关键是学习者在两种活动中概括出它们之间的共同原理。

（4）关系转换理论是格式塔心理学家于1929年提出的学习迁移理论，代表人物是苛勒。苛勒用“小鸡啄米实验”证明了关系转换的学习迁移理论。他认为迁移产生的实质是个体对事物间关系的理解，习得的经验能否迁移并不取决于是否存在共同的要素，也不取决于对原理的孤立掌握，而是取决于个体能否理解各个要素之间形成的整体关系，能否理解原理与实际事物之间的关系。

总的来看，心理学界关于学习迁移的早期研究主要还是围绕着学习情境与学习者主体这两个方面进行探讨的，尽管这些研究还比较笼统、含糊，但毕竟它们得出了许多有价值的结果与结论，给予了我们重要的启示。

4. 现代迁移理论

自20世纪60至70年代以来，随着认知科学与信息加工理论的产生和发展，研究者们提出了许多新的学习迁移理论，比较著名的有认知结构的迁移理论、迁移的产生式理论和迁移的结构匹配学说等。

（1）认知结构的迁移理论。布鲁纳和奥苏贝尔把迁移放在学习者的整个认知结构的背景下进行研究，认为学生原有的认知结构是实现学习迁移的最关键因素，一切新的有意义的学习都是在原有的认知结构的基础上产生的。“为迁移而教”实际上是塑造学生良好认知结构的问题。

（2）迁移的产生式理论。辛格莱与安德森提出了迁移的产生式理论，他们认为，前后两项学习任务产生迁移的原因是两项任务之间产生了重叠，重叠越多，迁移量越大。两项任务之间的迁移是随其共有的产生式的多少而变化的。

（3）迁移的结构匹配学说。这一学说包括结构映射说和问题空间匹配说。詹特纳于1983年提出了迁移的结构映射理论，他认为迁移是通过对两种情境中所蕴含的结构与等级组织关系进行映射的过程。莫兰、格里恩等人则提出了问题空间匹配说，认为迁移是通过问题空间的类比来实现的，个体通过借用已掌握的问题空间来与新问题的某些部分相匹配。

当代学习迁移研究呈现出迁移研究的系统分化、对共同因素研究的拓展、一般迁移与特殊迁移的争论仍然存在等特点。但是它更加关注教育教学实践中的现实问题，因此也出现了“为迁移而教”的研究热潮。

5. 迁移的意义

从理论上说，学习的迁移是学生所掌握的知识技能向智力、能力转化的关键。从实践上说，掌握了迁移规律可以提高教学的成效。学习迁移理论在小学语文教学中具有重要的指导意义。在语文教学中合理运用学习迁移理论能给学生带来事半功倍的学习效果，能够发展学生解决问题的能力，促进学生的智能发展。

二、学习迁移理论在写作教学中的再运用

在作文教学中，教师应充分利用学习迁移的规律，将学生在听、说、读中获得的知识、技能及良好的情感态度有效地运用于作文实践中。

1. 说写的迁移

桑代克的共同要素说认为，新旧学习材料中具有相同要素是实现学习迁移的重要条件。因此，作文教学中应将说与写相结合，说是口头语言，写是书面语言。唐自杰在《低年级儿童书面语言与口头语言相互关系的研究》中指出：低年级儿童在说、写的数量和特点上几乎没有差别，丰富了儿童的口头语言，其书面语言也会丰富起来。说和写有着极为密切的关系，说和写同为表达过程，说、写间的共同点为说写迁移创造了条件。虽然口头语言与书面语言存在着差异，但在作文教学中，我们可采用口头语言与书面语言优势互借的策略，促进表达质量的提高。如采用口述后再笔述的方法来提高说优写劣学生的作文水平；用笔述后再口述的方法来提高写优说劣学生的口头表达能力。

2. 读写的迁移

阅读可以迁移到作文上来，读写结合是常用的写作教学方法。什么是阅读与作文间的共同要素呢？那就是文章中字、词、句、段、篇的构成以及修辞方法、细节描写方法的应用等。作文教学中的迁移，仿写是最基本的手段。在进行阅读教学时，教师可充分挖掘课文中的写作知识与方法，在教学时充分利用知识与方法，引导学生学习作者是怎样用语言文字表情达意的，学习作者巧妙的构思、有序的写作、独特的观察视角等。

穿插在文中各处的环境描写往往有推动情节发展、烘托人

物形象的作用。《桥》的作者在文章的各个部分都进行了适当的环境描写。如开头“黎明的时候，雨突然大了，像泼、像倒”，中间“一米多高的洪水已经开始在路面上跳舞”，“水渐渐窜上来，放肆地舔着人们的腰”，结尾“这时，木桥开始发抖，开始痛苦地呻吟”。在教学环境描写中间穿插的写法时，教师可先引导学生根据课文内容填好表1。

表1 《桥》一文中环境与情节的对照

环境	情节
雨大，山洪咆哮	人们你拥我挤往南跑
一米高的洪水跳舞	人们疯了似的折回来
洪水在狞笑	老汉镇定指挥，人们有序过桥
洪水舔着腰	老汉揪出小伙子
洪水爬上胸膛	老汉把小伙子推上木桥

这时，学生不难发现，随着洪水越来越猛，故事情节也越来越紧张，在教师的引导下，他们很快能体会到环境描写推动情节发展的作用，也能悟出恶劣的环境描写衬托了老汉先人后己的崇高精神。

通过这样的引导，学生对中间穿插的环境描写有了初步感知。在这个基础上，创设特定情境让学生进行迁移练习，以《虚惊一场》为例，引导学生在事件中穿插环境描写（见表2）。

表2　学生习作《虚惊一场》穿插环境描写

虚惊一场 唉，爸妈都加班，我得一人在家 ______________________ ______________________ 我心怦怦直跳，慌乱中，随手抄起玩具枪…… ______________________ ______________________ 啊……我一头钻进被窝……

有学生写道：

“呜——”随着一阵低沉的呜咽声，一股冷风钻进了我的脖颈，似乎有人在我身旁忽地吹气，我猛然回头，窗外闪过一个黑影……

……那团黑影越来越大，无比可怕的黑手掌正噼里啪啦地猛叩窗户，似乎想破窗而入，之前看过的妖魔故事在我脑海一一闪过……

阅读教学要提炼有针对性的写作元素。课文中蕴含的写作元素非常丰富，且各有特点，很难篇篇都有共性，所以，要结合写作需求，提取有用的写作元素，不求多，但求有效且有可操作性。教师要善于通过阅读教学引导学生将阅读学习中的语言文字、表达方式和写作技巧直接或间接地迁移到写作中去。

3. 鉴赏文章

依据概括化理论，学习迁移发生的关键在于对经验的概括。学习迁移的过程实际上是一个概括的过程，即通过分析，概括出新旧学习内容的共同本质，用旧知识去同化新知识。学生对某一作品能评说出好在哪里、欠缺在哪里，那么他在写作时就会尽量做到取别人之长，补己之短。否则，他只会依样画葫芦，没有自己的观点，最终只是用自己手中的笔表达别人的思想与观点。

4. 方法指导

心理学家的实验研究表明，掌握必要的概括化的智力活动方式是提高学习迁移的必要条件。在作文教学情境中，给予学生的指导越多，迁移的效果越好。笔者曾做过一个实验，小学三年级学生要进行写景的作文训练，要求是："观察一处景物，按一定的顺序，抓住景物特点进行观察，然后写一段话。"笔者让学生观察校园一角，将学生分成两组：一组学生自己观察，选择景点；另一组学生由教师带领，指导观察、写作方法，然后自主作文。结果是前一组学生通过观察，能用一段话写出自己观察到的景物，但是观察无顺序，且景物特点不突出，而是泛泛而谈；后一组学生不仅观察有序，且能抓住景物特点来写。相比之下，对学习方法有指导的练习比无指导的练习更能产生较大的迁移。因此，有效的写作指导对作文教学来说是必要的。

5. 摄影与写作的迁移

摄影与写作的迁移不是一般的看图作文。它具有"两栖性"——能摄、能写，缺一不可；它还有较强的迁移性、综合性。学生准备相机、手机等设备，教师给予学生摄影技术指导。学生以主题为引导，通过摄影积累生活素材，建构素材网络，以便写作时进行图文迁移。摄影解决的不仅是激发学生兴趣、辅助积累材料等习作难题，其实摄影自身的多种技巧同样承载着教育功能：角度、定格、调焦、构图、抓取……不少拍照技能与习作技巧一脉相承。因此，教师可积极探索摄影与习作的联结点，开展课堂教学实践，有效地将摄影技术迁移到写作技巧上。以下列举"慢镜头迁移人物动作描写"的习作指导课。

针对作文写不具体的问题，笔者尝试运用慢镜头辅助指导。慢镜头能将人物的动作、神态等尽量细腻地表现出来，让观众看得更清晰。作文中的慢镜头其实就是细节描写的“串联”——将精彩的片段细致有序地展现给读者，这样写出来的作文自然生动细腻多了。慢镜头对动作描写特别有效，一个人的动作是由一系列小动作构成的，把一个大动作分解成几个小动作，写出具体连贯的动作，就能把人物动作写具体。在“巧用‘慢镜头’，让人物动作具体化”习作指导课上，笔者将课程的流程大致设为了解慢镜头—慢镜头写法指导—摄影实践—写作实践四个步骤。

一、视频比较，导入“慢镜头”

(1) 出示两段内容相同的视频(学生打乒乓球)，一段正常速度，一段放慢速度(慢镜头)。

师：这两段视频中，你发现了什么？

师：我们看电影时都接触过慢镜头，电影中的慢镜头常常在视觉上增添了诗意和美感，影片中的细节一览无余，加深了观众对画面的印象。

(2) 你觉得慢镜头有哪些特点？

师生提炼：放慢——速度；延长——定格画面；放大——细微变化。

(3) 今天这节课，我们要采用“慢镜头”手法进行写作，重点写好人物的动作。

二、动作描写方法指导

一个人的动作是由一系列小动作构成的，把一个大动作分解成几个小动作，写出具体连贯的动作，就能把人物动作写具体。比如，吃。

出示：

第一组：

A. 老王津津有味地吃着芝麻烧饼。

B. 老王用右手捏起一块芝麻烧饼，送到嘴边，小心而又狠力地咬下一口，几乎同时，他伸出左手，摊开手掌，在下巴处接着；待一个烧饼吃完，那纷纷而落的芝麻也就铺满了一手掌。老王不慌不忙，将左手的五指向掌心一拢，忽地往张开的大嘴巴里一拍，便香香地细嚼起来。

B 片段将吃这个大的动作分解成了哪些小动作？（捏、送、咬、伸、细嚼……）

第二组：

再次观看学生打乒乓球的普通视频，出示片段 A：

A. 只见小明做好准备工作，让我先发球。我发了一个快球，他也回敬了我一个快球。我又一个直射球，他用力一推。

就这样你来我往，比赛到了关键阶段，比分 7 : 7。对方发球，他发了一个旋转球。我回得过高，对方直接扣球，我毫无还手之力。

再次观看慢镜头视频，教师引导学生根据视频，对“发、回、推、扣”等动词进行分解。

出示采用“慢镜头”手法写作的片段：

B. 只见小明毫不示弱地举起乒乓板，习惯地耸耸肩，扭扭脖子，蹲好马步，微微抬起头，睁大他那双机警的眼睛，自信地说：“发球吧！”我将球往上空轻轻一抛，眼睛紧紧盯着落下的球，待球接触桌面后，球拍用力一削，先发出了一个快球，那个黄色的小球迅速朝他射去。他毫不犹豫地一侧身子，抡起胳膊，“啪”的一下也回敬了我一个快球。我又一个直射球，他警觉地皱了皱眉头，左脚往后一跨，右手对准球，用力一推，眼睛一刻也不离开球。就这样你来我往，球在我和他之间来回穿梭，像一道道优美的曲线。

比赛到了关键阶段，比分7：7。对方发球，只见小明扎了一个马步，高高地将球抛起，眼睛死死盯着球，球接触球拍的一瞬间，他手腕轻轻一抖，拍一削，脚一跺，球高速旋转着，像出膛的炮弹，向这边飞来。我慌了，眼睛只瞪着球飞来的方向，迅速往后退，就在乒乓球接触桌面的一瞬间，它竟然像一个顽皮的孩子，斜着身子，直往边上窜。我眼疾手快，伸手用横拍一搓，球回得过高，对方抓住时机，腾空一跃，猛地一个扣杀，球快如闪电，直向我射来，我毫无还手之力。

B片段是怎么分解动作的？学生交流、回答。

小结写法：分解动作，展示动态。

三、观看学生花样跳绳的视频，写片段

师：下面我们就要运用这些方法来写一个片段。今天大课间活动的时候，老师在你们花样跳绳时拍了一段小视频。

(1) 播放视频。

(2) 请学生任选一个跳绳选手，说一说他的“跳”这个动作可以分解成什么。

(3) 你觉得跳绳同学身上可以用上哪些丰富的动词？

(脚：跳、蹦、跨、蹿、跺、钻、冲、飞奔、纵身一跃、腾地而起……手：紧握、抡……脖子：缩紧……整个身体：蜷缩、旋转……)

(4) 请你用学到的方法，以动作描写为主，写一个片段。

在这样直观形象的迁移学习中，学生更容易习得写作方法，也比较有兴趣尝试从摄影到写作的迁移与运用，久而久之，便能内化、迁移到自己的写作中去。

6. 多读多写

叶圣陶先生曾说："写作和阅读比较起来，尤其偏重技术方面。凡是技术，没有不需反复历练的。"巴金也曾这样告诫爱好文学的青年："写吧，只有写，你才会写。"作文教学中，大量阅读就能使学生真正理解文章是什么，从而较快地进入写作状态；而大量的写作实践能使学生感悟写作的过程及乐趣，从而进入"提笔就写"的状态。

在作文教学中，教师也要鼓励学生寻求运用知识的机会。如为了解决学生作文难的问题，教师可让学生由写一句话日记起步，进而写两句话、一段话，直至一篇文章。这样由浅入深，不仅使学生不再畏惧写作，还培养了学生观察生活的能力，让学生有话可写，写自己内心真实的话；如要学生写一篇文章，教师可出示同一题目而文体完全不同的文章，让学生通过辨别它们实质的不同来学习这篇文章的写法。

写作是学生语文综合素养的集中体现，写作教学是语文教学的重要组成部分。语文教学中，需要教师有技巧地利用听、说、读、写之间的迁移来提高语文整体的教学效率。虽然作文是学生综合素养的体现，作文能力的形成非一朝一夕，也非由某一单方面因素决定，学习迁移的效果还受到学生个人因素的影响，但在写作教学中，运用学习迁移理论可以提高作文教学效率是不争的事实。学生写作能力的形成与提高是通过对已掌握知识的概括，广泛迁移到学习及生活中，进一步概括化而形成的。

参考文献

[1] 朱俊华 . 多元迁移，发展学生语文思维 [J]. 语文教学通讯：学术（D），2017(6)：47–48.

[2] 伍荣秀 . 初中语文"以读导写，读写结合"有效性的实

践与探索 [J].课外语文：下，2015(9)：124，143.

[3] 王文静 . 促进学习迁移的策略研究 [J]. 教育科学，2004(2)：26–29.

（作者单位：舟山市定海区定海小学海滨校区　郑雯）

第二学段习作课堂指导的同化与发展

写作是使用语言文字符号反映客观事物、抒发思想感情、传递知识信息的创造性脑力劳动过程，是人类表达内心所想所感的重要方式。培养少年儿童具有良好的书面表达能力是教育工作者的重要任务，写作教学可以在语言教学、学生表达能力培养等方面发挥重要的应用价值。我国《义务教育语文课程标准（2011年版）》中的“课程目标与内容”部分中指出：“使学生能把自己的见闻、体验与观点，具体明确、清楚明白、文从字顺地表达出来。选择在日常生活中常见、与自己有关并切实需要的表达方式进行写作。”然而在当前我国开展的小学语文作文教学中存在着许多问题，很多学生会产生无从下笔的现象，就算写出来，作文内容也会出现矫揉造作、空洞虚假等失真现象。尤其随着年级的升高、作文训练强度的增加，学生写不出来、写得不真的问题也越发增多，这从一定程度上反映出写作教学存在着缺失。因此，笔者认为，利用合适的教学理论设计教学、展开教学，对于帮助学生解决写作中存在的问题有着重要的意义。

一、理论简介

认知结构同化理论是由美国著名认知派教育心理学家戴维·保罗·奥苏贝尔在《教育心理学：一种认知观》(1978）一书中提出的，该理论又被称为有意义学习理论。从广义上说，认知结构同化理论是学生已获得观念的全部内容及其组织；从狭义上说，则是学生在某一学科的特殊知识领域内观念的全部内容及其组织。“同化”最先由瑞士心理学家让·皮亚杰应用于儿童发展心理学领域，意指人们把知觉到的新鲜刺激融于原有的格式中，从而达到认知的发展。奥苏贝尔在前人的基础上，将认知结构同化理论进一步引入课堂学习中进行研究，他认为新知识的学习必须以已有的认知结构为基础，学习者在学习的过程中不断将新知识与原有认知结构中具有联系的旧知识加以归属或固定，在此基础上才能建构新知。认知结构同化理论的核心思想就是让学生认知结构中已有的有关观念和新信息之间建立起联系。要在学生学习新知识的过程中，不断为他们提供与新知识相关联的旧知识，学生根据对旧知识的理解，融会贯通地接受新知识。

奥苏贝尔根据学习进行的方式，将学习分为机械学习和有意义学习两种类型。机械学习是指对任意的（或人为的）知识材料和字面的联系获得的过程。例如，作文教学中，学生们仅能根据教师给出的题目默写教师提供的范文，并不理解题目与文章之间的关系及范文所运用的写作方法。这是一种极其机械的学习方法，单纯依靠学习者的记忆学习新知，只能达到表层符号理解，无法对其复杂内部和主题推论产生理解，因此也可称之为死记硬背。

有意义学习是相对于机械学习而言的，是在学生的学习过程中占主要地位的一种学习方式。其本质就是把符号所代表的新知识与学习者认知结构中已有的适当观念建立非人为和实质性的联系。要想实现有意义学习，必须具备以下四个条件：

（1）学习材料必须具有逻辑意义。学习材料本身能够与人类学习能力范围内的有关观念建立非人为和实质性的联系。

(2) 学习者必须具有意义学习的心向。即学习者本身应当积极主动地具备在新旧知识之间建立联系的倾向。

(3) 学习者认知结构中必须具有适当的旧知识与新知识相联系。

(4) 学习者必须积极主动地发挥新旧知识的相互作用。当学生们把教学内容和自己原有的认知结构产生联系时，有意义学习才能发生。

通过对两种学习方式的对比，不难看出，要想使学生的认知结构不断发展，必须要避免机械学习的产生，达到有意义学习。

在认知同化的过程中，奥苏贝尔根据新旧观念的概括水平及其联系方式的不同，划分了三种同化模式：

①下位学习，又称类属学习。指学习者所要学习的新观念或新知识在概括程度和包含程度上低于原有的认知材料，学习者在学习后，能够把这一部分新知识归属到旧的认知材料的某一部分中去。比如，学生们在已经学习了某个写作方法之后，进一步接触到写作例文，对于这篇例文的学习就是下位学习的过程。

②上位学习，又称总括学习。上位学习是指学习者要学习的新观念或新知识在概括程度和包含程度上高于原有的知识材料，学习者在学习了一系列认知材料后，教师提出对这部分知识材料总括性的概念的学习就是一种上位学习。比如，在部编版三年级上册第三单元的学习过程中，学生们在学习了课文之后，再来学习童话的概念，童话这一概念总括了原有的概念。

③并列结合学习。这是在新知识与认知结构中的原有观念既非类属关系又非总括关系时产生的。学生在学习中对许多新概念的接受和理解都是并列结合学习的过程。当学生已经获得

了几个包摄程度相同并且彼此之间相互关联的概念以后，便会在此基础上获得另一个同样性质的概念。

二、认知结构同化理论的运用

（一）基于认知结构同化理论的课后练笔教学

尽管小学阶段的写作题材有限，但是学生仍然容易出现无话可说的现象，无法连贯地完成一篇语句通顺、情节连贯的作文。把长作文分割成短片段进行教学可以有效解决学生写不长的问题。这种短片段在教学中体现为课后练笔教学。比起传统的写作来，课后练笔写作篇幅较短，可以在课堂上花较短的时间完成。部编版教材中，自三年级起就编排了不少课后练笔的内容，单以三年级上册教材为例，有“小练笔”要求的课文就有三篇。认知结构同化理论的教学模式能够为课后练笔的学习提供教学参考，引导学生主动发现课文与练笔之间的关系，较好地帮助写作起始阶段的学生培养写作兴趣，提升写作能力。

以部编版教材三年级上册《富饶的西沙群岛》这一课为例。这一课的课后练笔要求学生从课本中给出的四幅图片中选择一幅写一段话。课本里只要求学生做到看图写话，但采用认知结构同化理论可以让学生们尝试着围绕一句话，根据这句话的意思来描述自己所看到的图片上的景象，这样能够更好地帮助学生们掌握“总—分”段落的写法，为园地作文写作夯实基础。

1. 回顾课文，总结已有知识

练笔环节伊始，教师再一次带领学生们浏览《富饶的西沙群岛》第六自然段，总结这一段落采用了“总—分”的写作手法，围绕中心句“西沙群岛也是鸟的天下”进行详细描述。教师在给出段落的同时，在课件上展示西沙群岛鸟多的相关图片，让学生们能够把图片与课文内容结合起来，明白第一眼看到的景象可以作为概括的总起句，接下来再围绕总起句进行详细的描述。之后，教师引出课文思考题给出的四幅图片，由学生们谈一谈自己对图片的第一印象。

师：同学们，读了课文的第六自然段，我们可以发现，它是围绕着哪一句话来写的？

生：西沙群岛也是鸟的天下。

师：对了，像这样一个段落中的句子都是围绕着开头第一句话进行描写的，我们称之为“总—分”段落。这一段中描述的就是西沙群岛鸟很多的场景。（边说边展示西沙群岛鸟多的图片）

师：老师这里还有几张图片，请同学们观察图片，告诉老师，你们对这几张图片的第一感受分别是什么？（边说边展示小练笔中的四张图片）

2. 给出例文，发现类属关系

在教师提出问题后，学生们肯定会认真观察四张图片，并给出自己对图片的感受。随后，教师通过板书列出学生们的感受，并对其中一幅图片给出例文，让学生们点评发现。教师可以这样进行点拨：

生 1：大海龟真大。

生 2：鱼儿在海底游来游去。

生 3：多么美丽的珊瑚！

生 4：海鸟在天空中飞来飞去。

师：（板书学生的答案）老师把大家的想法记录在黑板上了，有个同学已经试着自己写了一段话，想请同学们评价一下他的作品。（展示例文）

例文：这里的鱼真漂亮啊！有的鱼像一个个彩色的小喇叭，

有的鱼像一片片火红的枫叶，还有的鱼像一朵朵盛开的鲜花。大大小小的，多得数也数不清。如果非要数，那恐怕要数上好几年呢！

师：读了这个同学的小练笔，你们觉得怎么样？

生：这个同学的这段练笔围绕着“这里的鱼真漂亮”进行创作，和课文一样，运用了“总—分”的写作手法。

师：是的，像这样围绕着一个意思写的一段话，就是“总—分”结构的段落，这样进行创作能够更好地帮我们了解这一段话的中心思想，使创作起来更能抓住重点。

3. 尝试写作，同化所学知识

学生们对于“总—分”结构有了一定认知之后，教师就可以鼓励学生进行创作尝试，让学生们根据黑板上给出的总起句，尝试着围绕一个意思对图片进行描述，从而达到学以致用的效果。教师可以这样引导：

师：看完了这个同学的作品，相信同学们也已经迫不及待了。现在拿出你的草稿本，试着自己完成一篇小练笔。注意要抓住图片的重点，围绕着它来进行描述。

(学生进行练笔，教师巡视)

这样给出要求的练笔让学生们面对图片时不再感到毫无头绪，对课文知识进行的同化迁移让学生们明白了“总—分”结构的写作手法，这样就可以自己尝试着围绕一句总起句进行一段话的创作。整个过程中，有旧知识、旧材料的引导，也有新内容的创作，培养了学生自主思考、独立创作的能力。

4. 个别评价，巩固认知概念

在学生完成创作之后，教师还可以选择部分学生的练笔进行评价，通过进一步的点拨，让学生们巩固“总—分”结构的写作手法，在聆听点拨后，再自改练笔，加深对这一写作手法的印象。教师可以这样执教：

（老师指名3～4名学生对自己的练笔内容进行汇报）

师：你写得真不错！现在谁想来当一当小评委，评价一下他的练笔？

（学生根据练笔内容，对其他学生的作品进行点评）

师：你真是一个懂得欣赏的孩子。对于这位同学的作品，老师也有一点点想法。（教师进行点评，强调"总—分"结构的写法）

师：接下来，请同学们对照自己的作文，根据老师和同学们给出的意见进行修改。

（学生再次进行修改）

师：通过对《富饶的西沙群岛》和小练笔的学习，我们学到了一个新知识——以"总—分"结构进行创作，也就是围绕一句话来进行一段话的创作。总起句既可以帮助我们理解一段话的意思，又可以帮我们把一段话、一篇文章写好。

（二）基于认知结构同化理论的园地作文教学

课后练笔是一段话的写作练习，作文教学的根本目的仍是使学生能够完整流畅地完成一篇文章的写作。对于学生而言，进行短小的片段写作是远远不够的，更重要的是要掌握创作完整文章的方法。在常规课堂上，这主要表现为每单元的习作教学部分。通常的园地作文教学是根据给出的题目，教师给出相应的关键词句或框架，学生们把这些关键词句或框架做"拼接"处理，完成即算结束。而利用认知结构同化理论进行教学，则是通过把已学过的课文与园地作文内容相联系，使学生在完成写作的基础上，总结出创作该类作文的一定规律。从现实角度来看，这一方法可以提升学生们的创作能力和创作质量；从理论意义来看，这一方法对巩固作文教学的基础有着重要意义。以部编版教材四年级上册《记一次游戏》这一课为例。

1. 回顾课文，引出主题

首先，教师随机邀请几个学生，让他们说一说平时都喜欢玩什么游戏，然后带领学生们回顾本单元刚学完的课文《陀螺》，引导学生发现这篇文章与本次习作要求的共同点。这样不但能够帮助学生了解习作主题的内涵，而且可以使学生们在了解的基础上，抓住习作要求的重点，迅速形成习作思路。

师：同学们，你们喜欢玩游戏吗？

生：喜欢。

师：那么平时你们都喜欢玩什么游戏？

（学生简单介绍自己喜欢的游戏）

师：（出示《陀螺》课文插图）同学们还记得这张图片吗？图片中的小朋友在做什么？

生：他们在打陀螺，这也是一种游戏。

师：是的，看来丰富多彩的游戏都是大家最喜欢的，连高洪波爷爷小时候也被游戏所吸引。但他通过自己的观察和体验，把游戏过程写得生动无比。今天我们也来试一试自己记录一次有趣的游戏过程。

师：（出示《陀螺》课文内容）同学们，在创作之前，请先来读一读这篇课文，一边读，一边思考高洪波爷爷是怎么来描写游戏过程的。

2. 分析结构，搭出框架

学生再读《陀螺》，以同桌为单位进行讨论，总结出作者记录游戏过程的方法。之后，教师指名几组学生汇报总结成果；接着，通过课件，教师将学生汇报的总结成果归纳整理进行展示，并说清楚每一部分运用的写作方法，让学生们清楚地了解完成一篇游戏介绍类习作该如何搭建框架；最后，组织学生再读一遍范文，读完后，使学生尝试着自己列一列文章的提纲，让其能够根据提纲进行文章的创作。

师：请同学们以同桌为单位，两两一小组，边读课文边记录作者是如何来记录游戏过程的。

（学生以同桌为单位，读课文、做记录，教师巡视）

师：现在，老师想请几位同学来做代表，汇报一下你们的发现。

生：《陀螺》先介绍了陀螺的外观，又介绍了陀螺的玩法，最后介绍了“我”和小伙伴们玩陀螺的过程。

师：是的，作者在介绍这项游戏的时候，环环相扣、面面俱到，从外观、游戏规则和亲身体验三方面进行创作，让读者读来仿佛身临其境。同学们在进行创作的时候，也要向高洪波爷爷学习，要想让读者明白你玩的游戏，不仅要介绍你玩时的体验，也要简单地对游戏道具、游戏规则进行介绍。

师：读过了《陀螺》，整理了前人的思路，相信同学们一定也迫不及待地想要介绍自己喜欢的游戏了吧？接下来，请同学们在草稿纸上列出你的写作提纲。

（学生列提纲，教师巡视）

师：（利用投影仪展示几位学生的提纲，相继点拨）看来同学们写得都很不错，让我们来看一看谁的提纲最完整、最优秀。

通过展示部分优秀学生的习作提纲，为其他学生提供思路与方向，进而去修改自己的提纲。反复进行修改，学生们自然而然地加深了对这一主题的印象与理解。

3. 根据提纲，尝试创作

有了提纲框架后，学生们对于这类文章的写法只是有了一个简单的概念，这种概念较为模糊，更明确的认识需要通过详细展开描写来达成。因此，这一环节就需要学生们根据自己列好的习作提纲进行创作。

师：大家的提纲列得都很完整详细，那么你们想不想把你们喜欢的游戏具体地写下来，和没玩过的人分享一下？

生：想。

师：现在就请同学们翻开草稿本，开始你的创作吧！注意要像高洪波爷爷一样，既要介绍游戏道具、规则，又要描述游戏过程中参与者们的表现。

（学生进行练笔，教师巡视）

4. 点评总结，同化经验

习作的教学不应仅仅局限于完成课本中要求的题目习作，而且要让学生学会进行知识的同化迁移，学会写作这一类作文的方法。完成习作创作后，教师在点评后还可以进一步拓展，告诉学生们，不但介绍游戏的习作可以利用这样的提纲进行创作，“记一次难忘的经历”“最快乐的一天”“有趣的回忆”等也可以利用类似的提纲进行创作。让学生们明确今后遇到类似的作文题目时，可以通过调动原有认知材料进行创作，提高写作效率，提升表达水平。

（三）基于认知结构同化理论的考场作文指导

可以说，习作的比分在语文试卷中占据了“半壁江山”，而且对于教师而言，检验学生习作能力的最直接途径不是经过指导后的课堂练笔或单元习作内容，而是一篇需要由学生独立完成的考场习作。这样非即时性的成果验收考验的是教与学双方的配合。在日常教学中，如果教师仅围绕着教学要求给出的习作题目进行教学，那么习作结束后，学生们仅明白了这样的题目该如何进行写作，在遇到其他的题目时就又存在障碍了。因此，教师应该把习作方法渗透在日常的习作教学课堂上，与已有的题目相结合，将对考场作文的指导分解到日常的课堂中去，不断启发诱导，促使学生们真正掌握习作的方法，而不是机械地通过背诵、套题去完成答卷。

在拿到语文试卷以前，考场习作的题目永远是未知的，如何以已知去面对未知是身为教师需要教给学生们的方法。通过日常的学习，学生们已经收集了不少各种题材的习作素材，在此基础上参加考试，考卷中的作文题对于学生而言属于既“陌生”又“不陌生”的新题目。“陌生”在于也许它是没有写过的新题目，“不陌生”则是由于它与原有认知材料中的不少习作素材有关。如果学生能够调动认知同化的能力将新题与旧认知材料相联系，就可以更加高效地完成考场作文。

以舟山市定海区三年级上册语文期末考场作文（1）指导为例，由于这一次的习作指导是在习作判分结束之后进行的，因此主要以总结为主。

1. 分析题目，找出重点

在习作结束之后，再进行指导，教师可以仅做流程引导、适当点拨，让学生自己解读题目。

（出示题目：本学期，我们学习了观察，发现了周围的世界缤纷多彩，请围绕一个意思来写一写你观察时印象最深的一种事物或一处场景，可以选择下面的一个句子做开头，也可以自己另起开头，题目自拟。

师：读一读题目，谁来告诉老师这一次习作的要求是什么？

生1：要围绕一个意思来写。

生2：写的是一种事物或者一处场景。

生3：可以选择下面的一个句子做开头，也可以另起开头。

师：在考场上，同学们可以拿起笔，把习作中的重点要求画一画，这样能更快地帮助我们理解题目的要求。

2. 找出联系，进行对比

接下来，学生们需要根据画出的要求，分析找出考场习作与已学过的课堂习作之间的联系，意识到考场习作并非独立于习作教学之外的“创造”，而是可以在课堂习作的基础上进行创作。教师点拨总结考场作文的写作技巧，为学生们接下来的考场习作打好基础。

师：这里要求我们要“围绕一个意思来写”，这句话熟悉吗？我们还在哪一篇习作要求中见到过？

生 1:《大自然的声音》的小练笔就要求我们围绕一个意思来写。

师：描写观察到的事物或景物呢？

生 2:《这儿真美》描写的是观察到的景物。

生 3:《富饶的西沙群岛》也要我们观察动物或者风景。

师：所以我们在写这篇作文的时候，可以学习《富饶的西沙群岛》《大自然的声音》课后小练笔以及《这儿真美》，构思并搭建文章框架。用上已经学过的内容，在考场上能帮助我们又快又好地完成作文。

3. 点评交流，学习进步

在了解习作技巧的基础上，再请几位本次得到高分的学生分享他们的优秀考场作文，教师再对高分作文进行点评，帮助其他学生了解技巧的运用方法，加深对习作技巧运用的印象。

学生的学习受外部和内部双方面动机的影响，明确非智力因素对学习的影响有利于教师改进自己的教学方法。利用认知结构同化理论进行教学能够积极调动学生原有的认知材料，让学生主动对新内容进行接纳和吸收。这种同化过程，或是将新内容类属到原有材料中，或是将新旧材料一同归纳总结到全新的认知材料中，都是学生唤醒记忆、深度挖掘的过程，引导学生主动进行知识更新。在授课过程中，如果积极发挥了认知结构同化的作用，配合学生的应用练习，将会极大地推动学生对新知识的学习。教师通过引导学生挖掘本次创作中与旧认知材料相关的已知内容，帮助学生把已知内容与将要学习的新内容联系起来，通过对知识的整理和学习，对学生的认知结构进行重新组织，使其在纵向上层次分明、横向上融会贯通，以求达成一个更合理、更高效的认知结构。

参考文献

[1] 王洪玉 . 试析奥苏贝尔的学习理论及其启示 [J]. 教学研究，2005(4)：291–293.

[2] 庞雪群 . 奥苏贝尔的认知结构同化学习理论在我国教学改革中的现实意义 [J]. 广西师院学报（哲学社会科学版），1999(3)：113–116.

[3] 王贝贝，黄瑞芳 . 帮助学生在语文的世界里自由翱翔 [J]. 语文教学通讯：高中（A），2019(9)：30–32.

[4] 胡珊 . 先行组织者策略在初中写作教学中的应用研究 [D]. 南昌：江西科技师范大学，2019.

（作者单位：舟山小学 丁乐天）

基于情境教学理论的写作教学策略研究

写作是小学语文课程的重要组成部分。通过写作，学生可以自由地表达自己的思想感情。写作不仅能体现学生的文采，更能锻炼学生的逻辑思维能力和语言交际能力，既是最能体现学生语文素养的教学内容，也是综合训练学生语文能力的良好手段。《义务教育语文课程标准（2011 年版）》中明确要求学生在小学阶段能写简单的记实作文和想象作文，内容具体，感情真实。因此，认真研究学生写作过程中的心理特征，提高学生的写作能力，努力提高写作教学的效果，是语文学科的重要任务之一。

但事实上，在小学语文教学中，作文普遍存在无话可写、言而无物的现象，究其原因之根本是学生缺乏丰富的作文素材。一方面，受年龄局限，学生的生活接触面很窄，经验素材自然不丰富；另一方面，则是多数教师在阅读中忽视了对学生间接获得生活经验的指导。为解决上述问题，笔者尝试把情境教学理论融入日常的写作教学中，借助多种情境教学模式帮助学生积累写作素材，激发学生的写作欲望，激活学生的写作思维。

一、理论简介

情境教学理论，又称情境教学法，由英国应用语言学家在20世纪30年代到60年代发展形成。所谓情境，就是指人们能够直接由感官得到的具体的某个场景，是指在教学过程当中，教师有目的地引入或者创设具有一定情绪色彩的、以形象为主体的生动具体的场景，使学生参与并融入情境当中，以引起学生一定的情感和态度体验，从而帮助学生更好地理解教材，并使学生的心理机能得到全面发展。情境教学法强调情境在学生学习过程中的重要性，核心在于激发学生的情感。情境教学的方式能够很好地将学习内容与学生的实际生活相结合，使学生在学习中有身临其境的感觉，在提高了学生学习兴趣的同时，也能够引起学生的共鸣，进而陶冶其情感。以这种教学方式去促使学生自觉地学习知识十分贴合素质教育所要求的教学理念。

早在春秋时期，孔子便提出了“无言而教”“里仁为美”的观点，即通过情境教学的方法引起学生情感的体验以及共鸣，深刻地诠释了情境教学的陶冶功能。南朝学者颜之推进一步指明了情境教学在培养以及教育青少年方面的重要意义：“人在少年，神情未定，所与款狎，熏渍陶染，言笑举动，无心于学，潜移暗化，自然似之。”这也就是古人口中的“陶情冶性”。情境教学的陶冶功能不仅能够净化、升华人的情感，还可以帮助人们剔除情感中的消极因素，保留积极的成分。这种净化后的情感体验具有更有效的调节性、动力性、感染性、强化性、定向性、适应性、信号性等辅助认知功能。

情境教学法不仅能够陶冶学生的情感，还可以为学生提供良好的暗示或启迪，有利于发散学生的创造性思维，培养学生的适应能力。情境教学是在对社会和生活进一步提炼和加工后才影响学生的。寓教学内容于具体形象的情境之中，如生动形象的语言描绘、游戏、角色扮演、诗歌朗诵、绘画、体操、音乐欣赏、旅游观光等，都存在着潜移默化的暗示作用。在情境教学中创设特定情境，提供了调动学生原有认知结构的某些线索，经过思维的内部整合，学生就会顿悟或产生新的认知结构。

情境所提供的线索起到一种唤醒或启迪智慧的作用。比如，正处于某种问题情境中的人会因为别人的某句提醒或碰到某些事物而受到启发，从而顺利地解决问题。

综上所述，将情境教学理论运用到写作中，教师通过创设一定的写作情境来诱发学生的写作兴趣以及写作的动机，从而激起他们的情感和表达欲望，是十分切实的教学尝试。

二、理论的运用

教师要将情境教学理论合理运用到写作教学当中去，围绕情境作文的本质特点开展教学，即激趣性、置境性、互动性、融情性、体验性、灵活性、开放性、整体性；同时，要根据学生的心理特点、师生之间的角色和关系，以及各个学习阶段作文的教学目标等进行具体的有方法的教学操作，规划统筹实施的策略，让学生在潜移默化中提高创作作文的水平和能力。主要过程围绕创设情境、走入情境、感受情境和走出情境四个步骤，在关注整个情境作文的教学过程中，统筹规划。

在实际教学尝试中，笔者将创设情境分为直接情境与间接情境两大类：直接情境是指在现实生活中找到对应的实物，并利用实物构建教学情境，如生活展现情境和实物演示情境等；间接情境是指在现实生活中没有实物，教师根据教学内容，通过发挥学生的想象力形成间接形象，以该形象构建的教学情境。

（一）运用直接情境，触发学生的真情实感

1.以日常生活展现情境

叶圣陶先生说过，作文教学“从内容入手”，其基本思路之一是“强调丰富学生的生活，培养学生获得并积累生活经验的能力”，这就从根本上解决了学生无话可写的问题。叶圣陶先

生还要求我们在作文教学中联系学生的实际生活，使学生在写作中“正同说话一样，心中所积蓄，不吐不快”。因此，笔者认为，以日常生活展现情境，让学生有话可说、有内容可写是绝佳的途径。

因为真实情境最容易打动学生，也最容易激发学生的认同感，触动学生的探索欲。以生活展现情境，即从生活中选取某一典型场景作为学生观察的客体，并加以教师的引导和指点，将其鲜明地展现在学生眼前。具体实践中，笔者常带领学生一起走进大自然，去郊游、爬山，去农家乐参观游玩等，从而帮助学生发现大自然的奥秘，感受大自然的美好，领悟大自然的真谛；也带领学生一起去参加公益活动，开展人物专访活动，进行新闻调查等，让学生尝试着去深入社会生活并观察人们的言行，感悟社会生活的真谛等。这些都是以生活展现情境的良好途径。

例如，在指导三年级习作以“这儿真美”为题开展写作时，与其让学生坐在教室里苦思冥想，不如将学生带出教室，甚至带出校园，走进大自然，让学生通过自身的观察和切身的感受去积累写作素材。比如，引导学生用心去发现操场旁边小花园里的美景，带领学生一起去细心探索花园中小昆虫们的秘密，用心感受小花园里点点滴滴的美好；又或者和学生一起走近校园旁边的那条小河，观察清澈的河水，感受河中小鱼游来游去的快活。引导学生们细细地感受这一季节当中大自然点点滴滴的变化，用心去发现大自然的奥秘以及美好。

通过这样的情境，使学生写作时有话可写，既富有真情实感，又具体生动。当然，并非日常生活中的所有情境都能当作教学情境，教师要结合学生的认知特点，选取切合作文主题的情境，这样才能在教学中达到良好的效果。

2.用实物演示呈现情境

“百闻不如一见”，除了在生活中寻找情境，用实物演示情境也是写作教学当中的一项重要策略。用实物演示情境也就是以实物为中心，并加以相应的背景，从而构成一个整体情境。教师在用实物演示情境的过程中，合理的背景创设很是关键。如天空中的鸟儿、河里的小鱼、树上的苹果等都可通过联系背景的方式激发学生的想象力。前面提到情境作文的教学离不开真情实感，用实物演示情境恰巧符合这一特点，因为实物是能够真实呈现在学生眼前的东西，直观形象，可感性强。学生不仅可以看见实物，还可以用鼻子闻一闻，用手摸一摸。比如，要描写某种生活当中的物品，教师可将该实物带到学生面前，先让学生进行仔细观察，再去进行触摸，还可以进行拆解和组合。这样，学生直观地感受到了该物品的外观、材质和结构，并了解了该物品的价值，对该物品有了一个详细的感知，使得所想即所见，所见即所感，所感即所写。这样，指导学生写作就有了针对性。

例如，笔者在指导学生描写杨梅的时候，便运用实物演示来创设情境。上课前，笔者准备一筐杨梅，上课时让学生们看一看、闻一闻。虽然并不是陌生的物品，但学生们还是兴奋不已。接着，引导学生观察杨梅的形状——圆圆的，一颗颗；观察其外表——披着紫红色的外衣，上面还有许多小颗粒，有几颗还有绿油油的枝叶长在脑袋上。观察完成后，请同学们尝一尝它的味道——酸酸甜甜，非常好吃，使学生更直观地感受到杨梅的酸甜，具体可感。经过一系列的观察、体验，同学们完成了对杨梅的认识，拥有了多个角度进行写作的素材，自然就能更容易地完成这篇作文。

其实，教师不仅仅是展示杨梅，更重要的是引导学生打开自己的感官去观察实物、体验实物，进而对学生进行即时启发，引导他们在整个观察和写作过程当中具有了真情实感。在此基础上，学生才能够更好地将积聚的素材用文字描绘出来，继而更好地进行作文创作。

这些可以直接展示在学生面前的实物和学生可以参与其中的实践活动都是学生在日常生活中所熟知的，但因为亲自参与的方式不同，又有着各自不同的感情，所以教师利用实物展示和实践活动要能够很好地分析把握学生的心理，联系结合学生的生活经验，用生动形象的语言激发学生的作文兴趣，助推学生走入情境之中，从而达到情境作文教学中情境创设的物我的交流、情与境的交流。

3.以现场表演再现情境

在开展写作教学的过程中，教师需要引导学生从不同角度对写作的内容进行思考，从而更加客观地看待一些问题。想要提高学生的写作能力与作文水平，必须提升学生的文字应用能力与语言转化能力，将实际生活与作文情境教学充分结合起来，才能保证学生写出来的作文具有丰富且真实的情感。为了达成这一目的，教师可以引导学生通过表演的方式进行教学情境的创设，从而使学生通过转换角色积累更多的写作体会，继而形成多元化的写作思维，增加学生的体验与感悟。我们都知道，只有对某一个角色的情感、性格和背景等内容进行了深入的了解，才能保证自身演好该角色，做到角色的重现。实际教学中，笔者常与学生共同创设情境，引导学生扮演写作题材当中的人物，通过人物的言语举止、外貌音容，栩栩如生地创演或重演事情的经过，让学生体验事件中的人和事，进而体会角色的心理。而未参与表演的学生则通过观看，目睹事件的全过程。如此，大家都能在写作中形象生动地反映出自己的所见、所闻以及所感，从而写出真切感人的文章来。

例如，在“奉献一颗爱心”习作教学当中，笔者创设了“帮助盲人过马路”的情境。首先，引导学生进行小组合作，组内分工扮演故事中的不同角色。为了使扮演盲人的学生更好地去演绎这一角色，建议学生用一块毛巾遮住自己的眼睛，亲身去感受盲人眼睛看不见的特点，体会盲人过马路前的担心、犹豫，不敢往前。对于扮演帮助者的学生，则先让他们酝酿，“看见盲人过马路遇到的困难，心里不由得泛起一股同情”，引导他们“果断上前去帮助盲人，为其指路”。接着，请其中一组学生上台表演该情境。不管学生扮演哪个角色，他们都能亲身体会和经历这个情境以及整个过程；观看的学生也可以目睹这一情境，感受其中的细节。表演结束后，学生的兴趣得到了激发，全班学生展开激烈的评价，发表各自的见解。讨论结束后，再请一组学生重现该场景。场景再现后，大大加深了学生们对这一场景的印象。结合生活，学生们在组内展开讨论，并且后续的讨论更加激烈，交流更加积极。组内讨论结束之后，请小组各自派代表进行发言。最终，全班学生达成共识。所有学生结合自己的所感、所知以及所学，顺利地完成了这篇作文。

现场表演再现情境的方法不仅能够锻炼学生的语言能力，更能发挥学生的想象力。通过表演创设教学情境的方法可以引导学生学会思考，非常有效地拓宽学生写作时的思路，能够帮助学生有更真实的情感体验，继而使自己创作的故事结局更加生动、合理，提高自己写作的水平与质量。

（二）通过间接情境，增进学生对写作的理解

当教师无法开展直接教学情境时，便可利用现代多媒体技术为学生创设间接情境。《义务教育语文课程标准（2011年版）》

指出："积极合理利用信息技术与网络的优势，丰富写作形式，激发写作兴趣，增加学生创造性表达、展示交流与互相评改的机会。"不同的电教媒体可以不受时空的限制，再现作文所需要的画面和声音，既可把学生引入情境，激发学生的写作热情，提高其写作能力，又可拉近学生的认知与实际的距离，把生活场景与信息技术相融合，使学生在短时间内对多种事物有详细的了解，从而使课堂教学和实际生活联系得更加密切，有助于学生写作素材的丰富和写作水平的提高。

1. 用视频或图片营造情境

在写作教学中，构建图文并茂的画面远比教师单调的讲解更加有效。利用视频、图片能够更好地刺激学生的听觉、视觉，更有利于吸引学生的学习兴趣，从而创设一个良好的教学氛围，丰富学生的感官体验。

例如，南方气候温暖，冬天极少下雪，有些学生甚至从未亲眼看到过下大雪的情景。这时，笔者在指导学生以"北方的冬天"为题开展写作时，便充分发挥多媒体技术的作用，通过创设间接情境来进行有效的写作辅导。首先，笔者从网络上搜索一些能较典型地代表北方冬天景物的图片，将这些图片以及配备的文字简介一一进行呈现，引导学生用心地观察图片，并结合实际生活去感知北方冬天的特点。观察过后，学生们展开热烈的讨论，先对图片上的内容进行概况描述：北方的冬天白雪皑皑、寒风凛冽，路上的行人全副武装，戴上帽子、口罩，围上围巾，穿上厚厚的大棉袄，将自己裹了个严严实实。描述过后，学生们结合实际生活，发表各自的见解，最终达成共识：北方的冬天是极其寒冷的。接着，再给学生们展现北方的孩子们打雪仗、堆雪人的视频：孩子们在雪地里欢快地堆雪人、打雪仗，尽管两手冻得通红，但丝毫不影响他们的快乐。通过观看视频，学生对北方的冬天有了更加形象化的认识和感受。通过交流自己的所见和感想，学生们一致认为：北方的冬天虽然寒冷，却也是热闹、快乐的；这份快乐足以让人忘记寒冷，足以让人尽兴。最后，学生们适当加入自己的想象，融入自身的感情，实现内容、情感与想象的有机统一。每一个学生都有物可写、有情可抒，顺利地完成了这篇习作。

2. 用音乐渲染情境

俄国教育家乌申斯基说："没有任何兴趣的逼迫学习，会扼杀学生掌握知识的意向。"兴趣是最好的老师，一旦作文教学使学生产生了浓厚的兴趣，就会激发他们写作的积极性和主动性。在指导学生写作时，可以采用音乐导情的方法。音乐是情感的艺术，根据写作题材要求，选用相应的音乐来渲染气氛，把学生带进美妙的写作景象中，给学生以强烈的感染，使学生"耳悦""心悦"，那么他们的写作兴趣便提高了。

例如，笔者在指导学生以"感受母爱"为题进行习作时，首先，播放一首歌曲《妈妈，我爱你》进行导入，动人的旋律萦绕在学生的耳边，使学生们不由自主地沉浸在音乐当中，眼前仿佛出现了妈妈慈祥的面容，脑海里不禁回忆起与母亲相处时的点点滴滴。接着，让学生们以小组为单位，相互讲述、分享自己与母亲之间的感人故事。然后，请各小组派出代表，向全班同学进行故事的讲述，并分享自己对母爱的理解与感触。例如，当我生病的时候，是妈妈连夜带着我去医院，无微不至地照顾着我，让我感受到无私的母爱；当我雨天没有带伞时，是妈妈大老远地跑到学校给我送伞，母爱真的很伟大；天气寒冷时，妈妈总是一遍又一遍地嘱咐我多穿几件衣服，怕我冻着，又怕我饿着，母爱时时刻刻围绕着我。在学生进行分享交流的同时，《烛光里的妈妈》感人的歌曲声渐渐响起，激发学生对妈妈的感激之情，增加学生对慈祥、勤劳的妈妈关怀自己的感动。学生们的情感在讨论中渐渐升华，有些学生甚至流下感动的泪水。最后，播放一曲《世上只有妈妈好》，让全班学生一起饱含深情地进行演唱。如此一来，学生笔下的妈妈形象就更加丰满、感人，学生写出来的作文也更加富有真情实感。

总而言之，只要我们运用得当，情境教学理论是非常适用于小学语文写作教学的，对于学生写作质量和效率的提升有着十分重要的作用。因为多种情境教学方法的运用不仅增加了学生的知识储备，丰富了学生的情感体验，而且大大提升了小学语文写作教学的有效性，给增强学生的写作能力提供了重要帮助。所以，作为小学语文教师，应积极创新教学模式与手段，革新教学观念，积极创设情境教学，为学生营造良好的作文学习环境，利用先进的科学技术引导学生收集作文素材，通过开展角色扮演等教学活动增加学生的体验机会，利用多媒体教学的便利性以及生活化教学的实用性，不断促进学生写作素材的积累以及写作能力的提升。

参考文献

[1] 陈绿海 . 小学语文写作教学中存在的问题及对策 [J]. 黑河教育，2019(12)：57–58.

[2] 魏安红 . “情境作文”的教学特点和教学实施策略 [D]. 北京：首都师范大学，2011.

[3] 侯改芳 . 小学情境作文策略研究 [D]. 上海：上海师范大学，2013.

[4] 朱朝东 . 探究情境体验在小学作文教学中的实践 [J]. 中国教师，2017(S1)：35.

（作者单位：舟山市定海区东海小学　张琴）

运用生活教育理论指导学生快乐作文

写作是语文课程的重要组成部分，无论对于全面提高学生的语文素养，还是对学生今后的发展，都有着极其重要的意义。写作最能体现语文的工具性和人文性两大性质，对于学生而言，是一种较为综合性、全面性的教学，也能在一定程度上成为衡量学生语文水平的重要标尺。

然而，纵观作文教学的现状却不容乐观，学生缺乏写话素材，或写话素材与日常生活缺乏联系，缺少内心体验。加上学生缺乏语言积累、信息收集、组织与处理能力，语言组织与表达存在一定困难，表达方式与表现形式比较单一。如何让学生乐于表达、易于表达、善于表达、勤于表达，是新课程标准写作教学的重点，也是摆在教师面前的难点。

一、理论简介

陶行知的教育影响着中国的教育，而生活教育理论是其教学思想的基础与核心。他主张将教育与生活紧密联系，反对死读书，注重培养学生的创造性和独立思考能力。同时，他将生活教育理论渗透在教育中，有利于学生养成良好的生活习惯，发展其创造的天性，并进一步塑造其健康、独立的人格。

生活教育理论是陶行知先生经过多年实践得出来的理论，他把理论根植于现实生活，根据中国的教育状况不断进行完善。陶行知先生认为：一切课程都是生活，一切生活都是课程。学校的教育一定要与社会相互联系，如果教学内容、教学工具脱离了生活，那学生就是在学书，教师只是在教书。由此可见，生活是语文的源泉，语文的外延等同生活，要让学生走出课本，走进社会，在广阔的空间吸纳独特的感受，陶冶情操。生活是写作的源泉，丰富多彩的生活为学生的写作提供了鲜活的素材。《义务教育语文课程标准》指出：拓宽习作的渠道，开辟选择的空间，贴近生活，自由表达，展示生活情趣。可见，陶行知的生活理论思想和课程标准是一脉相承的，两者都认为生活是作文的源头，学生只有深入生活、观察生活、体验生活，才能写出好的文章来。

二、理论的运用

陶行知先生的生活教育理论给我们语文教师在写作教学方面提供了方向，作文教学应回归生活，让学生在生活中寻找写作内容，提炼写作素材，感悟生活的丰富多彩，捕捉生活的点点滴滴。

(一) 引导学生关注生活，激发写作欲望，让学生乐于表达

都说“兴趣是最好的老师”，因此，激发学生的写作兴趣是提高学生写作能力的关键。通过对学生的调查，笔者发现贴近学生生活的写作内容更容易激起学生的兴趣，因此可以从抓住生活中的“新”“美”“情”三个方面来进行实践。

(1) 抓“新”——抓住新鲜事物带来的兴趣。新异事物往往能激发人们的探求欲望，特别是小学生，更是“喜新厌旧”，他们拥有善于发现的眼睛，对新事物充满浓厚的兴趣。一个新的玩具或一种新的训练方式都能轻易激发他们的兴趣，教师要充分利用小学生的这一特点，把他们善于发现新鲜事物的“本领”

转换成动笔兴趣，这就需要教师不失时机地进行点拨。如家里买了新玩具，学生比较感兴趣，但是很少会有学生把它写下来。这时教师适时提醒学生仔细观察，用笔把它记录下来，长大后拿出来看一看，一定会留下美好的回忆。经过这样的启发引导和多次训练，学生再碰到类似的新事物时，就会有写的欲望。

(2) 寻“美”——寻找美好事物带来的兴趣。生活中的美无处不在，人人都有爱美、追求美的心理倾向。在感受美的时候，能得到愉悦的精神享受，从而增加兴趣，因此，教师可以用美好的事物调动学生的积极性，或从审美角度用美的言辞激发学生美好的联想，让学生愿意以美的言语来表现美的事物。

一次，学校花坛里的鸡冠花正处于盛花期，大部分学生都被吸引了。笔者要求学生选定校园内的一种花卉，然后对其进行 2 ~ 3 天的观察，每天都记录一些自己观察到的细节，最后再将这些记录转化为作文。

张盛同学的记录非常有意思，他写道：“花坛里的鸡冠花看起来并不像公鸡的鸡冠，它毛茸茸的，看上去像是层层叠叠的花瓣叠在了一起。鸡冠花的叶子绿油油的，但是它的茎是紫色的，和顶部的花颜色类似。”可以看得出，张盛同学的观察确实很认真并且很细致。当天的语文课上，笔者表扬了张盛同学，并让大家一起思考怎样将张盛同学的记录转化为更加精彩的句子。周凡同学认为鸡冠花像卫士，因为它们格外挺拔；曹鑫同学觉得鸡冠花像倒着的圆锥；周科如同学则用手掌来类比鸡冠花……大家讨论得十分热烈，这时，张盛同学又举手发言：“我觉得没有风时，鸡冠花像是少数民族姑娘穿的亮晶晶的毛皮裙子；有风时，鸡冠花又像翩翩舞者手中的折扇。”学生们的作文交上来后，我一看，篇篇形象生动，有血有肉，有灵有感；好词好句外加修辞方法的应用，文字也优美起来。学生能够感受美，愿意记录美，其写话兴趣自然被激发了。

(3) 探“情”——体验情绪变化带来的兴趣。生活是不断变化的，使人动情的事、令人喜爱的场景都让人感兴趣。激发学生这样的感情，能产生异乎寻常的效果，当然，这个“情”是学生自己的“情”，而非教师强加的“情”，否则，效果将适得其反。如教师可以指导学生把生活中的经历记录下来，慢慢养成记录心情的习惯，指导他们将事情写得具体一些。

(二) 教给学生观察体验生活的方法，培养其写作能力，让学生易于表达

陶行知先生“纸上得来终觉浅，绝知此事要躬行”的生活教育理论指导学生去感受生活，用笔去描绘生活中的美。生活是学生写作的源泉，一个人只有对观察产生了浓厚的兴趣，才能真正做到变被动为主动，变无心为有心。学生有了写作的积极性，写好作文就有了良好的基础。

(1) 从小处全面观察、细致观察，精于思考。没有思考，就没有感受。如我国著名特级教师于永正指导学生参观菊花展时说，光看不行，还要会思考：这菊花是什么名称？远看像什么？近看又让人有什么感觉？闻一闻、摸一摸、量一量、比一比……这种菊花为什么叫玉佛座？佛座是什么？再引导学生注意菊花以外的世界，在寒风凛冽、万木凋零的时候，菊花为什么还绽放着笑容，那么学生对菊花的感受会更多、更深，有了感受，学生才能有感而发。教师的责任就是引导：引导学生在观察中不断地追问，然后由此物联想到彼物，联想到生活，从而拓宽思路，拓展学生思考的深度与宽度。

(2) 从情境中体验，调动感官，触动内心。没有体验，就没有感受。如在平时，教师可以组织比赛或者小游戏，播放音

乐或录像，开展系列综合性学习活动等，让学生玩一玩、赛一赛、学一学、比一比、走一走、看一看、练一练，在体验中看、听、想、尝、闻、摸，调动多方面的感官，触动学生的内心，在生活中观察，在情动中表达。

（三）丰富学生的课内外生活，积累生活素材，让学生善于表达

对于小学生来说，他们的生活丰富多彩，无论在学校，还是在家庭，甚至在去学校的路上，无时无刻不在发生着有趣的或是令他们印象深刻的事情。引导学生做生活的有心人，捕捉点滴，不断积累，为写作拓宽途径。

（1）从家庭生活入手，寻找信息点。在学生的生活中，除了学校，就是家。家是学生活动的环境和感情的载体，家庭生活是学生写作的素材库。教师可以通过写信、通电话和召开家长会等多种形式取得家长的支持，双方一起有意识地训练学生的表达能力。如了解自己、家人的生日及一些节日，想一想该为家长做些什么，说些什么，并让家长引导训练他们说话、写话。学校发生的重大事情、有关的通知都把它当作一项家庭作业来要求，让学生向家长叙述或转述。还可以引导学生对家中平时熟视无睹的物品进行细致观察，用心感受家庭中让自己动情的事情，或是让学生共同参与家务劳动，和父母一起体会劳动的甘苦等。

（2）从学校生活入手，寻找信息点。“没有生活做中心的教育是死教育，没有生活做中心的学校是死学校……”除了家庭，学校是学生学习和生活的主阵地，学生在这里学习和游戏，这里有酸甜苦辣，有喜怒哀乐。丰富多彩的学校生活为学生提供了写作内容，教师要及时抓住机会训练学生说话、写话，在丰富多彩的文艺活动、体育活动、游戏活动中寻找写话的信息点。

（3）从社会生活入手，寻找信息点。陶行知先生认为，要充分利用社会的活环境、活事例进行教育，要把学校教育的一切都延伸到社会中去。所以，他在教学时积极组织学生走出校门，主动接触社会，使学生与社会打成一片，把课内课外、校内校外有机地结合起来，增强了教育的活力。如在路上穿行的各种各样的汽车，人行横道前形形色色的人群；在公园看到的奇异的动物和如画的美景；在商场品尝到的美食和购买到的梦寐以求的玩具……这一切都可以成为他们写作的素材。

（四）调整习作指导的方法，写真事，抒真情，让学生勤于表达

生活是写作最好的调味剂，有了亲身的经历、真切的感受，学生才能真实地表达情感。学生有一定的生活素材，怎样把这些素材系统地运用，作为教师，要在研读教材的基础上，适当调整习作指导的方法。

（1）主题系列作文确立。但凡作文，学生首先碰到的是内容问题，即写什么，所以教师指导作文应该从解决写什么入手。开学初，教师可以让学生明确本学期作文的重点，以便让学生能够在日常的学习生活中时刻关注身边发生的事情，留心周围的事物。教师可以这样启发学生：在我们生活中，大家一定看到、听到过许多喜闻乐见的事，我们把这些事情分分类，可以一起确立主题作文。在学生发言的基础上，教师归纳出以下几个小的主题（见表1）。

表1　作文主题表

主题	小主题	主题	小主题
家庭生活系列	幸福的家庭	社会广角系列	美丽的 ××
	我的家人		志愿者
	记一次家务		我的课余生活
	记一次游览		记一次活动
校园生活系列	同学趣事		节日见闻
	我的老师		四季的变化
	一次校园活动		可爱的动物
	我的老师		……

(2) 子主题系列的拓展。在确立主题系列作文的基础上，教师要引导学生对每一个系列进行拓展，联系生活，寻找更丰富的写作素材，教师可以启发学生给子主题取上好听的名字，既可以锻炼学生的语言表达能力，还可以给系列作文增添色彩。当学生的思维被激活后，一个个子主题便形成了(见表2)。

表2　作文子主题表

小主题	子主题	小主题	子主题
幸福的家庭	妈妈的笑脸	同学趣事	我的同桌
	丰盛的晚餐		值日班长
	节约的奶奶		课间一条龙
	我和爷爷下棋		还有谁
记一次家务	扫把的自述	四季的变化	金色的秋天
	包饺子		落叶的情谊
	亮闪闪的玻璃		花语

(3) 因势利导，感悟真情。在确定了作文主题后，作文指

导要坚持整体推进，顺着学生的内容、思路去引导，学生有了亲身的经历、真切的感受，写作时便文思泉涌，汩汩流淌。在一次以“礼让”为主题的写作训练中，学生们写出了一篇篇亲身经历的或亲眼所见的感人小故事。其中，夏瑜蔚和谢昊原两位同学就前几天发生的“赔眼镜”一事写的文章格外吸人眼球：

……那天下课，我和我的好朋友吕烁言正在走廊里玩“警察抓小偷”的游戏，我们玩得十分投入，根本没有注意到迎面走来的谢昊原，我躲闪不及，将他撞倒在地，他刚配的眼镜也掉到地上，镜架断成了几截。我撞到了别人，又损坏了他心爱的眼镜，心里十分愧疚。我扶起谢昊原并向他道歉：“谢昊原，对不起！你摔疼了没有？你的眼镜坏了，我用我的压岁钱赔你一个新的吧！”可是，谢昊原却对我说：“夏瑜蔚，你也不是故意的，前天我们不是才学习过六尺巷吗，我怎么能要你赔呢？”他的一句话说得我心里暖暖的。我知道，这是我的错，我不能让别人蒙受损失。于是，我把这件事告诉了老师和爸爸妈妈，请他们出面做工作，让谢昊原接受我的赔偿。哪知谢昊原的父母态度更坚决，坚持说我不是故意的，不能要我赔。我真的很感动……（夏瑜蔚）

……那天，我低头走在走廊里，忽然眼前一黑，被人撞倒了，眼镜摔在一边。只见夏瑜蔚一边说对不起，一边将我扶起来，问我受伤没有。我痛得直龇牙，但还是摇摇头，说：“没关系，眼镜，眼镜！”夏瑜蔚拾起我的眼镜，发现镜架断了，忙说：“不好意思，眼镜架断了，我赔你一个新的吧，我有压岁钱。”大家都是很要好的同学，而她又不是故意的，再说前几天我们还学习了六尺巷，人家宰相都能让人三尺，我区区一副眼镜又怎么能让人家赔呢？于是我立马拒绝了她的好意。哪知道这家伙不依不饶，又是请老师，又是请家长，非要赔我眼镜。

我也跟老师和父母表明了我的态度，坚决不让她赔。……（谢昊原）

两个学生都写了同一件事，因为是亲身经历，所以他们都有自己实实在在的体验、感悟，这样的作文定会有血有肉，充满生机。

“问渠哪得清如许，为有源头活水来。”生活就是写作的源头活水，给予了学生写作无穷的营养。陶行知先生的生活教育理论将生活与教育紧密地联系在了一起，给我们的小学语文习作教学实践以启示，使小学语文习作教学焕发出新的生命力。相信在陶行知生活教育理论的指引下，我们积极探索，勇于实践，将习作教学与生活有机结合，定能将学生引入更广阔的天地，使其写出一篇篇好文章。

参考文献

[1] 中华人民共和国教育部 . 义务教育语文课程标准：2011 年版 [M]. 北京：北京师范大学出版社，2012.

[2] 曲韬君 . 运用陶行知“生活教育理论”指导作文教学的思考与实践 [J]. 生活教育，2018(10)：58–59.

[3] 王文岭 . 陶行知论生活教育 [M]. 四川：四川教育出版社，2010.

[4] 宋秋前，王儿 . 小学语文教学问题分析与解决策略 [M]. 上海：上海交通大学出版社，2018.

（作者单位：舟山市定海区城西小学　叶娜）

第四编

经典理论在语文综合性学习中的再运用

语文综合性学习需要适度的学习动机

汉语是我国最重要的交际工具和信息载体，也是中华文化的重要组成部分。汉语兼具工具性和人文性，是一个综合性的系统。《义务教育语文课程标准（2011 年版）》指出："语文课程是一门学习语言文字运用的综合性、实践性课程。"因此，语文的学习并非单一的文本学习，而应融合在语文实践中去学习。当前要提高语文学习的效率，最为重要的就是要解决学生的语文学习动机。俗话说，"兴趣是最好的老师"，要想让学生学得好、用得好，教师在语文教学中就得充分调动学生的学习积极性，激发他们语文学习的动机。只有这样，学生才能享受语文学习带来的快乐，才能积极主动地学习探求语文的奥秘。

一、理论简介

学习动机理论是美国著名教育家、心理学家布鲁纳于 1960 年在《教育过程》一书中提出来的。对于学习动机，不同心理学家从不同角度进行了阐释，主要包括强化理论、归因理论、需要层次理论、成就动机理论、自我价值理论、自我效能感理论等。尽管不同的学者定义的角度不同，但是这期间，大家也取得了一个共识，即"动机是一种内部动因或者是一种力量，能够激励人们付出相应的行动"。

《辞海》对"学习动机"是这样解释的："所谓动机，是指维持个体活动，维持已引起的活动，使该活动朝向某一目标的内在历程或是内在原因，简单来说，就是做某件事的原因为何，那个促使他去行动的动力，而现在加上‘学习’两个字，是指在教学活动的时候，能够引发学生进行学习活动，并促使该活动的进行朝向学习所设定的目标方向。”

学习动机的激发是指在一定教学情境下，利用一定的诱因，使已形成的学习需要由潜在状态变为活动状态，形成学习的积极性。在实际教学中，学习动机理论的运用往往包含以下四个方面：激发学习动机、控制动机水平、提高动机水平、维护学习动机。

（一）创设学习情境，激发学习动机

语文教学只有调动起学生的学习积极性，激发学生的学习动机，才能真正有效。而要想有效激发学生的学习动机，关键在于创设引发动机的学习情境。

创设学习情境，首先要求教师熟悉教材，掌握教材的结构，了解新旧知识之间的内在联系。此外，要求教师充分了解学生已有的认知结构状态，使新的学习内容与学生已有发展水平构成一个适当的跨度。也就是说，作为施教者和引导者，教师首先需要对教学材料、教学对象以及可能产生的教学现象了然于心。

（二）调节任务难度，控制动机水平

学习动机和学习效果之间有着相互制约的关系。因此，在一般情况下，动机水平增加，学习效果也会提高。但是，动机水平也并不是越高越好，动机水平超过一定限度，学习效果反而更差。最佳的动机激起水平与学习任务的难易度密切相关：任务较容易，最佳动机激起水平较高；任务难度中等，最佳动

机激起水平适中；任务越困难，最佳动机激起水平越低。

由此可知，教师在教学时，要根据学习任务的不同难度，恰当控制学生学习动机的激起程度。正如我们常说的“跳一跳，就能摘到桃子”，这种程度最为合适。

（三）给予恰当评定，提高动机水平

心理学研究表明，来自学习结果的种种反馈信息对学习效果有明显影响。这是因为，一方面，学习者可以根据反馈信息调整学习活动，改进学习策略；另一方面，学习者为了取得更好的成绩或避免再犯错误而增强了学习动机，从而保持了学习的主动性和积极性。

从评价角度来看，个性化评语针对学生的个别差异，效果最好；一般性评语虽有激励作用，但由于未针对学生的个性特点，所以效果不如个性化评语；而无评语的成绩则明显低于前两者。

（四）进行合理奖惩，维护学习动机

在对学生进行评价时，奖励和惩罚对于学生学习动机的激发具有不同的作用。一般而言，表扬与奖励比批评与指责能更有效地激发学生的学习动机，因为前者能使学生获得成就感，增强其自信心，而后者恰恰起到相反的作用。

同时，对于那些在竞争中处于劣势的个体而言，教师应给予更多的关注与鼓励，设置情境使其有成功的体验是避免学生产生自暴自弃心理的关键策略。

二、理论应用

语文综合性学习注重学生的主动性、实践性。在整个教学

实践中，学生的活动实践处在“摸石头过河”的状态，能否顺利通过语文综合性学习这条河，教师在教学之河中垫下的“石头”很关键。语文综合性学习既需要教师提供一些学习指导来为学生活动指明方向，帮助学生完成任务，同时也需要教师为学生搭建成果展示的平台。

在通常的汉字学习中，学生的学习兴趣不浓，存在机械记忆，词语滥用、混用等现象。运用学习动机理论来开展汉字综合性学习能激发学生开展汉字综合性学习的兴趣，从而推动学生自主合作去探究汉字的奥秘。

人教版语文五年级上册的第五组课文“遨游汉字王国”以语文综合性学习为主导，以综合性学习单元形式出现，旨在通过语文综合性学习，增加学生对祖国语言文字、文化的了解，增进对祖国语言文字的自豪感，形成正确使用汉字、传承汉字文化的自觉意识。教材将本次语文综合性学习划分为两个递进式子专题——“有趣的汉字”和“我爱你，汉字”，以此为例，探讨学习动机理论的应用尝试。

1. 基于学习动机理论的语文综合性学习之前导教学

“有趣的汉字”专题通过《字谜七则》《有趣的谐音》《仓颉造字》《“册”“典”“删”的来历》这四则阅读材料，引导学生理解汉字使用方法的分类、汉字的起源及汉字隐含的文化背景，使学生对活动类型获得清晰的概念。开展本次语文综合性实践前，有必要为学生指明方向，为其学习动机的构建铺垫基石。

(1) 创设学习情境，激发学习动机。以《有趣的谐音》为例，创设学习情境，激发学生的学习动机。如今是网络时代，五年级的学生已经开始频繁地使用网络，网络成为学生最常用的社交工具。因此，上课时，教师可以创设网络聊天对话，结合实际生活，引导学生用自己喜欢的方式表现出对歇后语风趣、幽默的理解和运用，以此来创设谐音的学习情境。

（PPT 出示：）

> 甲：你真是玩“谐音”的高手！
> 乙：果酱。
> 甲：虾米。
> 乙：看来你也不错，哈哈。

师：这是网络上的一段对话，你们能猜一猜他们讲的是什么吗？

生：“果酱”就是“果真”，“虾米”就是“什么”。

师：是的，像这样的词汇就是运用了“谐音”。在我们的汉语里有着丰富的谐音文化，谁能试举一例？

生：外甥打灯笼——照旧（舅）。

师：不错，这就是谐音歇后语。那么它有什么特点呢？

生：它借助了同音或音近的特点。

生：我知道它由两个部分组成，往往人们只说前半截，而“歇”去后半截让听的人去猜。

师：真聪明！那你就说一个谐音性歇后语，让同学们猜一猜。

生：(若有所思) 秃子打伞——？

生：(齐答) 无法（发）无天。

师：很好。请大家结合实际生活，说一说自己或别人用过的谐音性歇后语。(纷纷举手)

生 1：上星期三，校长听了我们班的一节语文公开课后，在大会上表扬了我们班的同学学习习惯好，思维敏捷。语文老师笑着表扬我们：“以后，五（4）班就是飞机上鸣喇叭——名（鸣）

声在外了。”

师：说得真好。

生 2:（迫不及待地站起来）小明的坏习惯还没有改掉，真是外甥打灯笼——照旧（舅）。

生 3：我听邻居的叔叔说，近来他打牌手气不好，像孔夫子搬家——净是书（输）。（学生笑）

（2）调节任务难度，控制动机水平。《有趣的谐音》一课中的谐音主要是歇后语的谐音。假如课堂中仅仅停留于歇后语的谐音，那么学生的学习积极性就可能降低，因此，教师要变换任务的形式，调节任务的难度来控制学生学习动机的水平。由于语文的外延与生活相同，因此，语文综合性学习资源是无处不在、无时不有的。“议广告”很好地把课内与课外、教材与生活联系起来，能控制动机水平，调节任务难度。

师：当我们打开电视或者走在大街上时，有些广告给我们带来了很大的视觉冲击。

（PPT 出示：）

瞧，森马公司打出了这样一则服装广告：穿什么就是什么。

师：大家读一读，感受一下。（边读边品味）

生：读起来朗朗上口，很有趣，很好记。

师：为什么会有这样的效果？

生：因为“什么”与“森马”谐音，非常生动、活泼。

师：是的，精彩的广告能够给人留下深刻的印象。那么你们喜欢这样的广告吗？

师：（PPT 出示各种店铺的图片）好，看着各种店铺，我们也来做一回广告设计师，要求广告中一定要用上谐音。（学生议

论纷纷，自由创作）

……

（3）给予恰当评定，提高动机水平。教学中，教师可以采用讲故事、讲笑话的形式，这对于讲述的学生是一种积极的肯定，让听的学生也倍感欣喜。学生在展示、感悟中被给予了肯定和鼓励，对学生的学习来说，能提高动机水平，是一种质的飞跃。还以《有趣的谐音》为例：

师：聪明的你们还知道其他有关“谐音”的故事、笑话吗？

生：（绘声绘色地讲）在集市上，一个卖鲜鱼的喊：“鲜鱼，鲜鱼啦！”对面一个卖糖的喊：“泡糖，泡糖啦（泡汤啦）！”卖鱼的越听越生气，大声问：“你为什么说我的鲜鱼‘泡汤啦’？”卖糖的火了，生气地说：“我愿意怎么喊就怎么喊，碍你什么事？”他俩越吵越凶。一个卖豆芽的叫卖：“豆芽，豆芽（斗呀）！”他俩一听，就打起来了。菜场管理人员走过来问：“你们为什么打架，扰乱市场秩序？嗯，还有谁参与了打架？”这时，旁边卖油果的吆喝：“油果（有我）！”管理人员一听：“有你？好，一起带走！”（课堂上笑声不断）

师：你的故事讲得真好，同学们都发笑了。那么谁能说一说故事的笑点？

生：“糖”与“汤”，“豆芽”与“斗呀”，“油果”与“有我”都是谐音。

师：说得很好！老师还想听一听你们的笑话。（有选择地请学生讲）

生：（绘声绘色地讲）清朝乾隆年间，纪晓岚与和珅同时在朝当官，纪晓岚任侍郎，和珅任尚书。有一次，两人在一起喝酒，和珅指着一条狗问：“是狼是狗？”纪晓岚是个非常机敏的人，马上意识到和珅是在辱骂自己，就不动声色地回答道：“垂尾是狼，上竖是狗。”

生：(听后说)“是狼”与“侍郎”，“上竖”与“尚书”是谐音。

师：一个讲得好，一个答得好。听了笑话，你有什么感想？

生1：我想说纪晓岚随机应变的能力让我佩服，他的机智表现了汉字文化的魅力。

生2：听了故事，我感悟到纪晓岚在以牙还牙，很巧妙地回答了和珅，这就是汉字文化的智慧。

师：你们都领会了汉字博大精深的“谐音”文化，给你们点赞！

(4) 维护学习动机，进行合理奖惩。课堂最后，教师评定本堂课中表现出色的学生，颁发“谐音”学习勋章。对优秀的广告语设计者颁发“谐音”设计师，对生动的故事讲述者颁发“谐音”故事大王，以及颁发优秀“谐音”学习者。最后，延伸布置课后的“谐音”语文综合性学习活动，探究“名字”的奥秘。勋章的颁发对获得者是一种极大的鼓舞，有助于持续维护并进一步激发其学习动机；对于其他学生是一种良性刺激，有助于激发他们投入并积极参与学习的热情。

师：通过本堂课的学习，很多同学获得了“谐音”学习勋章。接下来，我们将去探索“名字”的奥秘。你们的名字中是否有“谐音”，或者有其他的奥秘？请把它记录下来。对名字的奥秘特别感兴趣的同学可以组成“人名俱乐部”小队。

2. 基于学习动机理论的语文综合性学习的成果展示

语文综合性学习重要的一个环节就是活动后学生实践成果的展示。通过展示，才能真正把学生语文综合性学习的成果呈现出来，以达到肯定学习、激发兴趣、维护进一步学习动机的效果。因此，开展好语文综合性学习活动展示课是总体教学的关键。以人教版语文五年级上册的“遨游汉字王国”为例，谈如何将学习动机理论运用到语文综合性学习活动后的教学中。

(1) 创设学习情境，激发学习动机。教师根据学生的兴趣爱好特点和语文综合性学习主题，提前将学生分为“人名俱乐部”小队、“美食大本营”小队和“汉字变变变”小队。课前，教师准备各个小队的资料、各个小组成员的照片。课堂中，教师用投影的形式出示各个小组的成果，激发学生的学习动机，创设“遨游汉字王国”成果展示的学习情境。

(PPT 依次出示：)

“人名俱乐部”小队　“美食大本营”小队　“汉字变变变”小队

(学生鼓掌)

师：在大家热烈的掌声中，我已经感受到了大家的期待。哪个小组先上来展示呢？(各个小组争先恐后地举起了手)

(2) 调节任务难度，控制动机水平。教师让小组成员集体上台展示，学生根据各自名字的特点和文化内涵来讲述自己名字的内涵。由于名字是每个学生都十分熟悉的，获得名字内涵的途径也非常便捷，所以学生可以根据自身特点来调节各自任务中的难度，这样能控制动机水平，促进学生的学习。

师：每个人都有一个名字，都是由奇妙的汉字组成的。长辈们都希望给我们起个美好的名字，寄托他们美好的祝愿。下面有请“人名俱乐部”上台汇报。

生 1：同学们，我们研究的主题是人名的学问。通过上网、查找资料和实地调查访问，我们了解到取名的方法有多种。我叫金雨宸，我的名字是用了谐音取名法，爸爸姓金，妈妈姓虞，“雨”是“虞”的谐音，“宸”是成功的“成”谐音。这样的例子很多，如陈诺——承诺、李想——理想。你们猜一猜，“杨港伟”这个名字又是怎么取的？

生：香港回归。

生2：我叫龚斐然，斐然就是文采斐然。这是借鉴典故取名法。孟子《离娄上》曰：“格君心之非。”意思是“纠正君王的过错”。猜一猜这是谁？

生：吴格非。

生3：同学们，我的名字叫楼恒丰，恒丰的意思是“做事要有恒心，才能有丰收”，用的是美善起名法。

生4：同学们，我给大家介绍出生时间取名法。如孟阳阳，你们猜他是什么季节出生的？春天又叫孟阳、阳春、孟春、早春等。春天生机盎然，所以孟阳阳是春天出生的。

生5：同学们，我的名字“瞻”的意思是“看得高，想得远”。我的名字也有谐音，如“毛毡”，妈妈希望我像毛毡那样默默无闻，无私奉献，这就是期望式取名法。

……

师：我很欣赏“人名俱乐部”的探究精神，他们还开展了社会调查。下面有请“美食大本营”组的同学上场。

生齐：(打着快板上场) 迎春接福，竹报平安。五谷丰登，洪福齐天。年年有余，节节登高……

生1：同学们，你们知道我们的快板词是什么吗？

生答：菜名。

生2：同学们，你们知道这些是怎么命名的吗？一般菜名都以“烹饪方法 + 原料”等来命名。

生3：大家看这道菜，它是一条鱼，可以给它取什么名字呢？

生：“红烧鲤鱼”。

生3：对，这是一般的菜名。可它用于合家团圆饭，又可以取什么名呢？叫“年年有余”，它寓示着来年富足盈余。

生4：同学们，大家都知道《草船借箭》的故事，真想不到典故也成了菜名：这里的盘子是一只木雕的龙船，那昂首挺胸的姿势犹如完成任务后顺利返航，船底铺了一层海带，这不就是草把子吗？更有趣的是，上面还插着一只只美味的虾，这就意味着那些借来的箭了，真是妙不可言。

生5：“发愤图强、锦绣前程”这两个成语用在这儿成了菜，你知道是在什么场合吗？这就是金榜题名宴。

生6：百年好合情深深，龙凤呈祥鸾飞舞……你们发现了什么？这份婚宴菜谱连起来就是一首绝妙的诗。

……

师：同学们，从最早的甲骨文开始，汉字已经有几千年的历史，现在有请“汉字变变变”小队来汇报他们的成果。

生1：(示纸板制作的“月”字)这是甲骨文的“月”字，它既不是新月，也不是圆月，而是用半个月亮来代表，甲骨文就是“一弯皓月悬中天”的形象。

生2：(示金文“月”)怕混淆于他字，古人又在金文“月”字的半圆形里加上一小竖。你们知道这是为什么吗？

生：表示月中的桂树。

生3：到了秦朝，统一了文字，小篆对笔画进行了调整，“月”字就变得不像月亮了。(示隶书“月”)隶书扁平方正。(示楷体“月”)这是什么体？

生齐答：楷体。

生4：是呀，到了汉末，出现了楷书、草书和行书。这就是汉字的演变过程。

生5：这是古代的“人”字，就像一个侧面站立的人。在奴隶社会，人们整天为奴隶主埋头劳动，在主人面前，人们卑躬屈膝。后来随着社会的发展，人们逐渐挺直了身子，翻身做了主人。“人”字变成了一撇一捺，好像人的两条腿，就像我这样堂堂正正做人。

(3) 给予恰当评定，提高动机水平。教学中，在学生自我展示的过程中，教师可以及时恰当地评定，以此来提高学生的学习动机。在语文综合性学习成果展示过程中，对学生来说，被教师、同学给予肯定能提高他们语文学习的动机水平，是一种质的飞跃。

当“人名俱乐部”小队展示完毕时，教师可以这样评价：

师：名字传承了人的情、意、志。名字蕴含了人的精、气、神。让我们充满真情地说一声：我爱你，汉字！

当“美食大本营”小队展示完毕时，教师可以这样评价：

师：“美食大本营”小队让我们感悟到：美丽而富有魅力的汉字给菜谱带来了诗的灵性。让我们感谢“美食大本营”小队，同时怀着感激之情说一声：我爱你，汉字！

当“汉字变变变”小队展示完毕时，教师可以这样评价：

师：看了“人”字的变化，我不禁想起刘湛秋写的《我爱你，中国的汉字》第二自然段中的一句话：“当你写下‘人’这个字的时候，不禁肃然起敬。”“汉字变变变”小队让我们更深刻地体会到：汉字是一群有着独特性格的小精灵。“汉字变变变”小队让我们不由得萌发出“我爱你，汉字”的感叹。

(4) 进行合理奖惩，维护学习动机。课堂最后，教师评定本堂课中表现优异的学生。在本堂课中，颁发“遨游汉字王国”学习团队勋章和个人勋章，以此来奖励学生在语文综合性学习活动中的优异表现。

师：此次汉字综合实践圆满落下帷幕。在这次活动中，同学们领悟到了汉字的无限魅力。下面颁发团队勋章和个人勋章。(学生充满期待，获奖的学生有极强的荣耀感)

语文综合性学习的内涵丰富、外延广阔。我们要明确语文综合性学习的教学重点，要根据学生的认知规律组织语文综合性学习活动，这对提高学生语文素养意义重大。德国教育学家第斯多惠在《教师培养指南》中说："教学艺术不在于传授本领，而在于激励、唤醒、鼓舞。"学生的学习动机对学习效果的影响至关重要。在开展语文综合性学习活动时，要能激励学生，唤醒学生，鼓舞学生，让学生的语文学习动机保持在最佳的学习状态，并能在教学过程中控制合理的动机水平，持续维护学习动机。只有这样，学生才能乐于参与到语文综合性学习活动中。

参考文献

[1] 王荣生 . 语文综合性学习教什么 [M]. 上海：华东师范大学出版社，2014.

[2] 莱因贝格 . 动机心理学 [M]. 王晚蕾，译. 上海：上海社会科学院出版社，2012.

[3] 王鸿 . 语文综合性学习要散发"语文味"《遨游汉字王国》综合活动课课例分析 [J]. 语文教学通讯：小学（C），2010（9）：57–58.

[4] 周红日，姜正生 . 感受谐音趣味　触摸汉字文化:《综合性学习 · 有趣的谐音》教学案例与评析 [J]. 小学教学参考：综合版，2009(2)：46.

[5] 郭元祥 . 小学生综合实践活动课程指导 [M]. 北京：北京师范大学出版社，2013.

[6] 靳彤 . 语文综合性学习理论与实践 [M]. 北京：中国社会

科学出版社，2007.

[7] 陈怀朗 . 初中语文综合性学习教学设计 [M]. 北京：语文出版社，2007.

[8] 马斯洛 . 动机与人格 [M]. 许金声，等译. 北京：中国人民大学出版社，2012.

[9] 皮特里 . 动机心理学 [M]. 郭本禹，等译. 西安：陕西师范大学出版社，2005.

（作者单位：舟山小学　胡王达）

基于语文综合性学习的情境教学理论再运用

语文课堂是传播中华文化的重要阵地，而语文知识的学习不仅仅是在课堂上的听、说、读、写，更是要走出教室，亲近自然和社会，让学生有话可说、有内容可写，要培养提高学生解决实际生活问题的能力。《义务教育语文课程标准（2011 年版）》明确指出：教育应与生活紧密相连，只有深入到语文实践活动中，才能使培养学生实践能力的目标真正得以落实。

作为长久以来时代教育发展的产物，情境教学能将枯燥抽象的文字转化为生动形象的场景，从根源上引起学生对语文的兴趣。若能在了解学生需求和文本特点的基础上，将情境教学引入小学语文综合实践，必将大大优化语文教学。因此，笔者认为，怎样的情境教学模式才能提高语文综合实践教学的有效性值得认真探讨。

一、理论简介

情境教学理论是一种结合视觉和听觉的教学方法理论，指的是在教学过程中，教师有目的地引入或创设具有情绪色彩的、以形象为主体的具体场景，引起学生的态度体验，从而帮助学生理解教材、发展心理的教学方法。它的核心在于激发学生的情感。

情境教学理论起源于 20 世纪 20 年代英国学者帕尔默的口语教学法，后由英国学者崔恩比倡导。从 20 世纪 30 年代到 60

年代，情境教学法在英国得到了广泛的关注和推广，其中的两位代表人物是古根汉和古布里纳。崔恩比认为，在向学生介绍新知识时，教师一定要将其与教学情境内容结合起来，有目的地创设形象生动的教学场景，从而帮助学生获得知识、发展技能。这为后来专家和学者的研究奠定了基础。在1970年后，情境教学理论被介绍到中国，并且得到了广泛的关注与应用。从此，我国的专家学者也开始研究情境教学理论。清华大学著名教授刘世生认为，情境教学理论就是创设场景，给学生提供一种真实或半真实的语言环境，并使学生参与其中。

从情境教学理论的国内外研究来看，它有许多优势。它不仅能激发学生的学习兴趣，吸引学生的注意，还能增加学生的社会阅历和情感体验，提高学生解决问题、团队协作和自主探索的能力等。情境教学模式由几个部分构建而成，包括创设情境、优化情境、凭借情境、拓宽情境。

1.创设情境

在探究的乐趣中持续激发学习动机——变被动学习为自我需要。根据不同内容，采用不同形式。无论是好奇求知，还是情感需求，都能促使学生形成一种努力探究的心理。其过程可简单概括为：探究→满足→乐趣→内发性动机产生。

2.优化情境

在体验审美的乐趣中感知教材——变单一的“听分析”为多侧面的感受。学生在感受情境时，会因美感而产生不同体验。情境的模拟性也给学生留下了广阔的想象余地，使他们飞到更广远的意境中。

3.凭借情境

在创造的乐趣中协同大脑——变复现式的记忆为灵活运用知识。情境教学具有形真、情切、意远、理蕴的特点，巧妙地把学生的认知与情感结合起来，丰富了单纯直观的手段与物境，使教学活动进入师生共处的状态。

4.拓宽情境

在认识世界的乐趣中平衡系统——变封闭式的读书为开放式的广泛储存。情境针对儿童的思维和认识，使他们合理使用大脑，使之获得探究、审美、认识和创造的乐趣，使教学成为生动活泼的自我需求。

以上四个部分相互联系，且密不可分，教师可以根据不同的实践内容进行灵活性的挑选和改变，使多样的语文综合实践教学发挥最大的有效性。

二、理论的运用

(一) 情境教学理论在文本延伸综合性学习中的运用

作为语文学习的基本工具，教材是语文综合性学习开展的重要源泉，也是学生学习语文知识和综合运用语文知识的主要依托方式。现行的小学语文教材富有文化内涵和时代气息，题材、体裁、风格丰富多样，关注生活，关注人类，关注自然，理解和尊重多样文化，体现时代特点和现代意识，为语文综合性学习的开展提供了很多很好的素材。在小学语文综合性学习的设计过程中，教师要创设多样的情境教学形式，开展满足和适应不同学段学生需求的语文综合性学习。运用情境教学理论能很好地为语文与综合实践教学架起桥梁，激发学生学习语文的兴趣，并引导学生养成独立思考的能力。通过多种渠道，不断拓展学生学习的内容，并向外延伸课本，开阔学生的视野。

以部编版一年级上册语文第六单元为例，这一单元主要围绕“童趣”编排了《影子》《比尾巴》《青蛙写诗》一系列生动形象的儿童诗歌。它的教学重点主要集中在字词学习和课文朗读。现将情境教学理论运用到这一单元的综合实践教学中，让学生尝试自己去探索和感受多彩的世界，并体验当一当小诗人、小画家的感觉，也为提高其语文素养和丰富情感体验打下了坚实的基础。

1.创设情境，调动学生兴趣

上课前，教师先通过一个趣味谜语引出本节课《青蛙写诗》的主人公青蛙。青蛙的样子可爱、活泼，又与大家的日常生活联系密切，一下子就能调动学生的学习兴趣，吸引他们的注意力。之后创设情境，让学生在观察和思考中感受青蛙美丽的生活环境，体验青蛙的角色魅力。

师：孩子们，现在我们来猜一个谜语吧！“绿衣小英雄，田里来捉虫，冬天它休息，夏天勤劳动。”打一动物，是什么呢？（青蛙）

师：你知道青蛙生活在哪里，有什么本领吗？

师：我们一起去看一看小青蛙，好吗？（课件出示情境图）说一说你看到了什么？（青蛙、蝌蚪、荷叶、水泡泡、水珠……）青蛙生活在美丽的池塘里，粉红色的荷花当阳伞，碧绿的荷叶当摇篮，沐浴着和煦的春风，享受着淅淅沥沥的小雨，哇，实在是太美妙了！小青蛙呀，诗兴大发，向我们展示了它的又一项本领——写诗。这节课，我们就来看一看青蛙是怎么写诗的吧！

2.优化情境，探索美好事物

通过营造一个下雨天的情境，引发学生思考：除了青蛙，还会看到哪些小动物、小植物，还能听到什么声音，还能闻到什么味道？从多角度、多方面引导学生探索多姿多彩的世界。

师：雨越下越大，小青蛙呀，只好躲在荷叶下避雨啦！你们说，还会有哪些小动物在避雨呢？

生：（预设：小松鼠躲在它的大尾巴下，小猴子躲在树上，小蜗牛藏在蘑菇下面，小象躲在大象妈妈的身体下……）

师：哇，这可真热闹！你们听，传来了什么声音？

生：（预设：下雨的哗哗声、树叶的沙沙声、池塘的滴答声、小动物们跑回家的嗒嗒声……）

师：这声音交织在一起，真像一首森林交响曲呢！咦，我好像闻到了一种好闻的味道，是什么呀？

生：（预设：雨点的味道、泥土的味道、松鼠吃饱了打嗝的味道、水里吐泡泡的味道……）

3.拓宽情境，发挥想象创造

在感知情境后，学生就会对这一情境有深刻的印象。如学习完《青蛙写诗》，多角度、多方面体验情境之后，学生对周围的事物会更有想象力和创造力。教师要让学生走出课堂，走向自然，像青蛙诗人一样写诗，或仿写，或自创，想象画面，体会感情，为它画一幅小插画，最后将自己的小诗、小画在班内展示交流。如果教师给予他们无限的思维空间，他们就会给予教师更多的惊喜，这样的语文综合性学习才有生动鲜活感。

师：孩子们，青蛙会写诗，厉不厉害？

师：我们也来学一学青蛙，写首小诗吧！来，大家瞧一瞧窗外，你们看到了什么？（对学生的回答表示肯定并继续鼓励引导，但不可以告诉他们正确答案，以免对他们造成干扰）

师：看到了什么，就把它写下来吧，看一看谁的小眼睛最会观察！

这里选取了学生们的几首小诗：

《窗外的太阳》

一（2）班　黄思杰

太阳公公是个偷吃鬼！
他把我的棒棒糖偷吃了，
又把我的水喝完了！

《树叶》

一（2）班　周泽羽

窗外，
有一个个小仙女在跳舞，
有一只只蝴蝶在飞；
有一叶叶小舟驶过，
我过去一看，
原来是树叶在变魔术。

又比如，部编版三年级下册第二单元，这一单元的教学主题是中外寓言，有文言文重现古代寓言，有现代寓言，还有外国寓言故事和诗歌。类别多，形式多，内容丰富，教师可以凭此设计语文综合性学习“小寓言大道理”，其活动环节可以分为：人物介绍—故事讲解—经典片段—创作表演。这样不仅可以加深学生对课本内容的领悟和理解，还能间接督促他们在课余时间了解更多的寓言故事。比如，《滥竽充数》《杞人忧天》等这些中国古代寓言，还有像《伊索寓言》《克雷洛夫寓言》等外国寓言。学生自主挑选人物，制作相应的道具进行表演。有的学生绘声绘色地讲起了故事，有的学生和别人合作让寓言情景再现……将自己完全融入了寓言故事中，仿佛自己真的成了里面的人物，并再次激发学生课后阅读寓言故事的兴趣。这样的语文综合性学习学有所乐，学有所获。

(二)情境教学理论在校本化综合性学习中的运用

“综合实践活动是最能体现校本化理念的一门课程”，校本化的语文综合性学习既解决了语文课程时间分配不够用的问题，又充实了拓展课程的内容。在丰富多样的校本化语文综合性学习中融入情境教学，对语文综合性学习的开拓和创新也起到了重要的作用。

我校2019学年的校本化语文拓展课很好地展现了语文综合性学习的新实践，如海洋儿歌汇、趣味汉字、谜语猜猜猜、十二生肖之谜、迷你课本剧、走进文言文、成语宝典等。这些课程无不营造着浓浓的书香味和语文味，鼓励学生积极参加校园语文综合性学习，不断提高自己的语文综合素养。下面以迷你课本剧课程中的《扁鹊治病》小剧场为例，来展示其中的情境教学理论运用过程：

1.创设情境，营造氛围

要想进行课本剧表演，就得先“备戏”，把剧本理解清楚，包括了解故事背景、人物背景、人物性格和心理等。

师：战国时期，有一位著名的医学家，他能让百姓起死回生，创造了“望、闻、问、切”四大诊法，治愈了不少罕见的疑难病症。两千多年来，“四诊法”一直为我国的医生所沿用……你们知道这位妙手回春的神医是谁吗?

师:(放录音:《扁鹊治病》)请思考神医扁鹊是怎么给蔡桓公治病的呀？为什么堂堂神医却治不了蔡桓公的病呢?

师：两位人物给你留下了什么深刻的印象?

2.优化情境，增强学生信心

从多方面、多角度让学生体会扁鹊和蔡桓公的人物特点。语言方面，可以模仿蔡桓公嫌弃和愤怒的语气；神态方面，可以感受扁鹊无可奈何、小心翼翼的神情；动作方面，可以体验古代君与臣的尊卑礼仪……让学生以小组的形式，寻找自己的场地，去体验某一片段，或有点搞笑，或令人生气，增加他们对人物的真实感受。通过动口、动手、动脑，多种感官参与学习活动，学生与剧本更加亲密，使语文综合实践学习变得充满活力而富有灵气。

剧本:《扁鹊治病第一场：扁鹊第一次拜见蔡桓公》

人物：蔡桓公、扁鹊、侍卫

侍卫：来者何人?

扁鹊：在下扁鹊，正来给夫人治病，远远观望，发现大王染了小病，希望求见，并帮助医治。

侍卫:(上下打量了一下)啊！是名医扁鹊，我立即去禀报。

侍卫:(弯腰)报——大王，名医扁鹊求见。

蔡桓公:(稍有疑惑)哦？扁鹊？他不是来给夫人治病吗?怎来求见寡人了？让他进来吧。

侍卫：是。

扁鹊:(低头，快步进来)在下扁鹊，参见大王。(单膝跪下)

蔡桓公：平身。

扁鹊:(起身)大王，您有病。

蔡桓公:(微怒)你才有病呢！

扁鹊：您皮肤上有点小病，要不医治，恐怕会向体内发展。

蔡桓公：哼！胡说！寡人身体好好的，你怎可咒我有病?退下。

扁鹊：那微臣先告退。(慢慢地往后退出去)

蔡桓公：这些做大夫的就喜欢给没病的人治病，这样才显得自己高明，怎么连神医都这样?

侍卫：大王您还是让扁鹊看看吧！毕竟他是位名医啊！

蔡桓公：不看不看。

3.拓宽情境，发挥学生的自主性

课本剧表演让学生在艺术氛围中，带着丰富的想象和强烈的创造意识，满怀激情地进入审美境界。席勒说："若要把感性的人变为理性的人，唯一的途径是使他成为审美的人。"在课本剧表演中就要让学生成为"审美的人"。

学生表演课本剧时，常常会依葫芦画瓢，一字不落地背出人物对话，没有创造意识。课本剧表演并不是剧本的背诵，而是学生主体感受的再现。所谓"一千个读者就有一千个哈姆雷特"，教师应鼓励学生进行自主创作，包括台词的适当删节或增添、表情的设计、表演动作的拟定、表演道具的选择制作等。这样，他们想象的翅膀才能自由翱翔，创造性才可以尽情发挥。

剧本：《扁鹊治病第三场：扁鹊第三次拜见蔡桓公》

人物：扁鹊、大臣甲、大臣乙

大臣：（聚集在宫内商量，处理朝政事务）

扁鹊：（慌慌张张、神色急匆，快步进来拜见大臣）有劳通报大王，扁鹊有要事求见。

大臣甲：（眉头紧锁，微微发怒，语气上扬）扁鹊，你可真是胆大妄为。怎么还敢来，难道不怕大王杀了你吗？

大臣乙：（神情冷淡，满脸轻视，瞥了一眼扁鹊，语调嘲讽）是啊，大王已经十分恼怒你了，我劝你还是早早回去吧，免得自寻死路。（说完，拂袖转身，背对扁鹊，继续看奏折）

扁鹊：（神色凝重，略带哀求，跪倒在地）各位大臣，按照在下的推算，这几日，大王的病已经发展到肠胃里了。如果再不医治，恐怕……恐怕……（神色慌张）来不及了啊！到时候，恐将危及江山社稷。（抱拳弯腰，有点害怕）

大臣甲：（勃然大怒，手指着扁鹊，呵斥道）大胆扁鹊，此时大王正在郊外狩猎，身体好得很呢！（说话带着喘气）你……你……你个庸医，竟然几次三番诅咒大王龙体，到底居心何在？（说罢，看向周围的大臣们，满脸愤怒）

大臣乙：（转头怒视）扁鹊！你这江湖术士若再妖言惑众，休怪大王手下不留情，还不快快滚蛋！（把奏折狠狠甩在扁鹊身上）

扁鹊：（惊愕、惶恐地抬头看了看大臣，无奈地低头）唉，那……那在下告退……

曹禺说："演课本剧，可以启发学生潜在的智力，使学生对听课、读书产生兴趣，从而引起学生想读其他的文学书籍。"在语文综合性学习中，用课本剧表演的形式进行教学，对于小学生特别有效。学生通过美术、舞蹈、表演、音乐等的有机结合，将语文作品中一些情节生动、人物性格鲜明、对话语言形象的文章自编、自导、自演，以戏剧的形式演绎出来，融语言艺术、形体艺术于一体。学生多种感官参与学习活动，与文本深度接触，不仅可以提高其认识水平和思维能力，还可以培养其团结协作能力，提高其审美情趣。

（三）情境教学理论在体验式综合性学习中的运用

语文综合性学习离不开课本教材作依托，离不开拓展课程为延伸，更离不开实践体验为其搭建获得经验的平台。知识的获得的最终目的是要回归实践，能够在实践中运用所学知识解决现有的实际问题，正如教育家卢梭所言，"我们主张我们的学生从实践中去学习"。这也就要求语文综合性学习要结合实践体验，从实践中来，到实践中去，培养学生的自立意识、实操能力，以及勇于探索、大胆尝试的开拓精神。

如今，我们要尽量引导学生自己寻找问题的答案，因地制宜，因材施教，把握学生的个性，有效发挥情境教学理论和语文实践体验的共同作用。以学生的直接经验为基础，密切联系学生的自身生活与社会生活，体现了对生活知识的综合运用。在开展活动的过程中，力求让学生密切关注学校生活、社会生活，引进生活的源头活水，实现语文与生活的沟通。

“生活即学校，社会即课堂。”以我校开展的“我的家乡”暑期综合实践活动为例，它让学生在实践学习中深入了解家乡的变化，弘扬创新精神，同时体会生活中的语文底蕴，培养敏锐的认知力、独特的领悟力和丰富的情感力。舟山既是一座拥有魅力感的旅游城市，也是一座拥有浓厚历史味的古老城市。大到“海天佛国”普陀山、金庸笔下的桃花岛、东方小“希腊”枸杞岛等，小到古色古香中大街、岱山爱国主义基地、火热条子糕、海鲜面……这些都给学生们创造了活动的良好条件。学生能够大胆地走出课堂，走向社会，走进自然，让学生对家乡有了更深一层的了解，也让学生领悟到：我为家乡而骄傲，我应为家乡而努力。

1. 凭借情境，师生共同成长

凭借情境注重感觉的训练、直觉的培养、创造性的发展，其中渗透着形象—情感—想象的过程，给学生带来无限的活力、想象力、直觉，还有创造精神，这些都在情境教学实践中得到很好的培养与发展。

本次实践体验活动分为准备—实践—汇报三个阶段。准备阶段包括教师介绍分析、学生自由组合、每组设立小组长、师生共同确立实践主题、制订实践方案、资料搜集等。在暑期分小组实践执行，假期回来后进行小组汇报。

比如，讨论、制订方案这一任务，学生们都很下功夫，有时一个字、一个词都需要斟酌半天，在争论中提高了他们对题目的分析鉴赏能力，同时在交流探讨中又培养了他们的团队合作精神、团结意识，使各个环节环环相扣，成为和谐统一的整体。从实践主题中也看到各小组把握好活动的一条主线——爱舟山、话舟山。在交流获取信息途径时，大多数学生谈到通过到新华书店查阅相关书籍，如《漫游舟山群岛》《舟山地图》《舟山旅游》，还用网络进行搜索学习，询问家长和亲戚朋友，充分利用了校内外各种信息资源。在获取信息过程中，他们也意识到语文从生活中来，到生活中去，要在生活和人际交往中感受、体会、运用语文，增强语文的实际应用能力。同时，在与长辈的沟通交流中，不仅增进了两者之间的感情，还能使学生切身体会到现在的生活来之不易，体会到家乡的美好与繁荣，心中由衷地升起一股热爱与骄傲之情。这些都比单纯听教师的宣讲体会要深刻得多。

2. 拓宽情境，打开广阔世界

第一步，讨论、制订方案。 学校和教师力求让学生的学习活动能回到真实的生活情境中，消除书本与生活的隔阂，丰富学生的心灵体验，让语言重焕生命的光彩，让语文综合性学习回到诗意栖居的家园，回到人类的语言赖以存在与发展的丰富多彩的生活世界。师生共同参与，无形之中，情与境交融，培养了学生的感觉和直觉，带来了新的发展与创造。

在完成第一步的讨论、制订方案后，就可以拓宽情境，打开学生想象的空间，开展学生的自主活动了。

第二步，展开实践体验。在这次暑期语文综合性学习中，不同的小组体验了不同的家乡文化：既有生动感人的舟山英雄事迹，又有岱山爱国主义教育基地两日游；既有舟山街头特色传统美食之旅，又有舟山锣鼓、舟山踩高跷之解密等。有照片、有视频、有文字、有讲解、有表演、有特产……

第三步，点拨指导信息处理。包括筛选、归纳、整理、展示信息。可以对照片进行加工，并配有相应的文字讲解，使之图文并茂；对旅游胜地同样用照片展示，并进行声情并茂的讲解；对英雄事迹的书面材料可加工成口头的故事讲述；对游览体验过程的视频展示；写感受形成文章；或演讲，或配乐诗朗诵等。

第四步，探讨汇报形式。由小组长们交流探讨，把握整体构思，各小组成员也要探讨该如何展现才艺。这一过程中，教师可以进行点拨，并参与出谋划策。最后的汇报方案可以分类别进行，如讲故事、谈感受和演讲朗诵为一类，图片、视频和实物展示为一类。并互相竞争比赛，比一比哪一组汇报得最生动、最印象深刻。学生在探讨和比赛中，开阔了视野，拓展了思维。

第五步，实施活动反馈。通过一节完整成形的综合性学习汇报课，学生拓展了自己的学习空间，培养了收集与处理信息的能力、综合运用语文知识解决问题的能力以及相互交流与合作的能力，同时也体验了生活，增强了社会责任感，并逐步形成了创新精神与实践能力，可谓一举多得。学生在这一自主合作交流探究的活动中，真正地获得了成长的历练，每一个人的个性得到充分自由的发展，每个人的才艺也得到充分自由的展示。其中，在写作、讲故事、朗诵、演讲、主持、导游、做讲解员等方面涌现出不少有潜力的人才来。

总而言之，情境教学理论和语文综合性学习相互交融，美美与共，能促进学生的发展，提高学生的语文综合素养。教师将情境教学理论融入语文综合性学习中，开展跨领域学习，体现了开放、多元、创新的元素，以及情境教学理论的丰富多样性和鲜活灵动性。实现语文学习目标的同时，提高学生对自然、社会现象与问题的认识，促使其追求积极、健康、和谐的生活方式，从而使语文综合实践真正地“活”起来，“动”起来。

参考文献

[1] 中华人民共和国教育部 . 义务教育语文课程标准：2011年版 [M]，北京：北京师范大学出版社，2012.

[2] 刘文文 . 小学语文教学方法探析 [J]. 教育教学论坛，2011(27)：54–55.

[3] 杨政梅 . 情景教学在小学语文教学中的运用 [J]. 名师在线，2019(4)：33–34.

[4] 唐伟 . 浅析情景教学在小学语文教学中的应用 [J]. 中华少年，2017(15)：72.

[5] 杨培禾 . 小学综合实践活动课程与教学论 [M]. 北京：人民教育出版社，2015.

（作者单位：舟山市定海区城西小学　辛奕萱）

同化认知结构提升综合性学习有效性的策略研究

《义务教育语文课程标准（2011年版）》中将语文综合性学习定义为：提出问题，结合课堂内外阅读讨论分析；用自己的方式表达观察到的内容；能够表达自己的所见所闻；会搜集资料，学会合作，尝试运用语文知识和能力解决问题；能利用图书馆、网络等信息渠道获取资料，尝试写简单的研究报告、活动总结；初步了解查阅资料、运用资料的方法。这样的综合性学习能够让学生将所学知识和生活相联系，做到学以致用，同时也能够培养学生主动探究、团结合作、勇于创新的能力，全面提高学生的语文素养。语文综合性学习对于学生语文素养的形成与发展具有深远意义。因此，笔者认为，如何运用恰当的教育理论，采取合适的教学模式进行语文综合性学习和如何操作这样的教学模式，是值得探讨的问题。

一、理论简介

认知结构同化理论是由美国著名认知心理学家奥苏贝尔提出的。奥苏贝尔认为，学习的过程其实是认知同化的过程，学生将新知识与自己的认知结构相结合，有意义的学习便形成了。有意义的学习就是在学习过程中，符号所代表的新知识与学习者认知结构中已有的观念建立实质性的非人为的联系。学习者接受知识的心理过程其实就是概念同化的过程。通过新知识和学习者认知结构中已有信息的相互作用，新旧知识发生意义同化。按照新旧知识发生联系的方式不同，奥苏贝尔将有意义的学习分成三种不同的模式：

（1）下位学习，也称类属学习。学生学习的新知识类属于学生已有的认知结构中包摄性更广的概念。例如，学生在学习“明、男、尖”等生字的时候已基本掌握了会意字的概念，再学习“鲜”这个字的时候，会意字的概念已经在学生已有的认知结构中，“鲜”的学习就能更进一步理解会意字的构成含义。

（2）上位学习，也称总括学习，是指在认知结构中几个原有观念的基础上学习一个包容性程度更高的命题。例如，学生原有的认知结构中已经有了火车、汽车和自行车等概念后，在学习交通工具这一概念时，发生的就是上位学习。新学习的概念总括了原有的概念，新学习的概念就更具有意义。

（3）组合学习，又称并列学习。新旧知识之间既没有下位关系，也没有上位关系，这时发生的学习就是组合学习。例如，学生先形成了儿歌的概念，再学习散文的概念，这两者之间并没有隶属关系，学生学习这类知识比前两种难度相对大一些。许多新命题和新概念的学习都是属于这一类。

基于以上三种学习模式，奥苏贝尔认为，教学主要遵循以下三个原则：

（1）逐渐分化原则。为了方便学习者理解和掌握新知识，奥苏贝尔认为，教师在教学中应该先教授最一般的、包摄性最广的概念，然后再根据具体的细节，对这些内容逐渐加以分化。

（2）整合协调原则。当学生无法进行下位学习时，此时学生应该明白概念之间的横向对比，了解概念之间的关系和差别。

（3）先行组织者原则。所谓先行组织者，是在学习新知识之前的一种引导性材料，相对于新知识而言，它具有更高的抽象性、概括性，综合水平也相对较高，同时和原有认知结构的信息及新知识相关联。目的在于为新旧知识搭建一座桥梁，增强新旧知识的可区分性，促进学习的产生。

对于这三种不同的学习模式和教学原则，教师可以根据教学的内容和实际情况而灵活选择和运用。

二、理论的运用

(一) 合理运用认知结构同化理论为语文综合实践学习创造条件

奥苏贝尔的认知结构同化理论也称为有意义学习理论，是指学习者学习的新知识与学习者认知结构中的旧知识产生了非人为的实质性的联系。它强调新旧知识间的联系，然后旧知识将新知识纳入原有的认知结构中，使得新学习的知识有意义。这种理论的运用能够使学生更好地理解和掌握新知识。奥苏贝尔将学习分为接受学习和发现学习。接受学习只需要被动接受知识，不要求有任何发现，只要把学习的内容融入自己的认知结构中去即可；而发现学习需要学习者自己去发现知识，而后将其同化。同时，奥苏贝尔还将学习分为机械学习和有意义学习，机械学习是和有意义学习相对应的。接受学习和发现学习都可以是机械学习，也都可以是有意义学习，区别在于是否有同化的过程，也就是学习者是否将新旧知识建立了实质性的联系。在小学综合性学习中，我们可以主要运用以下方法来进行教学。

1. 从教材入手，为有意义的学习创造外部条件

(1) 加强新旧概念之间的联系。在新版部编教材中，小学一到六年级的课本中有两个单元的综合实践课程，分别是五年级下册第三单元“综合性学习：遨游汉字王国”和六年级下册第六单元“综合性学习：难忘的小学生活”。这两个单元的内容都与

学生之前所学习的知识有着内在的联系。“遨游汉字王国”这部分内容既可以和一到五年级课堂内学习的生字结合起来，也可以和日常生活当中学到的字结合起来，如广告语、路标等。还可以结合之前学习的歇后语、字谜等开展相应的活动，使学生能够将新旧知识体系建立联系。“难忘的小学生活”更是在学生度过了六年小学生活的前提下开展的，既能够和课堂的知识建立联系，又能够和生活建立联系。例如，在学习《字谜七则》这个环节：

旧知识	新知识
猜字谜	探究方法
“一口咬掉牛尾巴”——（告）	组合法
“河边一蜻蜓，天上双雁飞”——（汗、丛）	象形法
“客满”——（侈）	会意法

我们将新旧知识建立联系，让学生在原有的猜字谜的基础上，学习总结概括猜字谜的方法，新旧知识建立了非人为的实质性的联系，有意义的学习就产生了。但如果学习中，某一部分内容和学生原有的认知结构缺乏相应的联系，教师就要适时为学生补充一部分相关知识，力求让新旧知识建立联系，形成有意义的学习。

（2）重视新旧概念之间的比较。其实现在小学课本中的习作教学前后有着密切的联系，这些写作的知识点从简单到复杂，表现了鲜明的逻辑性。在教学过程中，我们要充分利用知识点之间的内在联系，让学生能够将新旧知识建立联系，进行比较，找出异同点，这样更有利于学生对于新知识的掌握。在教学五年级下册“人物描写”单元一组课文后，笔者趁热打铁，带领学生进行了“人物描写”综合性学习。

四年级的时候，学生学习过人物描写，当时的要求是要写出人物的特点，主要有四种方法：①细观察。为了写好人物的外貌，要好好观察人物。因为人的外貌受其身份、职业、年龄、教养、习惯、生活经历、家庭环境、身体状况等的影响。②有顺序。写人物时应该先写什么，后写什么。可以只从一个方面来写，也可以按照从整体到局部、从上到下等顺序写。③抓特征。为避免人物出现“千人一面”的毛病，要抓住其显著的外貌特征来写。④显性格。不仅要抓住静态的肖像来写，而且要抓住人物动态的神态来写。总的来说，四年级学生对于人物的描写还停留在正面描写。

在本次的“人物描写”综合性学习中，笔者先让学生总结出本单元学习到的人物描写的方法：①选用典型事例，把人物的特点写具体。如《摔跤》一文通过写嘎子和胖墩儿摔跤的事，表现了嘎子的机灵敏捷、有心计、争强好胜。②运用描写人物的语言、动作、心理、神态等方法直接写出人物的特点。如《两茎灯草》一文通过对严监生动作、神态的描写，把他吝啬的性格刻画得淋漓尽致。③侧面烘托，通过描写周围人的反应，间接写出人物的特点。如《刷子李》一文通过直接描写刷子李刷浆时的衣着及刷浆时的动作来表现他刷墙技术的高超；通过徒弟曹小三的心理变化，从侧面表现了刷子李刷墙技艺的高超。接着，笔者将四年级学习的写作方法和这一次学到的方法放在一起，让学生找出异同点。虽然都是学习人物描写的方法，但是学生很快就能发现，本次学习的方法中还多了典型事例和侧面烘托两种写作方法。再让学生们比较运用描写人物的外貌、语言、神态、动作等方法来表现人物的特点和另外两种写作方法有哪些相同点和不同点，借此将新旧概念进行比较。这时，笔者给学生提供了《“凤辣子”初见林黛玉》和《泥人张》两篇典型的人物描写片段，让学生找出人物刻画的方法并说一说其好处，具体而清晰地让学生进行新旧概念的比较，从而更好地理解和掌握新的知识点。

2. 从学生入手，为有意义的学习创造内部条件

(1) 调动学生的积极性，形成有意义学习的心向。学生自己主动地让新旧知识相互作用，产生联系，这就是有意义学习的心向。在进行综合性学习时，教师可以在教学中利用各种教学资源，如视频、音频、课件、课外书和各种教学方法等，让学生感受到语文综合实践的学习是生动的、有趣的，主动将新知识学习和原有认知结构中的知识建立联系，使得它们相互作用，那么有意义学习的心向也就自然而然地产生了。例如，在教学五年级下册第二单元“古典名著之旅”之前，笔者便给学生设计了一个以“古典名著我来演”为主题的综合实践活动，将学生分为六组，每组一本名著，学生将围绕这本名著选一个经典片段来进行表演。当然，不局限于本单元的四大名著，国外的、国内其他的都可以。本单元学习结束后，学生要在班级里进行汇报演出，小组互评，并为他们准备了丰富的奖品。学生对于表演十分有兴趣，又是准备服装，又是准备道具，忙得不亦乐乎。为了能够更好地把握好角色，他们上课时明显认真多了，课堂氛围也非常好，积极举手发言，课后研读名著的兴趣和专注度也得以提升。学生有了有意义学习的心向，学习就容易多了。

(2) 帮助学生梳理已有的认知结构。在教学时，教师必须帮助学生建立相关知识点的联系，这样，学习时才能够有针对性。按照认知发展理论，如果学生要进行有意义的学习，必须有一定的认知基础。因此，在教学前，要引导学生回忆和新知识相关的旧知识，为后面新旧知识的同化打下基础。例如，在

教学六年级下册“古诗词诵读”这一综合性学习之前，教师先带领学生进行和古诗词诵读相关知识点的复习：诗歌的表现手法——赋、比、兴，诗歌的朗读节奏，诗歌的情感表达……通过对这些知识点的复习，能够让学生在接下来的综合性学习中学得更加目标清晰、思路清楚，收获自然也更多。

(3) 引导学生给新旧知识建立联系。有意义的学习指的是新旧知识之间必须建立起非人为性的实质性的联系。学生产生了有意义学习的心向，但是未必能够进行有意义的学习，还需要将新旧知识建立联系，这样，学习才能够有意义。如教学的内容和学生之前学习的知识毫无联系，学生学习后，在原有的知识结构中找不到归类的点，那么学生只能通过机械性的死记硬背来学习。例如，在学习“有趣的形声字”这一环节时，如果教师直接教学形声字由“形”和“声”两部分组成，形旁和全字的意义有关，声旁和全字的读音有关这类概念，学生只能死记硬背，“一个是代表意思，一个是代表读音”，而并不明白为何一个代表意思，一个代表读音。因此，在教学时，我们可以先复习象形字，再指出形声字可以分为两种，一种是在象形字的基础上添加声符，形成新的形声字，另一种是在象形字的基础上添加形符，创造出形声字，同时辅以具体的文字强化认识。这样，学生就可以顺利地将新旧知识建立联系，形成网状的结构，从而更好地理解和运用。

(4) 发挥教师的作用，促进学生形成有意义的学习。亚里士多德曾经说过，“思维自疑问和惊奇开始”，好奇心是个体内在的驱动力之一。在教学过程中，教师要把学生的好奇心变为求知欲。生动活泼、幽默风趣的语言是教师的一大法宝。在教学过程中，如果教师能够充分调动课堂的氛围，调动学生的积极性，多与学生交流，与学生形成一种和谐的师生关系，那么学生的积极性和主动性一定会被调动起来，有意义的学习更容易产生。在六年级下册“古诗词诵读”综合性学习《采薇》的教学过程中，笔者直接在教室里跟着伴奏，给学生唱起了这首歌，并简单地加上了几个古典舞蹈的动作。虽然并不专业，但是那优美的旋律还是瞬间吸引了学生的注意。有个学生说：“我发现，离我们如此遥远的《诗经》竟然还可以唱出来，而且旋律那么美。”所以，教师还是应该多研究教法与学法，只有拥有更为广泛的认知积淀和精湛的专业水平，才能够更好地引领课堂，带领学生进行美妙的中华语言文字的探索。

（二）认知结构同化理论三种模式在语文综合性学习中的运用

（1）运用上位学习的方法学习猜字谜。在“遨游汉字王国”综合性学习之前，学生就已经接触过字谜。在汉字教学的时候，我们常常采用猜字谜的方法进行教学；有时候为了让学生们加深印象，也会让他们自己给生字编字谜，利用多种识字方法来巩固学习成果。因此，猜字谜对学生来说并不陌生。综合性学习中将字谜这个概念正式地放在了学生要学习的内容中。对于学生来说，只是将自己已有的认知中的这些识字游戏进行了一个总结概括，给了一个正式的称谓，学生既容易理解，也容易运用。《字谜七则》当中，一至四则是文字迷，学生可根据之前学习的汉字笔画进行联想，将已有知识和新的知识进行必要的联系，便可猜出谜底是“日”“田”“立”“也”；五、六则是画谜，虽然画谜这个概念对于学生来说是完全陌生的，但是在低段教学中，我们学习过会意字，而会意字运用得最多的就是通过图画来加深学生对生字的理解，将抽象的文字形象化。现在，学生只需将认知结构中已有的和会意字相关的知识和概念调动出来，便可帮助自己学习新的概念，使学习轻松又有趣。第五则画的是一个人靠在树旁，学生们很容易便会想到单人旁和木，从而猜出谜底是“休”；第六则画的是一个时钟正好是十二点(十与两个点)，谜底是“斗”。第七则是一个故事迷，故事迷的概念对于学生来说很陌生，但是学生从小听故事，对故事并不陌生。同时故事中的唐伯虎画的是一只黑狗，狗也称犬，这是学生们认知结构中已有的概念。学生运用已有的概念和现有的知识相联系，便很快猜出是“默”。

(2) 利用下位学习的方法进行以“同读一本书——经典国外名著阅读”为主题的综合实践的教学。在认知结构同化论中，当学生已经拥有文体的概念，再去学习书信、通知等应用文体，我们称这种方式为下位学习。在六年级下册第二单元学习结束后，笔者组织了一个主题为“同读一本书——经典国外名著阅读”的语文综合性学习。在学习活动开展之前，笔者让学生花了大量的时间去读和课文相关的几本名著。在进行后续的学习时，笔者先带领学生们复习学过的一些文体：记叙文、议论文、说明文、应用文等。其中，应用文体包括了书信、通知和倡议书等。接着介绍梗概的概念，梗概也属于应用文体中的一种。最后根据课文《鲁滨孙漂流记(节选)》，尝试故事梗概的写法，并师生一起总结写法：读懂内容，把握脉络；筛选概括，合并成段；锤炼语言，表达连贯；写好后读给同学听，根据同学的反馈进行修改。接下来的综合性学习中，笔者就让学生们围绕自己所读的书，撰写400字左右的故事梗概，发表自己的观点，对书中各种人物进行恰当的点评。在学习写故事梗概的时候，用到的就是下位学习的方法。在学习前，学生已经有了文体的概念，而梗概就是应用文体中的一种。因此，学生接受这个新的概念会比较容易。同时，学习了梗概的写法和定义，也丰富了学生原有概念中文体的概念。

(3)利用组合学习的方法进行以“家园情怀”为主题的课外阅读综合实践教学。其实在综合实践学习中还存在着大量既不属于上位学习，也不属于下位学习的学习方式，这种学习属于并列结合学习。这种学习方式，新知识和旧知识之间不是从属关系，也不是总括的关系，而是对位同等的并列关系。在五年级下册以“家园情怀”为主题的课外阅读交流综合性学习中，笔者运用的就是并列结合学习的方法。课前，笔者让学生先去收集和阅读了大量以“爱国情怀”为主题的文学作品，体会其中人物的爱国情怀。通过前面的单元文本学习，学生已了解和掌握了通过人物的动作、语言和神态等描写去体会人物的内心世界，感受作者的爱国情怀。这也是本单元学习的重点。在本次的语文综合性学习中，笔者在此基础上进一步让学生通过人物的内心去体会和概括人物的形象。通过人物内心去感受人物的形象是阅读理解的一种方法。我们可以通过人物的语言、动作和神态等去感受人物的内心，然后通过人物内心的感受去体会人物的形象。而人物形象理解透彻了，又可以让我们更好地感受人物的内心世界。这两项可以说是相互作用的，像这样的学习就是并列结合学习。从并列结合的理论出发，如果想让学生更好地掌握新知识，就需要积极引导他们将新旧知识进行比较分析，找出它们之间的区别和联系，这样有利于强化学生的记忆，同时知识内部也更系统化，方便日后的检索。

奥苏贝尔有一句名言:“如果我不得不把全部教育心理学还原为一条原理的话，我将会说，影响学习的唯一的最重要的因素是学习者已经知道了什么。”可见，学生已有的认知结构对学生学习结果的影响是多么重要。因此，教师在教学的时候，要遵循这个规律，了解学生已掌握了哪些知识，新知识与旧知识之间有着怎样的联系。在此基础上，将学生已有的认知作为出发点和桥梁，找到新旧知识之间的切入点，选择联系紧密的教学内容，必定可以调动学生学习的积极性，同时也能够帮助学生掌握和理解新的知识。这就是我们学习奥苏贝尔认知结构同化理论的意义。

参考文献

[1] 何克抗，郑永柏，等．教学系统设计 [M]. 北京：北京师范大学出版社，2002.

[2] 王惠来．奥苏伯尔的有意义学习理论对教学的指导意义 [J]. 天津师范大学学报（社会科学版），2011（2）：67–70.

[3] 陈琦，刘儒德．当代教育心理学 [M]. 北京：北京师范大学出版社，2007：165–172.

[4] 何雪玲．奥苏贝尔认知同化学习理论对现代教学的启示 [J]. 钦州学院学报，2008（1）：99–102.

（作者单位：舟山市定海区城西小学　王婷婷）

语文综合性学习需要诱导学生独立思考

2001年，教育部颁发的《全日制义务教育语文课程标准（实验稿）》提出了“综合性学习”的要求，到了2011年正式颁发的《义务教育语文课程标准》继续保留着这样的要求，而且在课程性质上明确指出，“语文课是一门学习语言文字运用的综合性、实践性课程”，并在课程基本理念里进一步强调应“积极倡导自主、合作、探究的学习方式”。优质的小学语文综合实践教学活动能够培养学生自主学习的能力，让学生在对语文综合运用的过程中，更好地培养能力，发展思维。在新教育体制改革下，学生成了教育的主体，而教师则扮演着引导学生学习的角色，力求打破传统的、常规的、“灌输式”的学习与教育方法，让学生真正在正确的思维模式下健康、快速地成长。不仅要使学生受到教育，更要使学生充分发挥其主观能动性，主动地学，主动地领悟，养成乐学、好学、善学的良好学习习惯与学习态度。实践证明，在语文课堂中，运用诱思教育能够激发学生的学习兴趣，充分体现学生在课堂中的主体地位，从而培养学生独立思考、质疑探索的能力。

一、理论简介

诱思探究教学理论是由陕西师范大学张熊飞教授历时多年所创立的。诱思探究教学理论的创立对于推动学科教学改革、提高教师教学水平和学校教育质量、全面推行素质教育产生了重要影响。时至今日，已在全国多省市自治区的两千多所学校的多门学科教学中运用。顾名思义，诱思的“诱”是指教师循循善诱，较好地发挥其主导作用；“思”则指学生独立思考，充分体现其主体作用。探究是教学过程、模式和方法。“探”即探索，以观察为主要方式；“究”即研究，以启发学生积极思维为特征。诱思探究教学法就是教师在教学中结合教材内容和教学大纲，选定一个或多个原理、实验或结论，创设问题情景，让学生通过利用现有的知识和技能，以新知识探索者和发现者的心理积极参与发现、探索、研究的过程，教师则适时地引导、诱思，使学生的思维活动积极地向着既定的方向进行，从而发展学生的思维，培养其创新意识，提高学生的能力。

诱思探究教学有其主体性，充分体现以学生为主体是构建诱思探究教学理论体系的坚实基础。其实质就是情境性学习、体验性学习、探究性学习与目标性学习的和谐统一体，以改善传统教学论中的僵化模式和以偏概全的弊端。

早在两千多年前的春秋战国时期，我国著名思想家、教育家孔子就提出了“不愤不启，不悱不发”的教育思想，不到学生努力想弄明白而得不到时，不要去开导他，不到学生心里明白却不能完善地表达出来时，不要去启发他。这也就说明了要想让学生在教育中得到发展，得到进步，那就要从思想上使其主动探究，引导学生先进行思考，教师再适时地进行启发。不得不说，这个思想和诱思探究教学理论有极大的共同之处。那么，如何运用好古今教育大家提出的启发诱导，做好循循善诱的工作，则是一项艰巨的工作。

第一，把握教材。教师要先对教材有充分的理解，全方位、多角度地分析知识层次，厘清知识点之间的联系，把握每个知识点的本质内容，并明确把知识转化为学生认知的途径，这样才能更好地发挥教材的作用。

第二，了解学生。在教学中，学生是获得全面和谐发展的主体，每一个学生都是富有独立思想的个体。教的真正含义在于使学生真正地学，如果不了解学情，便无法诱导学生学习和思考。教师只有了解了学生的认知水平、思维特征，了解班级特点等，才能有的放矢地安排好切合学生实际的学习活动。

第三，设计并优化教学过程。教师在充分把握教材、了解学生后，就要设计教学过程。每一个教学步骤都不是随意安排的，而是根据学习目标而设定的有目的的教学行为，并能在实施过程中随着学生做出灵活的调整和优化。教师要充分开发利用课堂资源，引导学生提出问题、解决问题，使学生享受学习和思考带来的乐趣。这也与诱思探究理论的初衷相契合。

二、理论的运用

（一）设疑诱导，激发兴趣

在部编版三至六年级的语文教材中，每个年级的下册都安排了一个单元的综合性学习。比起以往的教材，综合性实践活动次数少了，但要求教师更要确保质量，要求教学更加精准，更需注意过程和方法的引领。

朱熹说过，“读书无疑者，需教其有疑，有疑者无疑，此方是长进”。在语文教学过程中，根据教学内容和学生实际情况引导学生质疑能够激发他们的学习兴趣，引发积极思考，促使学生进行探究实践、掌握知识。高质量的设疑能够引发真正思考的发生，是探索的向导、拓展学生思维的源泉。

1. 设置合理的诱思点

诱思点在选择上要分清主次，设计需合理科学，使学生对于接下来的语文综合性活动充满兴趣，愿意通过探索去解决问题。故此，首先要根据教学目标选择诱思点，引导学生达到这些能力目标。

统编教材小学语文综合性学习主题及能力目标一览表

册次	主题	能力目标
三年级下册	中华传统节日	1. 搜集传统节日的资料，交流节日的风俗习惯 2. 写一写过节的过程 3. 展示传统节日的文化
四年级下册	轻叩诗歌大门	1. 收集诗歌，初步学习根据需要整理资料的方法 2. 尝试创作诗歌，合作编写诗集 3. 举办诗歌朗诵会，感受诗歌的魅力
五年级下册	遨游汉字王国	1. 感受汉字的趣味，了解汉字文化 2. 学习搜集资料的基本方法 3. 学写简单的研究性报告
六年级下册	难忘小学生活	1. 学习整理资料的方法，制作成长纪念册 2. 策划简单的校园活动，学写策划书 3. 写毕业赠言和书信，纪念小学生活

诱思点的设置要符合学生的认知规律，新的知识的学习不能脱离已有的知识经验，教师在教学过程中需找到知识的联系点和生长点。三四年级的综合性学习是与前面的课文相联系的，综合性实践的系列活动被分散在前面的课文里，学生一边学习课文，一边进行综合实践，在最后的综合性学习中，再提出本次活动的展示方式。因此，要充分利用前面所学的知识和方法，进一步进行探索和研究。比如三年级下册的“中华传统节日”，在安排综合性实践活动之前，教材已经安排了《古诗三首》。学生在学习的过程中，对中华传统节日——春节、清明和重阳，已经有些许了解，并产生了兴趣。在此基础上，引导学生对这

几个节日做更深入的调查和了解，并进一步拓展用已有的探究方式去了解其他的中国传统节日。

诱思点的选择要能激发学生探索的兴趣，让学生对解开疑惑产生浓浓的兴趣。比如在“遨游汉字王国”学习中，教师可这样激发学生的探究兴趣：

师：汉字是世界上最古老的文字之一。和许多其他国家的文字相比，汉字无论是在字形上，还是在读音上，都别具一格。看，老师在黑板上写了不同的文字［在黑板上板书“好”“Good”（英语）“良いです”（日语）“좋은”（韩语）］，其实它们表示的是同一个意思。（在黑板上写出“汉字”两个字）

师：你发现汉字与其他国家的文字有哪些不同了吗？

（学生自由发言，教师相继点拨）

师：汉字的确是很独特的文字，让我们更加全面、深入地去了解它吧！你们一定会发现，它是很有趣、很神奇的文字！

这样的教学方法能够诱发学生进一步探索的欲望，之后的综合性实践活动也就让人更加期待了。

2. 设置诱导情境

要想在教学过程中创设能够激发学生学习兴趣的问题情境，引导学生对知识产生进一步学习、探究的欲望，促使学生掌握知识，就需要教师想方设法地创设诱思情境，着力激发学生思考的欲望，这样才能逐步优化学生的思维习惯。语文学科来源于生活，应用于生活，因而情境的设置应该是生活化的。教师要鼓励学生发现并解决生活中的问题，在生活中探索收获。要体现情境的生活性，就要关注学生的日常生活，在他们的生活中挖掘学习资源。比如六年级下册的“难忘小学生活”，学生临近毕业，充满着离别的淡淡忧伤，教师从日常话题引入，开展诸如“留下小学生活最后的回忆”之类的语文实践活动，学生便乐于参与进去。在引入活动阶段，教师可以这样进行教学：

师：亲爱的同学们，你们在我们美丽的舟山小学已经生活学习了六年，你们马上要升入初中，告别我们可爱的学校，告别和蔼可亲的老师，告别与你们朝夕相处的伙伴们……我想，同学们的心情一定是复杂的。那么此时你们想说些什么呢？

（学生交流，说一说自己的体会）

师：我看出来了，同学们对学校都怀着依依惜别之情，这学期，我们的语文综合性学习就以“难忘小学生活”为内容来开展活动。请同学们讨论，围绕这个主题，我们可以开展哪些活动呢？

在这一过程中，教师以情感为纽带，创设合理情境，诱导学生进行思考，积极参与课堂活动。而学生能够根据自身需要，决定自己要探究的内容，带着问题进行下一步探究，解答自我的困惑，从而提高自身的学习能力。

（二）任务诱导，合作探究

1. 问题引领，引发进一步思考

在日常学习中，学生遇到困境，教师多直接进行指点，学生习惯被动接受教师的想法，出现思维惰性。长此以往，哪怕教师提出问题，学生的第一反应也是等待解决策略的出现，这样，学生就失去了在语文综合性学习中的主体地位。如何让学生回到学习的正位上来，笔者认为，问题诱导很是关键。问题是学生探究的铺路石，是师生在课堂中共鸣的桥梁，是引发班级谈论的按钮，通过教师有效的提问，学生共同探讨事物本质，进一步进行探索，不知不觉间就成了学习的主体。

（1）教师应设计有质量的问题，诱导学生进行探索，让课堂中的思维能够活跃起来。诱导启发是鼓励学生自己学习，为学生的学习指路，而不能代替学生思考。教师需要在学生思维困顿时给予关键性的启发式问题，让学生调动自己所知，寻求办法，将困惑与自己的已有经验、所学知识充分建立联系，从而找到突破困境的思路或办法。在教学时，教师应根据学生思维活动的发展，逐步引导学生进行由浅到深的思考，使探究活动的深度和广度一步步加深。例如，在开展“轻叩诗歌大门”综合性学习时，师生可共同商定活动计划：

师：在进行综合性学习之前，我们要做好一项十分重要的工作，那就是制订活动计划。有了好的活动计划，就为活动的成功奠定了基础。请大家想一想，在制订这份活动计划时，有哪些要求？

生：如何组成小组？

生：如何开展活动？开展哪些活动？

生：活动结束，要怎样展示活动成果？

（教师引导补充：确定活动时间、参加人员、分工情况、人员职责等）

师：为了更好地开展综合性学习活动，课本中特向我们提出了一些建议，请大家一同走进课本 P44 页。

（学生自由学习 P44 页的“活动建议”）

师：你们从“活动建议”中知道了一些什么？哪些建议要特别注意？对拟定活动计划有哪些帮助？

（学生汇报自己读懂了哪些要求）

师：经过刚刚的讨论，再结合我们书本中的“活动建议”，现在你们觉得该怎样制订一份活动计划呢？

（教师进行总结）

教师在学生制定活动方案时进行指导，让学生根据自己的已有经验，思考制订这份活动计划的要求，再让学生根据书本里的建议做出调整，最终形成活动步骤与内容。这期间，教师参与学生思考的过程，不断点拨和指引，但不做出自己的判断，最后帮助学生提升总结。

(2) 问题需要具有开放性，不断诱导学生拓宽研究的广度和深度。许多语文课堂中，教师对教材有自己的理解，设置问题的原因是要把学生也引导到这一理解当中，与之相左的理解就被认为是对问题的误解，这是把自己的理解强加给学生。但实际上，或许学生有自己的想法，甚至是解决问题的捷径。在诱思探索教学理论运用的语文综合性学习中，教师应该将自己的办法提供给学生作为参考，抛砖引玉，从而得到更好的答案。在学生产生困惑时，教师再设置问题，引导学生思考，以“授之以渔，使之得鱼”。

在展开综合性学习时，教师提出的问题需要比较开放，比如“你想了解哪些中国传统文化？用怎样的方式去了解？”“在汉字的几千年历史中，到底有哪些值得我们去了解呢？”“大家想一想，制订综合性学习活动计划时，有哪些要求？”“我们还可以在诗歌的编写中加入哪些内容？”……让学生敢说，才能使教学真正发生，让教与学互相促进。当然，讨论不是在细节上争论不休，也不是以细碎问题贯穿课堂，而是以三维教学目标为宗旨展开的，让学生能实现体验探究、创新的真实教学。

(3) 教师提出的问题应符合或者稍高于学生的认知水平，遵循最近发展区原则，让学生能“跳一跳摘桃子”。如在开展“难忘小学生活”综合性学习时，引导学生讨论“通过什么方式能解决你在调查中发现的问题，从而让学校更加美丽？”而后商议确定如写信、写倡议书、开展演讲比赛、开展实践性活动等活动方式，引导学生探究“根据你的活动经验，怎样才能把活动开展好？”这一问题，确定活动计划。这类问题的答案需要经过不断讨论和研究而得出，并在实践中不断加以完善，学生的思考探究能力也正因这一过程而得到了提高。

2. 任务诱导，合作学习

综合性学习突出学习的自主探究与分工合作，通过教师提出的任务，学生可以组成若干个小组来一起分析和讨论，体现出了师生合作、生生合作。活动开始前，教师为学生提供合作条件，并给予适当帮助。让学生进行合理分组，组内既有善于表达、乐于思考的学生，也有学习不够积极主动的学生。平时不积极的学生要充分调动其积极性，让其展示自己所长，平时积极的学生要去帮助内向的学生，同时也要带动小组进行研究，继而形成互帮互助的良好的班级氛围，让学生能够发现同学身上的亮点，产生思想的碰撞，培养学生的创新性思维。每组组长负责组织讨论，全体成员对活动内容、活动方式、活动安排、成果展示等环节展开小组讨论和活动。在实践开展的过程中，教师需要适时组织讨论并给予帮助，引导学生思考“还需要搜集哪些资料？”“还可以展开哪些探究活动？”“内容的呈现还可以有哪些方式？”等问题，通过小组讨论、班级讨论，引导学生互通有无，更好地进行接下来的实践活动，培养其综合实践能力和创新精神。

(三) 自主评价

教师不但要有计划、有组织地引导学生开展语文综合性学习活动，还要在此过程中引导学生进行自主评价，充分调动学生参与实践活动的积极性，让学生对实践活动充满热情，并通过实践活动，自觉、主动地去获取知识，增长见识，提升自己。在活动开展前，教师要引导学生通过讨论确定一系列评价内容和要求，这样既能让学生在实践活动过程中进行参照，进行自我评价，又为之后成果展示时，对他人进行评价提供了参考依据。例如，在进行“轻叩诗歌大门”综合性学习时，教师引导学生自主制定评价标准，可以这样教学：

师：这次综合性学习结束后，我们要评选出三个优秀小组，你们认为怎样的小组能够当选呢？

(学生讨论)

生：组员合作默契、十分团结的小组。

生：最后成果展示比较丰富的，比如说有诗集，有朗诵会，还有我们没想到的创新项目的小组。

生：活动记录很丰富，文字和照片资料相结合的小组。

……

(教师将学生的意见整理罗列在黑板上)

师：除了优秀小组，我们每组还要评选出一位优秀组员，大家认为怎样的同学可以成为优秀组员？

(学生充分讨论)

生：这个同学很爱动脑筋，能帮助小组解决问题。

生：这个同学一定富有团队合作精神，活动中十分配合大家。

……

(教师同样将学生的意见整理罗列在黑板上)

师：相信每个小组都想成为优秀小组，每个同学也都希望能够得到“优秀组员”这一荣誉称号。(指向黑板) 那么在活动中，你们就要努力做到这些要求，老师会将这些要求打印出来发给每个小组作为参考，老师相信你们能行！

评价时，教师引导学生对同组的同学和不同组的同学进行不同维度的综合性评价 (如下表)，既关注态度，也关注能力；既关注过程，也关注结果。除了学生互评，教师也应让每个学生在活动结束后对自己做一次评价，小结自己的收获和不足，有反思才会有进步。

语文综合性学习评价量表

	被评价人			评价人		
评价标准	自评等级			他评等级		
	优秀	良好	需努力	优秀	良好	需努力
团队协作精神						
发现、解决问题能力						
收集、处理信息能力						
语文知识综合运用能力						
成果展示与交流能力						

教学实则指教学生真正地学习。《学记》中说：“君子之教，喻也。”其中的“喻”也就是我们所说的诱导，是教师的循循善诱。诱思探究教学理论强调学生是学习的主体，在教师的诱导下，学生启智悟道，达成掌握知识、发展能力、培育品德的三维目标。当然，如何更好地运用理论启发学生也是今后我们继续思考探索的问题。

参考文献

[1] 霍建林 . 浅谈小学语文综合实践活动教学 [J]. 学周刊，2019(32)：63.

[2] 何万丽 . 诱思探究教学的原则与策略 [J]. 中学政治教学参考，2019(22)：64-65.

[3] 陈小平 . 让学习真实发生——统编版三至六年级综合性

学习教材解读及教学建议 [J]. 教育视界，2019(14)：61–65.

[4] 肖雪琴 . 探寻语文味的综合性学习——以“雨”的综合性学习为例 [J]. 新教师，2019(10)：56–57.

[5] 席永锋 . 谈在语文教学中如何诱导学生解决问题 [J]. 儿童大世界（下半月），2018(12)：39.

[6] 张熊飞 .“诱思探究学科教学论”研究 50 年 [J]. 课程·教材·教法，2014(2)：3–13.

[7] 李兴莲 . 运用诱思探究教学法　培养学生创新能力 [J]. 高等函授学报（哲学社会科学版），2005(S1)：157–159.

（作者单位：舟山市定海区马岙中心小学　傅碧波）

提升小学语文综合性学习有效性的应对策略

小学语文教学中，综合性学习实践是其中的内容之一。这一课程内容的安排是一项让综合性学习成为语文知识的综合运用、听说读写能力整体的发展、语文课程与其他课程的沟通、书本学习与实践活动紧密结合的语文学习活动，重在让学生在自己喜爱的形式中习得语文要素，提高语文素养。

在教学中，虽然很多教师已经抛却了传统的教学方式，但仍有不少教学方式无法激起学生的学习兴趣，使课堂教学效果大打折扣。而本文所阐述的创设情境教学方法旨在将学生引入教师创设的情境之中，在一定程度上激发学生的学习兴趣和积极性。

一、理论简介

（一）创设情境理论概念

创设情境指的是在课堂中，教师将课堂内容与目标融合在一起，共同孕育出一个情境，并将学生引入情境中去，从而达到提升学生学习兴趣的目的。而情境是结合真实的环境，利用语言、物体和音乐等真实的道具来实现对情境的创建。在这个情境中，学生可以将自己的情感释放出来，教师在学生释放情感过程中，对其进行正确的引导，让他们将情境中的情感与真实世界的情感交融在一起，从而实现对世界观、人生观和价值观的培养。由此可见，创设情境教学方法在现代教学中有着非常重要的意义。

(二) 创设情境教学方法的作用

1. 提升鉴赏能力

情境教学中有一项较为重要的教学，那就是美感的教育。在教学中提升学生美学的鉴赏能力，主要包含的环节为：将学生带入情境之中，让学生在理解课文内容的同时，体验真实的情感，让情感得到升华；通过在情境中的演绎，使学生学习到更为深刻的知识，体会到更为复杂的情感；在课后，学生也可以按照课上的情境进行自我剖析，更好地感受文章的魅力所在；通过对各种情境的表现，使学生感受其中所蕴含的情感，并将所学知识融入情感的处理中。

2. 激发学习兴趣

小学语文教师所面对的学生年龄偏小，其心智还处于正在发展的过程中，学习的注意力不集中，对学习的热情持续性不强，容易被各种新奇的事物所吸引。因此，在教学过程中，教师可以结合小学生的心理特点进行情境的创设，以此提高学生的学习积极性。语文是基础课程，其内容与我们的生活息息相关，同时也能让学生感受到文字的优美。教师在创设情境的时候可以从实际生活出发，贴近生活，同时深入挖掘学生深层次的情感体验，以此来引起学生的学习兴趣，从而增强语文课程的实用性，提高学生的语文和审美素养。在教学过程中，教师要适当加入教学活动，以此活跃课堂气氛，激发学生的学习兴趣，让情境贯穿学习的整个过程，将课文内容融入情境中。

3. 增进彼此的感情

创设情境不仅能够增强学生的积极性，提高对语文知识的学习兴趣，同时也能增强学生与教师之间的感情交流。在情境教学中，教师不再只是教师这个角色，他们还可能成为学生的伙伴，或者是剧情中需要的任何一个角色。或者说，随着各种剧情的展开，教师所扮演的角色不断发生变化。在这些变化中，学生与教师有了不同的交流，双方的关系更加亲近。在这些错综复杂的交流中，学生与教师在同样的课程内容中得到沟通，不断发现问题，解决问题。在这个过程中，学生对学习语文有了更大的兴趣，学习语文的能力和信心得到提升。

二、理论运用

教师在运用创设情境教学方法的时候，可以采用多种方式将学生带入情境之中，使学生得到相应的知识和情感体验，产生向往学习的冲动，调动他们的积极性。教师可以引导学生想象情境，进入场境，让学生的想象力更加丰富，并将以往学到的知识运用到情境中，加深情感体验，深刻理解和体会情境中所蕴含的知识。在创设情境的过程中，教师要不断启发学生，发挥他们的能动性，丰富他们的情感体验，不断上升教学层次，将情感和知识融合在一起。

(一)注重延展性情境创设，丰富学习内容

如果古诗词学习教法得当，往往能激发学生对语言文字的兴趣，古诗词综合性学习更应以此为契机，采用图文相彰、画说相融、雅乐相随的多种意境创设来引导学生紧扣意象、巧引资料、主题共读、同境共赏等变幻式操作，使其与文本产生对话，与诗人进行交流，真正“入文”“共情”“化境”。好的课堂情境创设可以使学生穿越时空，身临其境，漫步诗意丛林，在美的体验中栖居。我们可以从以下三方面进行：入文——于声

色中凸诗景；共情——于涵泳中悟诗情；化境——于拓展中得诗法。

在语文古诗词学习中，我们不难发现，很多古诗词从情感主题表达等方面都是非常相似的，甚至是一脉相承的。那么，这时教师就可以采取主题共读的方法，使学生更好地提升学诗热情，产生情境效应。如在教学《泊船瓜洲》时，教师很自然地顺势问道："你们学过或收集过的思乡诗词有哪些？"如此的提问情境创设激活了学生的思维，使其打开了话匣子，课堂上，学生纷纷交流吟诵着那一篇篇思乡诗词。正所谓"熟读唐诗三百首，不会作诗也会吟"，以诗引诗，创设情境，在富有情感的吟诵中，学生的诗歌学习热情绽放了出来，诗词教学也向"诗境""词境"更靠拢了，课后即刻拓展进行《同景诗词赏读》综合性学习，水到渠成。

古诗词教学不是单一的，即使同一文境，亦可以有不同的表达方式，这同样为古诗词综合性学习提供了好的选题。如在教学苏轼的《饮湖上初晴后雨》中的"水光潋滟晴方好，山色空蒙雨亦奇"时，教师需要引导学生感受晴雨天西湖不同的秀美景色，这时就可以从杨万里的《晓出净慈寺送林子方》和苏轼的《六月二十七望湖楼醉书》的相关诗句欣赏入手。相关背景的整合注入不仅开拓了学生的视野，丰富了文本，加深了学生的理解，而且使学生真正地感知了同一文境也可以有不同的表达方式，使课堂诗意绵绵。课后，开展以小组为单位的"诗词同一主题共读"语文综合性学习，既丰富了学生知识的积累，又让学生的学习热情得以持续。

(二) 讲求趣味性情境创设，在"乐"中学

语文综合实践活动是在教师的引导下，学生自主进行的一

种批判性、反思性、研究性实践，它强调要尊重学生的主体。尊重主体，就要保护学生的学习兴趣和天生的求知欲。因此，在综合实践活动中可借助创设情境这一学生喜闻乐见的方式，留下学生真正感兴趣、真正想了解的内容。

在三年级下册的教材中，阅读策略单元为“综合性学习单元”，它的人文主题就是“中华传统文化”：搜集传统节日的资料，交流节日的风俗习惯，写一写过节的过程。教师可以在教学完成《元日》《清明》《九月九日忆山东兄弟》后，先组织学生讨论他们最想要了解的传统节日，再去引导学生探索如何了解。在此基础上，围绕“怎么了解”和“用什么方式记录”来开展综合性学习。书本中出示了“我打算问问长辈，再去查查相关的资料”和“我想用表格记录了解到的信息”两个泡泡语，揭示了“问长辈”和“查资料”两个了解办法，以及“表格”这一种记录方式。除此之外，在之前的学习中，学生们也积累了一些图文结合的思维导图绘制经验，教师可以引导学生回顾后畅谈，以拓宽学生的思路，努力使各个小组多形式地展开记录。因为是学生想要了解的节日，所以能够激发学生的实践动力，增加学习的趣味性。

有了学习的方法，重点还要激发学生的学习兴趣。传统节日比较贴近学生的生活，很多是学生喜闻乐见的，所以创设一些有趣味的实践活动是提升学习成效的有效办法。以清明为例，除了收集、欣赏相关的古诗词，教师还应带领学生开展青饼制作并构写制作流程，品尝青饼并谈“味之说”，收集并交流舟山不同地方的青饼制作等，让综合性体现得更加充分而有趣味，寓教于乐。带学生走进生活，在生活情境中学习，是最能激发学生学习兴趣的方法，值得我们运用。

（三）重视开放性情境创设，在“活”中练

由于综合实践活动具有内容广泛性和形式多样性的特点，能够让学生以自己喜欢的、擅长的方式学习。因此，在语文综合实践活动中，教师更要注意实施开放性原则，真正让综合实践活动成为放飞学生潜能的天空。如在学习了《日月潭》这篇课文后，指导学生开展“了解台湾”的综合实践活动：收集创设情境所需要的材料，他们列出了许多他们想知道的问题，如了解台湾历史、名胜古迹、风土人情、风味小吃以及台湾的发展变化和气候环境，学生开展综合实践活动的方式、途径多种多样，可以查阅书报、上网浏览，可以收听广播、收看电视，还可以请教他人……呈现活动的成果更是丰富多彩：录像、照片、编辑小报、绘成图画……研究以创设情境的方式，在收集众多书籍和图像后，再创设诸多情境，例如：以历史话剧的形式展现大陆与台湾的关系，让全体学生参演；可以截取片段或是整个历史的演绎，如三国时期诸葛亮派使臣前往台湾，可以让学生扮演来表现这一历史，加深学生印象。通过这些活动，为学生提供“活”的更广阔的求知空间，让每个学生都有自主学习、自由探索、施展才华的机会，而更重要的是，在综合实践活动中培养学生学会学习、学会求知、学会合作的意识和能力。

（四）追求生活化情境创设，在“做”中学

语文综合性学习较一般的语文学习，更强调让学生在实践中学习语文，在实践中获取知识和能力，体验情感，发展个性品质，所以创设利于学生参与、行动的学习情境是开展好综合性学习的关键途径。

以“话说舟山”语文综合性学习为例。虽然学生生活在舟山，但不一定非常熟悉和了解自己的家乡。这次学习情境的创设就要从学生实践体验的角度去开展。情境的设计就放在社区、企业、风景区、大街小巷……让学生走向社会，通过走、看、查、访、拍等深入了解家乡，认识家乡，感悟家乡。教师根据学生收集的材料，二次设计情境，用最朴实、生活化的情境为学生提供演绎、展现家乡美丽的平台。例如，设计久居国外的华人回归家乡，感叹家乡变化的情境，从演绎中了解家乡的不同变化；设计“家乡游”，让学生以“小导游”的身份来介绍当地的人文风景……这类情境化的综合性学习力求让学生的学习活动能回到真实的情境中，打破书本与生活的壁垒，在“做”中学，在“学”中悟，让学生对家乡有更深层次的了解。“生活即学校，社会即课堂”，学生在实践中同时体会生活中的语文底蕴，培养敏锐的认知力、独特的领悟力和丰富的情感力。

再如，教师在引导学生开展“我喜爱的一种植物（或动物）”这一综合性学习时，可以设计以下几项活动：根据自己的爱好，在一定时间段内饲养一种小动物或种植一盆花、一棵草，观察动物吃食、活动、睡觉等生活习性，观察植物发芽、开花、结果的生长过程；查找一些相关的资料，向专家请教种植、养殖的知识。教师则引导学生把种植、养殖过程中的酸甜苦辣、喜怒哀乐一一记录下来，记录的形式可以因人而异，多种多样……通过这一综合实践活动，学生的与人合作、信息收集、学以致用等能力都得到了提高。

（五）力求多角度情境创设，在“研”中得

在语文综合性学习中，教师可以根据所学的内容，从不同的角度创设情境，让学生不仅了解内容，更要研读内容。例如，

六年级课文《灯光》的教学向学生展现了那个时代生活的艰辛，以及战斗英雄对胜利的向往和决心。

课后，教师可以组织学生开展以“忆英雄”为主题的综合性学习：去图书馆搜集相关资料，或去采访当地的战斗英雄、年长的前辈，将所了解到的关于战争时期的感人事迹写出来；也可以按照自己所知道的事迹进行情境创设，然后演绎出来，让更多人知道先烈的事迹。教师在课堂上利用多媒体来创设情境，实现对学生的引导，体会文章中的情感和内涵，让学生在掌握知识的同时，提升自己的审美层次、价值观以及道德情操。让学生在学习的过程中，有更深层次的见解，不断提升自身的学习创造力。

教师也可以组织学生开展以“回忆”为主题的综合性学习：让学生畅想自己在看到灯光时候所产生的回忆，并根据自己的回忆来创设情境进行演绎，评选“最感人的表演者”“最感人的情境文案”。为了丰富学习活动，同样可以让学生自己收集文字材料，并添加关于自己回忆的照片或者音频资料，根据这些资料进行讲解或组织文稿。在这个活动中，通过让学生主动动手搜集资料并设计情境，回忆自己在成长过程中看到灯光所回忆起来的或美好，或感动的瞬间，以此来提升学生的内心情感，感受生活的力量。让语言直击心灵，让语文课程回到最普通的万家灯火中。

（六）巧用多媒体布置情境背景，在“看”中习

在教学中，教师能否让学生的注意力集中在学习上，同时调动学生的主动创造和积极思维，是教学成功的重要环节。小学语文教学中的多媒体使用能够让学生更深层次地接触真实的图片和音乐，教师可以利用这些来吸引学生的注意力，激发学

生的学习兴趣，创造一种浓烈的学习氛围，这一方法是情境理论灵活运用的有效辅助。例如，在六年级上册《草原》的教学中，教师可以利用多媒体向学生展示草原的辽阔，通过具有动画效果的长图片，让学生从视觉上感知场景，犹如身临其境。

又如，在六年级《只有一个地球》的教学中，教学的重点是向学生展示地球的美丽以及独一无二，让学生学会珍惜与保护地球，而这也是本文的重点和难点。要实际实现远观地球是不可能的，这就可以利用多媒体动画，向学生展示地球的自然风光、珍稀矿产，以及在太空中俯瞰地球的美丽景象，同时可以展开“地球、银河系、宇宙”的拓展学习和主题活动。请学生自由组合进行小组讨论，提出关于“地球、银河系、宇宙”的情境主题，并评选出“最佳表演者”“最佳情境设计方案”。学生在分组后自行安排任务，收集文字或者图片材料，制作情境背景，写表演稿，从而知晓地球的美丽，以及银河系、宇宙的浩瀚和神秘。

充裕的时间是语文综合实践活动的翅膀，广袤的空间是语文综合实践活动的舞台，而借用创设情境理论则能使之更加生动、丰满，让学习活动动态、多维。

参考文献

[1] 陈小宁 . 浅谈小学语文教学中情境教学法的应用 [J]. 好家长：创新教育，2017(10)：137.

[2] 王占芳 . 创设情境，寓教于乐——浅谈小学语文愉快教学法 [J]. 新课程，2017(7)：133.

[3] 张秋妮 . 浅谈在小学语文情境教学中的误区及策略 [J]. 中华少年，2018(23) :73.

[4] 赖小珍 . 浅谈情境创设法在小学语文阅读教学中的应用 [J]. 中华少年，2019(5)：94.

[5] 白海霞 . 探究创设情境教学法在小学语文教学中的应用 [J]. 中华少年，2019(7)：30.

（作者单位：舟山市定海区城西小学　唐舟燕）